*La joven generación espera un destino peor que la generación de la guerra de 1939-45,
si dejamos que ocurra.
El destino tiene un nombre:
Transhumanismo y 5G.*

FSC
www.fsc.org
MIX
Papier aus verantwortungsvollen Quellen
Paper from responsible sources
FSC® C105338

Todo lo que se describe en este libro es real:
- inteligencia artificial,
- Transhumanismo,
- Control mental,
- Manipulación del tiempo,
- Rociadas,
- HAARP,
- Armas biológicas,
- Morgellons,
- 5G .

Una tramitación justificada de este
"Armas contra la humanidad"
ya ha comenzado. Se refleja en la declaración de reclamación contra los representantes de la DEEP STATE (Estado profundo),
Caso No: '19CV2407CAB AHG ,
presentada el 16 de diciembre de 2019 en la Corte Suprema de California.

Los cargos son:
(1) EL MAL USO DE LA INTELIGENCIA ARTIFICIAL, LA CIBERNÉTICA, LA ROBÓTICA, LA BIOMETRÍA, LA BIOINGENIERÍA, EL 5G Y LA TECNOLOGÍA INFORMÁTICA CUÁNTICA
(2) EL PELIGRO DE LA RAZA HUMANA A TRAVÉS DEL MAL USO DE LA TECNOLOGÍA DE INTELIGENCIA ARTIFICIAL
(11) LAVADO DE CEREBRO HUMANO CON CODIFICACIÓN KI Y SESGO DE ALGORITMO
12) GENOCIDIO CULTURAL MEDIANTE EL USO INDEBIDO DE LA INTELIGENCIA ARTIFICIAL
(y otros 22 cargos[1])

Dr. Joachim Sonntag

2025

El juego final

o

El golpe de estado desde arriba

3ª edición ampliada y actualizada
Traducción del alemán

3ª edición ampliada y actualizada
Publicado por el propio autor

www.sonntag-physik.de
https://joachim.jugnw.org.uk/

Traducido del alemán por
Joachim Sonntag y corregido por Josefine Napolitano

El título del original alemán (ISBN 9783751936330):
„2025 - Das Endspiel *oder* Der Putsch von oben“

Este libro también está disponible como traducción en los idiomas:
English: „2025 – The Endgame …“ ISBN 9783751930024
Français: „2025 – Fin de partie …“ ISBN 9783751935708
Русский: „2025 – финальная игра …“ ISBN 9783751935548

ISBN 9783751935586

Impresión y editorial: BoD – Books on Demand: D-Norderstedt

Información bibliográfica de la Deutsche Nationalbiblio-thek:
La Deutsche Nationalbibliothek enumera esta publicación en la Deutsche Nationalbibliografie; Los datos bibliográficos detallados pueden consultarse en Internet en dnb.dnb.de.

"Divide y gobierna".

—

Cuando todavía había tiempo para cambiar las cosas, la gente luchaba:
Derecha contra izquierda,
"Joven contra viejo",
Patriotas contra bienhechores,
Los nativos contra los migrantes,
Musulmanes contra Cristianos y Judíos,
pobre contra rico,
Los recomendantes de la vacuna contra los opositores de la vacuna
Teóricos de la conspiración contra los creyentes del gobierno

¿Es possible todavia huir de un mundo infernal sin esperanza?

Sobre el autor

El Dr. Joachim Sonntag estudió física en la Universidad Técnica de Dresde. Hasta comienzos de 1989 trabajó en el Instituto Central de Investigación de Física y Materiales del Estado Sólido, especializándose en estructura de electrones en aleaciones metálicas. Luego se mudó a Dortmund y trabajó para HL-Planartechnik GmbH como desarrollador de sensores de temperatura y radiación. Se especializa en física de radiación, aleaciones multifase y nanomateriales, para lo cual ha publicado una serie de trabajos fundamentales en revistas internacionales líderes. De él surgieron las fórmulas / teoría sobre la fuerza termoeléctrica (2005; 2017), sobre el efecto Hall y el efecto Giant Hall (2016) y sobre la redistribución de electrones en materiales compuestos (1989) (detalles: www.sonntag-physik.de). A principios de 2019, junto con otros dos colegas, publicó su último artículo especializado, un artículo de revisión con el título: *"Transporte electrónico en aleaciones con separación de fases (compuestos)".*[2]

"En general, diría que su libro me ayudó a mantener la cordura durante los horrores del coronavirus, y por ello siempre le estaré agradecido." [*] (Stephen Philp, corrector de libros, traducción al inglés)

---

[*] *"All in all, I would say that your book has helped to keep me sane during the Coronavirus horror, and for that I will always be grateful to you."*

Contenido página

Prólogo - El camino a la tiranía **9**
1. La Agenda de 2025 **14**
- Tres documentos con idéntico objetivo final "2025" 14
- El papel de la UE en el proceso de globalización 26

2. Destrucción de nuestro sustento **27**
- Psicópatas 27
- Reducción de la población mundial 33
- Presión migratoria hacia el exterior 38

3. Cambio climático: un problema para todas la gente **42**
- Emergencia climática 42
- Cambio climático: la nueva religión mundial 43
- Decisión de la mayoría: "CO2 asesino climático"? 47
- La contra tesis 53
- El proyecto climático es demasiado grande para fracasar 57
- Manipulación de datos de medición 60
- La cruzada infantil 2019 68
- El plan maoísta 70

4. **Geoingeniería** **72**
- La influencia del ser humano en el clima 72
- Chemtrails - *"La sopa de química"* en el cielo 76
- ¿Cuáles son los objetivos de los chemtrails? 98
- Efectos de chemtrails y sustancias químicas a nuestra salud 99
- HAARP - el corta-todo en el cielo 106
- Tsunamis - ¿hecho por el ser humano? 117
- Huracanes - ¿hechos por el ser humano? 122
- Agujero de ozono - ¿hecho por el ser humano? 124
- Incendios forestales - provocados por el ser humano 127

5. Control mental y transhumanismo **136**
- Deprimido por la comunicación 136
- "5G" y transhumanismo (agenda transhumana) 140
- Incorporación de la perspectiva de género y el Transhumanismo 148
- *La pesadilla* 150

6. Guerra biológica **154**
- Desarrollo de armas biológicas 154
- Armas biológicas de alta tecnología: atrio al infierno 160

• ¿Son Ebola, SIDA, SARS y EHEC armas biológicas? 172
• *Covid 19, ¿una arma biológica?* 176
• *¿La OMS mata?* 181
• *El Pánico del Corona es una puesta en escena* 183
• *Corona - El golpe desde arriba* 189
• *Pronóstico - ¿Qué va a siguir?* 196
• La muerte de las abejas y los insectos 202
• El glifosato - la causa del "daño genético" 203
• Vacunado con glifosato 205
• *Vacuna Covid19 - efectos secundarios* 218
7. ¿Cómo se protege la élite de sus propias armas? 221
8. El final - Conclusión 231
Epílogo - Elite y Deep State (Estado Profundo) 244

Las secciones en cursiva son nuevas en comparación con la 1ª edición alemana de 2019.

Prólogo - El camino a la tiranía

¿De que se trata? Se trata de ganancias, poder y esclavitud. Es nada menos que la abolición de la democracia y el establecimiento de una nueva sociedad propietaria de esclavos.

Para lograr este objetivo, la élite o "Estado Profundo" ha planeado una serie de pasos intermedios: destrucción de los estados nacionales, desarraigo de la gente, división de la población, destrucción de la cohesión familiar y de la familia misma, bajando el nivel de educación, creando miedo (antes del terror, desastre climático, Corona), migración masiva, mezcla racial,[3,4,†] expropiación, control total de todas las personas, abolición de efectivo, disolviendo la diferencia entre hombres y mujeres[‡], reduciendo la población mundial a 500 millones, debilitando la salud de los sobrevivientes. Estos son reclamos y necesitan ser probados. Por eso esta libro. Es segundo parte de la trilogía con el título general "2025". El título de la primera parte es "2025 - El penúltimo acto" y ya se publicó en abril de 2019 (breve resumen al final de este libro). La tercera parte tiene el título "2025 - el último acto" y está en preparación. Quién o qué es la élite y el "Estado Profundo", ver a epílogo.

El tema central de esta segunda parte de la trilogía es "armas contra la humanidad" y cómo son utilizadas por los poderosos de esta tierra para llevar a la humanidad a la dependencia total. Utilizan los últimos avances en inteligencia artificial, transhumanismo, control mental, manipulación del clima, estelas químicas, HAARP, armas biológicas, Morgelons, 5G. Con la ayuda de estas "herramientas" están planeando

---

[†] Nicolas Sarkozy (2008): *"¡El objetivo es la mezcla racial!"*

[‡] Eso suena absurdo; sin embargo, este es el objetivo final del proyecto de integración de la perspectiva de género (ver la sección "Incorporación de la perspectiva de género y transhumanismo")

1) la modificación genética de los seres humanos,
2) su control total, y
3) Reducción de la población mundial a 500 millones de personas.

El transhumanismo y la 5G juegan un papel clave en estas "armas contra la humanidad" que se enumeran aquí, el tema del capítulo "5. Control Mental y Transhumanismo".

"Para mantener el poder, la población mundial se reduce al mínimo. Esto se hace mediante el uso de enfermedades generadas artificialmente, pero también por medio de hambrunas y guerras dirigidas. Armas biológicas se declaran como epidemias. La razón de ello es la idea de que la mayoría de la gente ya no puede financiar sus alimentos por sí misma, ya que los ricos se verían obligados a tomar medidas de ayuda, de lo contrario tendrían un enorme y peligroso potencial de conflicto.".[5,6] Este es el punto 10 de las 12 profecías de Carl Friedrich Weizsäcker sobre tendencias futuras en el mundo. Como se indicó en el blog "falschzitate.blogspot.com" el 1 de mayo de 2018, esta cita y las 12 profecías[7] subyacentes no deberían provenir de Carl Friedrich von Weizsäcker, sino de un autor desconocido, probablemente de 2007. Sin embargo, me he vuelto muy cuidadoso en mis investigaciones, especialmente con respecto a portales de verificación de hechos como CORRECTIC o MIMIKAMA, pero también con respecto a Wikipedia[8], que en mi experiencia no son independientes, así como a los medios de comunicación públicos. Por ejemplo, el investigador de la paz Daniele Ganser es llamado "teórico de la conspiración"[9] en Wikipedia para hacer que parezca inverosímil. Incluso el "Nuevo Orden Mundial" sigue siendo llamado "teoría de la conspiración" en Wikipedia y su credibilidad es cuestionada.[10] Y Mimikama, por ejemplo, afirma en contradicción con las innumerables pruebas disponibles: *"Desde hace más de 20 años, la teoría de la conspiración de las estelas químicas ha estado circulando. - Y hasta el día de hoy no hay ni una sola prueba creíble"*. (Para detalles de la evidencia ver "Rociadas - ′La sopa química′ en el cielo"). Y la mayoría de la gente cree estos medios aparentemente independientes.

Mi desconfianza en la política, los medios públicos y los sitios web que verifican los hechos surgió en relación con el 9/11 y la

información unilateral, barriendo la obvia contradicción principal bajo la alfombra: ¿Cómo es posible que tres rascacielos fueran destruidos por dos aviones? En cambio, los medios de comunicación públicos se adhieren inquebrantablemente a la tesis oficial sobre el 11 de septiembre, según la cual un equipo conspirativo de terroristas suicidas islámicos ha planeado y llevado a cabo el 11 de septiembre. Las contradicciones entre la versión oficial y los hechos tradicionales[11] aún no se discuten abiertamente.
Además, las guerras de MENA, sobre las que se mintió, y finalmente las campañas de desprestigio y de denuncia contra la AfD por parte de los políticos de los antiguos partidos y los medios de comunicación públicos y su lavado de cerebro en los noticieros públicos, programas de entrevistas y análisis. Mi impresión se reduce a un denominador exagerado: la mentira se convierte en verdad y la verdad en mentira.

Volvamos a la cita: Incluso si esta cita no proviene de Carl Friedrich von Weizsäcker, surge la pregunta de en qué medida estas 12 profecías describen nuestra realidad de la vida y los desarrollos futuros en el mundo. Si miramos solo este punto 10, debemos darnos cuenta de que ya tiene una realidad aterradora hoy? Los laboratorios militares y de inteligencia han estado trabajando en el desarrollo de *armas biológicas* durante décadas, y parece que ya han abandonado el laboratorio y han provocado la muerte y el empobrecimiento de muchas personas en todo el mundo. Pero más sobre esto en el capítulo "Guerra biológica". Las *hambrunas* y las *guerras* también son parte de nuestra realidad hoy. Si los políticos de las naciones ricas industrializadas realmente estuvieran interesados en el hecho de que no más niños tuvieran que morir de hambre en el mundo, este problema se habría resuelto con una ayuda económica significativa. Y también podrían utilizar los recursos humanos para resolver el problema de la sobrepoblación y alejarse de la práctica de concluir acuerdos de libre comercio con países del tercer mundo que hacen que estos países sean aún más pobres. En cambio, sus mercados están inundados con productos baratos de países industrializados ricos y sus materias primas son explotadas.

Hoy las otras 11 puntos[12] también tienen una realidad aterradora o ya mostrat tendencias básicas de una manera aterradora. Cualquiera que siga el desarrollo social de nuestro país de manera crítica y con los ojos alertas reconocerá a los heraldos que apuntan precisamente en la dirección que abordan estos pronósticos. Este libro trata sobre estos heraldos, que pronto pueden ser una amarga realidad.

Al leer los siguientes capítulos, siempre debe tener en cuenta el contenido de este prólogo, especialmente cuando el sentido común piensa que algo no es posible o que está en contra de la idea humanista de que otras personas no pueden hacer!? Porque estamos tratando aquí con psicópatas que son ajenos a la empatía.

Después de completar el libro y luego de revisar una serie de citas, descubrí que algunas ya no eran accesibles, por lo que se habían eliminado. Algunas de estas citas han sido víctimas de la censura, que hoy en día parece ser cada vez más intensa. *"Sólo la mentira necesita el apoyo de la censura; la verdad se sostiene por sí misma."*[13]

Considero que esto es censura de contenido no deseado, legitimado por las nuevas leyes recientemente aprobadas, p. la llamada Ley de cumplimiento de la red (NetzDG), que entró en vigor el 1 de octubre de 2017. El abogado Steinhöfel lo llama la " Ley para combatir la libertad de expresión".[14] De hecho, *"nos enfrentamos a una interferencia drástica de la élite política y mediática en uno de nuestros derechos fundamentales más importantes, a través de una propuesta legislativa que es inconstitucional, ilegal según la ley europea y simplemente innecesaria."* [§] Esta ley tiene como objetivo combatir, difamar y ridiculizar a los críticos del partidos gubernamental. Los críticos se supone que deben ser silenciados.

[§] Este video de Steinhöfel citado aquí tampoco está disponible: "Este video ya no está disponible porque la cuenta de YouTube vinculada a este video ha sido cancelada", una fórmula utilizada con frecuencia como una razón.

Las citas en el texto han sido traducidas al español a lo mejor de nuestro conocimiento. Las citas originales se pueden encontrar en la versión alemana de este libro.
Habrá muchos lectores que pongan el contenido de este libro en la esquina de la teoría de la conspiración y juzguen las citas de los videos de YouTube como no científicas. Este libro no es un tratado científico, sino una advertencia sobre lo que la élite ha estado planeando para nosotros durante mucho tiempo, y lo que pretenden hacer para el año 2025. Mi esperanza es que la mayoría de la gente se despierte y salga de su zona de confort para luchar. Si quiere conocer mis trabajos científicos, le recomiendo que visite mi página web *www.sonntag-physik.de*. Allí el lector también tendrá la posibilidad de llamar directamente la lista completa de fuentes del libro.

Y si piensas que lo que se describe aquí en este libro es exagerado y inimaginable, entonces métete mentalmente en la época anterior al 9/11: ¿Podrías haberte imaginado en ese momento que el gobierno enviaría a miles de su propia gente al infierno y que todos los medios de comunicación contarían la misma versión del 11-S, aunque sea errónea?[15,16], ...inimaginable que tal cosa pudiera ser posible?

1. La agenda de 2025

"Debido a lo increíble que es, la verdad elude ser reconocida".
(Heráclito de Éfeso alrededor del año 500 a. C.)

Tres documentos con idéntico objetivo final "2025"

"La destrucción fue tan grande que las Naciones Unidas prohibieron esta arma en 76-77. Se ha llegado a un acuerdo (convención ENMOD[**]) de que las armas climáticas no pueden usarse para conflictos armados. Pero, de hecho, todavía se usa. ¿Qué pueden hacer con esta arma? Con esta arma pueden crear lluvia, tormentas, nubes, rayos, tormentas eléctricas, en cualquier parte del mundo, o pueden disolver frentes de lluvia, detener el granizo y las nevadas y también causar sequías. Que pasa Esta arma de control climático que la posee tiene un control absoluto sobre los tesoros del mundo. Especialmente sobre la comida. En texto plano: Cuando un país tiene esta tecnología, controla el grifo de agua del mundo. Haz lo que se te indique y obtendrás agua, y si te opones, tu país tendrá un suministro insuficiente de agua, las nubes serán destruidas, una sequía prolongada es la consecuencia, lo que conducirá a la incapacidad de alimentar a la gente de ese país. Es una hambruna. Hay países que tienen esta tecnología, y en los Estados Unidos se ha convertido en parte de su política exterior. Se llama un informe de la Fuerza Aérea de América del Norte: ¡preste atención al título! - ***'Tener el clima[††] hasta 2025'*** *(ver Figura 1). Este título nos deja sin palabras. El hecho de que*

[**] **ENMOD-Konvention**, *Convention on the Prohibition of Military or Any Other Hostile Use of* ***En****vironmental* ***Mod****ification Techniques*. La convención ENMOD es un acuerdo internacional elaborado por la Comisión de Desarme de las Naciones Unidas para prohibir el uso militar u otro uso hostil de tecnologías que alteran el medio ambiente (Wikipedia).

[††] Aunque esta traducción (del español) habla del clima, las armas climáticas y el control climático, los términos clima, arma meteorológica y control climático parecen caracterizar la situación con mayor precisión en el uso del alemán.

uno pueda ser tan presuntuoso de querer controlar el grifo de agua del mundo no entra en la cabeza de la mayoría de las personas. Este informe también dice que el ***cambio climático*** *es parte de la política exterior estadounidense, lo quiera o no el mundo. Y esta política se aplica, con acuerdos bilaterales, a través de organizaciones como la OTAN, que son responsables de nosotros, o de las Naciones Unidas. De hecho, en la última Asamblea General de las Naciones Unidas, Sección D del 5° Informe sobre Cambio Climático, el IPCC,*[‡‡] *más o menos legitimó lo que se llama geoingeniería"* [17] (palabras resaltado por el autor)

Las personas que afirman que las chemtrails son reales, es decir, que miles de toneladas de veneno se rocían sobre nuestras cabezas, ahora se conocen como "teóricos de la conspiración". No les crees. Lo mismo se aplica a las personas que afirman que el clima es manipulado por los militares, los servicios secretos u otros poderes, que las sequías, inundaciones, terremotos, ciclones, tsunamis pueden desencadenarse o causarse artificialmente. Así como las personas de hoy son estigmatizadas como "teóricos de la conspiración" cuando afirman que la geoingeniería rocía miles de toneladas de veneno para aviones de nuestras cabezas, también lo hacen las personas que afirman que el clima es causado por el ejército, las agencias de inteligencia u otros. Los poderes se manipulan para que las sequías, inundaciones, terremotos, huracanes, tsunamis puedan ser provocados o provocados artificialmente. Debido a que los llamados "expertos" apoyan y alimentan esta estigmatización, uno no cree en estos "teóricos de la conspiración" tan estigmatizados. Sin embargo, precisamente porque la humanidad era técnicamente capaz de desencadenar tales desastres naturales ya en la década de 1970, la comunidad internacional aprovechó esto como una oportunidad para crear la convención ENMOD. El acuerdo de interpretación de la convención ENMOD establece claramente que el uso de armas climáticas está prohibido, con tsunamis, terremotos y un cambio en

[‡‡] El "Panel Intergubernamental sobre Cambio Climático" (IPCC) es una institución de las Naciones Unidas, en resumen, el Consejo Mundial del Clima.

el equilibrio ecológico mencionado explícitamente. Esto significa que la tecnología de manipulación del clima ya era de vanguardia antes de 1976. (Detalles en la sección "HAARP - el sastre en el cielo").

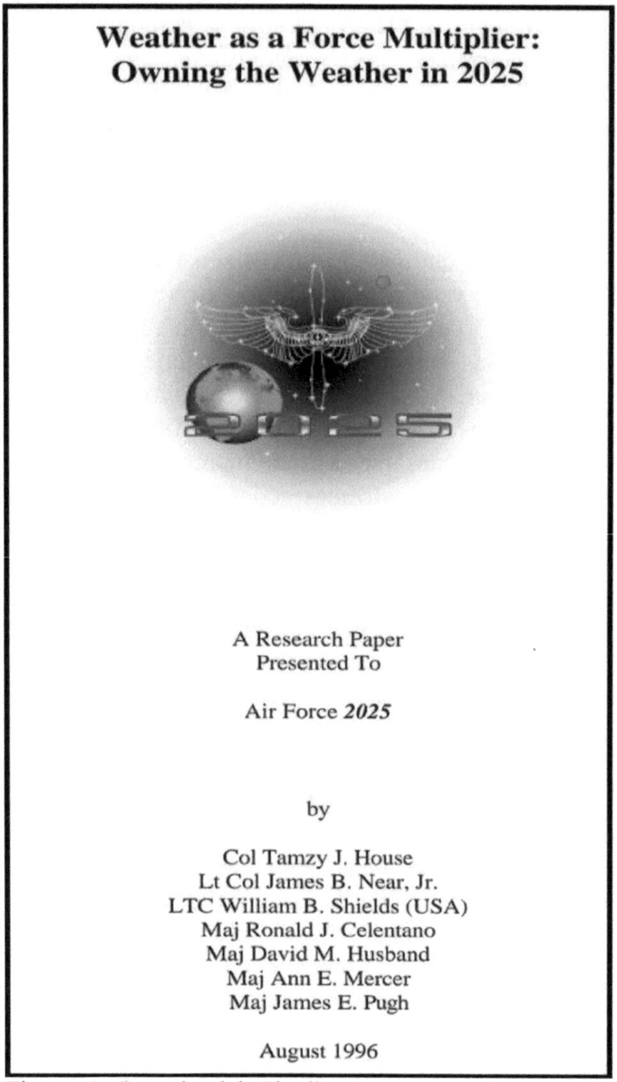

Weather as a Force Multiplier: Owning the Weather in 2025

A Research Paper
Presented To

Air Force ***2025***

by

Col Tamzy J. House
Lt Col James B. Near, Jr.
LTC William B. Shields (USA)
Maj Ronald J. Celentano
Maj David M. Husband
Maj Ann E. Mercer
Maj James E. Pugh

August 1996

Figura 1: Portada del El clima war Documento "El clima como un reforzador de la fuerza: dominio del clima para 2025"

El año "2025" en el título de este libro está tomado del documento mencionado en la cita anterior (Figura 1), cuyo título en el texto original es: **"El clima como un multiplicador de fuerza: poseer el clima en 2025"**[18,19], en lo sucesivo denominado "clima-documento de guerra." La Figura 1 muestra la portada del documento.

Este documento sobre la guerra climática fue producido por el Departamento de Defensa de los Estados Unidos y se publicó el 17 de junio de 1996. Se traduce en traducción gratuita:[20] *"Para 2025, las fuerzas aeroespaciales de EE. pueden controlar el clima aprovechando las nuevas tecnologías y centrándose en el desarrollo de esas tecnologías para la guerra. Tal capacidad proporciona a las fuerzas armadas herramientas para diseñar el área de combate de una manera nunca antes posible. Las tecnologías actuales, que madurarán en los próximos 30 años, ofrecerán a todos los recursos necesarios la oportunidad de cambiar las condiciones climáticas y los efectos asociados, al menos localmente. Las tendencias demográficas, económicas y ecológicas actuales conducirán a tensiones globales que darán a muchos países o grupos el impulso necesario para poner esta capacidad de cambiar el clima en una acción práctica."* Este texto describe y establece un programa para el desarrollo de armas climáticas. Hay siguientes preguntas importantes:

1) ¿Existe alguna conexión con el documento "Cuestiones estratégicas futuras / Guerra futura [Circa 2025]" (ver Figura 2)? que ¿Existe una agenda común detrás de ambos documentos? Esta pregunta es obvia, ya que ambos documentos muestran la fecha idéntica "2025" como la fecha básica. ¿Cuál es la consecuencia de esto?
2) ¿Hasta dónde han avanzado estos desarrollos, como se describe en el documento de guerra climática, hasta el día de hoy? ¿Cuáles son las capacidades actuales de control de clima de los militares, y ya están en uso?

La primera pregunta implica otra pregunta:

3) ¿Es el documento de guerra climática parte del proyecto planeado por las élites que caracteriza la transición del proceso gradual de globalización a la toma de control global?[21]

La respuesta a la pregunta 3) probablemente sea SÍ. Porque hay un tercer documento con el mismo número fin de año 2025; Este documento predice una disminución dramática en la población del mundo occidental para 2025. Este documento (la Figura 5 muestra un extracto que predice los números de poblaciónes para 2025) es de la compañía 'Deagel',[22] que se ocupa de la información de tipo militar que obtiene directamente de la CIA, el FBI, la NSA y others (para más detalles ver la sección "Reducción de la población mundial").

Entonces, es obvio que hay un plan, una agenda, llamémosla Agenda 2025, que apunta al colapso de los países del mundo occidental, la gran crisis, a raíz de las ruinas de las cuales se pretende construir el Nuevo Orden Mundial (NWO), en línea con la declaración de David Rockefeller: *"Estamos al borde de una transformación global, todo lo que necesitamos es la crisis correcta que lo abarque todo y las naciones consentirán en el nuevo orden mundial".*[§§]

El documento de la NASA, Figura 2, describe el plan de cómo el proceso gradual de globalización (en el que nos encontramos ahora) debería tomar para tomar el control de la élite global. Para que este plan funcione y la resistencia esperada de la población no lo ponga en peligro, la élite necesita esta "crisis real que lo cubra todo". El número "2025" representa el día X en el que se realizará la transición al NWO. Y esta transición se realizará simultáneamente en los Estados Unidos, Alemania y otros países de la UE.[23]

[§§] 1994 ante el Comité Económico de las Naciones Unidas (Consejo Empresarial de las Naciones Unidas).
(https://wahrheitinside.wordpress.com/2017/04/19/zitate-zur-neuen-weltordnung/)

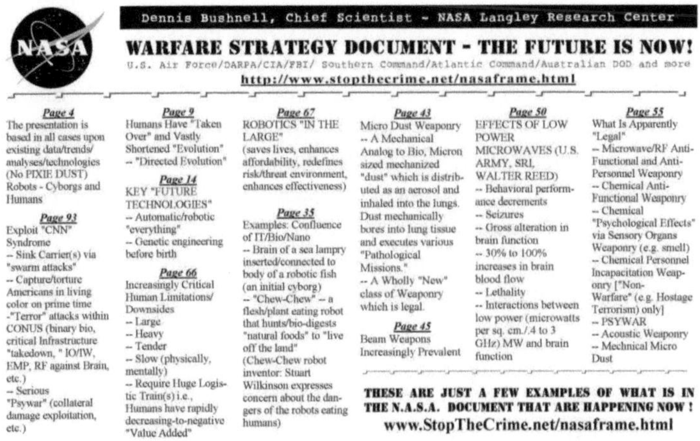

Dennis Bushnell, Chief Scientist - NASA Langley Research Center

WARFARE STRATEGY DOCUMENT - THE FUTURE IS NOW!

U.S. Air Force/DARPA/CIA/FBI/ Southern Command/Atlantic Command/Australian DOD and more

http://www.stopthecrime.net/nasaframe.html

Page 4
The presentation is based in all cases upon existing data/trends/ analyses/technologies (No PIXIE DUST) Robots - Cyborgs and Humans

Page 93
Exploit "CNN" Syndrome
-- Sink Carrier(s) via "swarm attacks"
-- Capture/torture Americans in living color on prime time
-"Terror" attacks within CONUS (binary bio, critical Infrastructure "takedown, " IO/IW, EMP, RF against Brain, etc.)
-- Serious "Psywar" (collateral damage exploitation, etc.)

Page 9
Humans Have "Taken Over" and Vastly Shortened "Evolution"
-- "Directed Evolution"

Page 14
KEY "FUTURE TECHNOLOGIES"
-- Automatic/robotic "everything"
-- Genetic engineering before birth

Page 66
Increasingly Critical Human Limitations/ Downsides
-- Large
-- Heavy
-- Tender
-- Slow (physically, mentally)
-- Require Huge Logistic Train(s) i.e., Humans have rapidly decreasing-to-negative "Value Added"

Page 67
ROBOTICS "IN THE LARGE"
(saves lives, enhances affordability, redefines risk/threat environment, enhances effectiveness)

Page 35
Examples: Confluence of IT/Bio/Nano
-- Brain of a sea lampry inserted/connected to body of a robotic fish (an initial cyborg)
-- "Chew-Chew" -- a flesh/plant eating robot that hunts/bio-digests "natural foods" to "live off the land"
(Chew-Chew robot inventor: Stuart Wilkinson expresses concern about the dangers of the robots eating humans)

Page 43
Micro Dust Weaponry
-- A Mechanical Analog to Bio, Micron sized mechanized "dust" which is distributed as an aerosol and inhaled into the lungs. Dust mechanically bores into lung tissue and executes various "Pathological Missions."
-- A Wholly "New" class of Weaponry which is legal.

Page 45
Beam Weapons Increasingly Prevalent

Page 50
EFFECTS OF LOW POWER MICROWAVES (U.S. ARMY, SRI, WALTER REED)
-- Behavioral performance decrements
-- Seizures
-- Gross alteration in brain function
-- 30% to 100% increases in brain blood flow
-- Lethality
-- Interactions between low power (microwatts per sq. cm./.4 to 3 GHz) MW and brain function

Page 55
What Is Apparently "Legal"
-- Microwave/RF Anti-Functional and Anti-Personnel Weaponry
-- Chemical Anti-Functional Weaponry
-- Chemical "Psychological Effects" via Sensory Organs Weaponry (e.g. smell)
-- Chemical Personnel Incapacitation Weaponry ["Non-Warfare" (e.g. Hostage Terrorism) only]
-- PSYWAR
-- Acoustic Weaponry
-- Mechnical Micro Dust

THESE ARE JUST A FEW EXAMPLES OF WHAT IS IN THE N.A.S.A. DOCUMENT THAT ARE HAPPENING NOW !

www.StopTheCrime.net/nasaframe.html

Figura 2: documento de la guerra futura de la NASA 2001, autorizado por la NASA, EE. Fuerza Aérea, CIA, FBI, ...[24].

Los ex presidentes estadounidenses Eisenhower y Kennedy ya habían advertido en 1961 de los peligros de un gobierno en la sombra cada vez más poderoso, iniciado por un complejo militar-industrial cada vez más fuerte.[25] Kennedy dijo en su discurso histórico y programático el 27 de abril de 1961: *"Estamos lidiando con una conspiración mundial monolítica y nefasta que está extendiendo su influencia con medios encubiertos: con infiltración en lugar de invasión, con anulación en lugar de elecciones, con intimidación en lugar de autodeterminación, con guerrillas de noche en lugar de ejércitos de día. Es un sistema que, con vastos recursos humanos y materiales, ha construido una máquina compleja y eficiente que combina operaciones militares, diplomáticas, de inteligencia, económicas, científicas y políticas. Sus planes no se publican, sino que se ocultan, sus fallas se entierran, no se publican. Los disidentes no son alabados, sino silenciados ...* "[26] Debido a que Kennedy había anunciado que él publicar revelaría estas maquinaciones, fue asesinado.[27]

Hay sitios web que "*se burlan y ridiculizan a quienes toman en serio el programa de la Fuerza Aérea de los Estados Unidos 'Owning the Weather 2025'. Como de costumbre, somos teóricos de la conspiración. De ahí esta declaración del ex Secretario de Estado de los Estados Unidos, Cohen:*"[28] *"Otros (terroristas) incluso practican el terrorismo ecológico en el que pueden cambiar el clima a través de ondas electromagnéticas, provocar terremotos y volcanes desde lejos. Así que hay muchas mentes brillantes que buscan encontrar formas de difundir el terror a otras naciones. Es real, y es por eso que debemos intensificar nuestros esfuerzos."*[***] Y esto es lo que representa este programa, tal como está formulado en este documento de guerra climática, Figura 1.

Al igual que en el caso del documento de guerra climática (Figura 1) y el documento de la NASA[29] (Figura 2), la información de la compañía 'Deagel' (DEAGEL.com) es cuestionada desde varios lados o ridiculizada. Sin embargo, si tiene en cuenta la investigación realizada por los autores del video[30] de You-Tube,

---

[***] Texto original en inglés: *"Others (terrorists) are engaging even in an eco-type of terrorism whereby they can alter the climate, set off earthquakes, volcanoes remotely through the use of electromagnetic waves ... So there are plenty of ingenious minds out there that are at work finding ways in which they can wreak terror upon other nations ... It's real, and that's the reason why we have to intensify our efforts."*

haríamos bien en dedicar toda nuestra atención a la información de DEAGEL.com.

Esta **"Agenda 2025"** es un proyecto a largo plazo que tiene el objetivo de una toma de poder global por parte de la élite y se adoptó hace muchas décadas, visible por ejemplo en el documento **„Silent Weapons for Quiet Wars"**[†††,31] que data de 1986 y cuyos orígenes se remontan a 1954, año en que se fundó el Grupo Bilderberg.[32] Entonces, si responde la tercera pregunta con SÍ, puede significar que el ***"Día X, en el que ... la toma de poder mundial por parte de la élite",***[33] no solo debería tener lugar para la esfera occidental de influencia de las élites, sino también También en el resto del mundo. Debido a que las técnicas de cambio climático descritas en el documento de guerra climática ya han madurado hasta tal punto que sus efectos pueden llegar a cualquier punto de la tierra con consecuencias devastadoras para el país respectivo (detalles en el capítulo "Destrucción de nuestro sustento"). Una guerra climática global hoy parece más probable que una guerra nuclear global. Porque la guerra nuclear también deja un "contaminado" planeta.

Saltando los acuerdos internacionales, el desarrollo de nuevas armas biológicas, pero también el desarrollo de nuevas armas de radiación, cuyos efectos devastadores sobre la humanidad serán gigantescos, se está llevando a cabo en paralelo con este "programa de geoingeniería". Las "armas climáticas", las armas biológicas y de radiación son parte del plan, cuyo objetivo es reducir la población a un nivel inferior a 500 millones en la tierra,[‡‡‡] pero también afectar la salud de los sobrevivientes y manipular y controlar nuestros pensamientos y sentimientos. (Detalles en el capítulo "Guerra biológica")
Con nanochips y partículas de polvo (Smart Dust), que se introducen en nuestros cuerpos de varias maneras sin que nos

---

[†††] „Armas silenciosas para guerras tranquilas"

[‡‡‡] *„BE NOT A CANCER ON THE EARTH – LEAVE ROOM FOR NATURE – MAINTAIN HUMANITY UNDER 500.000.000 IN PERPETUAL BALANCE WITH NATURE"* (Inscripción en las Piedras Guía de Georgia)

demos cuenta de ellos, la rejilla inteligente de IoT[§§§] se puede utilizar para leer el cerebro de cada persona, pero también para controlarlo desde el exterior e incluso determinarlo. Los estados de conciencia están impresionados desde el exterior.[34] Además, se ha creado una categoría completamente nueva de formas de vida con la ayuda de la biología sintética, llamada fibras de Morgellons[35], que se replican y pueden usarse como transmisores y receptores de señales o información extrañas, con la ayuda de la cual se registran los pensamientos, sentimientos y funciones corporales de las personas, pero también se puede controlar de forma remota.

Es el **juego final** para influenciar y controlar remotamente a la población sobrescribiendo (y programando sus pensamientos) pensamientos y controlando los sentimientos y las acciones de las masas. Eso suena increíble y como un "teoría de la conspiración" y tiene que ser probado, es por eso que este libro.

Si nos fijamos en las posibilidades tecnológicas que los militares ya tienen hoy, los problemas parecen

Sobreexplotación de nuestras materias primas,
Tirar basura en los mares,
Deforestación de los bosques lluviosos,

que hasta ahora han sido descuidados por los gobiernos, de menor importancia. Porque estos problemas serían solucionables si la voluntad de resolverlos finalmente prevaleciera entre los gobiernos. Pero, ¿qué están haciendo los responsables en política y negocios sobre esta amenaza? Incluso si los gobiernos individuales parecen estar abordando el problema (palabra clave sostenibilidad), la sobreexplotación de nuestras materias primas continúa, así como la basura en los mares, la deforestación de las selvas tropicales, la explotación del tercer mundo, el hambre en el mundo y las guerras, s. Figuras 3 y 4. El ejército es el mayor contaminador del mundo hoy en día, particularmente el ejército del imperio estadounidense. *"La máquina de guerra gigante es el mayor consumidor mundial de productos derivados del petróleo. Oficialmente, 320,000 barriles de petróleo se consumen diariamente en las 7,000 bases*

[§§§] IoT = Internet of Things (Internet de las Cosas) - Internet de las Cosas, para cuya realización se crea la llamada red 5G.

militares en todo el mundo. Causa la mayoría de las llamadas emisiones de gases de efecto invernadero y arroja contaminantes tóxicos al medio ambiente todos los días. Sin embargo, el Pentágono está generalmente excluido de todos los acuerdos internacionales sobre clima y medio ambiente ... El Pentágono produce más desechos altamente tóxicos que las cinco compañías químicas estadounidenses más grandes combinadas. Las toxinas incluyen pesticidas, plomo o materiales radiactivos de la producción de armas, por nombrar solo algunos. Irak, por ejemplo, fue bombardeado con uranio empobrecido durante ambas invasiones ... Hasta el día de hoy, grandes partes de Vietnam han sido contaminadas con dioxina".[36]

Con respecto a la Figura 3: *"Esta barra en el extremo derecho es preocupante. Aunque las tropas estadounidenses se están retirando actualmente de Siria y Afganistán, lo que en realidad debería resultar en un ahorro significativo de costos, los EE. Han aumentado su presupuesto militar para 2019 de manera más drástica que en los últimos seis años. La pregunta es, ¿hay dinero para una guerra importante? ¿Quizás incluso para una guerra contra la OCS?"*[37]

Las al menos 2.200 pruebas de armas nucleares destructivas desde 1945, que en total tenían una fuerza explosiva que era al menos 6000 veces mayor que la de la bomba atómica de Hiroshima[38], pesan igual de pesadas en términos de destrucción ambiental. La influencia de estas pruebas de bombas atómicas puede haber tenido un impacto mucho más duradero en el clima global que todas las influencias civiles combinadas, gases de escape intestinales de vacas, gases de escape de automóviles, aviones, barcos, centrales eléctricas de carbón.

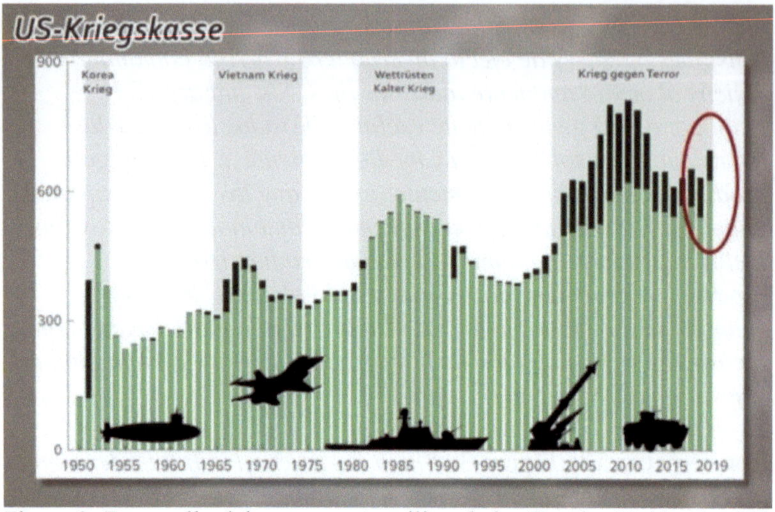

Figura 3: Desarrollo del presupuesto militar de los Estados Unidos (en US $ bn).[39] Los máximos se correlacionan con la Guerra de Corea y la Guerra de Vietnam, así como con la carrera armamentista / Guerra Fría y la guerra contra el terror.

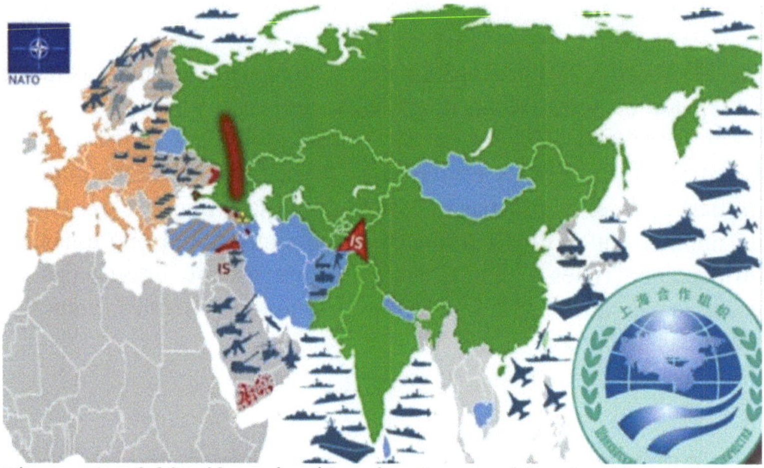

Figura 4: OCS (Organización de Cooperación de Shangai), una asociación de países fundada en 2001, rodeada por el ejército de los EE.UU. y la OTAN, representada por símbolos de color azul profundo.[40]

Se libran guerras por materias primas y poder, se firman acuerdos de libre comercio con países del tercer mundo que los hacen aún más pobres y evitan que estos países se desarrollen económicamente. La deforestación continúa,[41] impulsada por la búsqueda de ganancias, y la contaminación de los océanos no se detiene. En lugar de resolver estos problemas, los responsables intentan llamar la atención sobre un problema artificial y de propaganda, el "cambio climático provocado por el hombre". Como demostraremos en los siguientes capítulos, este "cambio climático provocado por el hombre" es un arma destructiva, pero también un gran engaño que hace a los ricos aún más ricos y al resto del mundo más pobre. Por "arma destructiva" se entiende el "programa de geoingeniería", con el cual, según la opinión oficial, se debe intentar detener el calentamiento global, pero en realidad se está implementando un programa gigantesco para manipular el clima, la ionosfera y generar terremotos. Estas llamadas "armas climáticas" dominarán en gran medida la guerra futura, pero ya se usan en la actualidad. Este "programa de geoingeniería" está impulsado principalmente por los servicios militares y secretos, financiados esencialmente por el dinero de los contribuyentes, pero también por las donaciones de inversores privados, un grupo de personas súper ricas, llamémoslas elite.

Si desea tener una idea de lo que significa la geoingeniería, puede obtener más información en el sitio web de la Bundeswehr, la Oficina de Planificación de la Bundeswehr.[42] Allí, la geoingeniería se presenta como una tecnología futura que tiene como objetivo combatir el calentamiento global. Sin embargo, esta geoingeniería ha sido utilizada durante décadas, en particular por el ejército, en Alemania por el ejército de los EE., Pero esto no está confirmado oficialmente para evitar demandas relacionadas con la degradación ambiental. En el caso de las acusaciones de contaminación, el causante tendría que ser probado sin ninguna duda, lo que es aún más difícil si se niega oficialmente la aplicación de la geoingeniería. La Oficina de Planificación de la Bundeswehr[43] establece claramente que la geoingeniería es una tecnología futura. Entonces dice en el encabezado: "Geoingeniería: una perspectiva de política de seguridad", y uno de los subtítulos dice: "¿Cómo podría usarse la geoingeniería?", Es decir, formulada en la forma de la opción.

En *NEW.EURO-MED.DK*[44] puede leer: "Desde que la Armada y la Fuerza Aérea de EE. Comenzaron el programa" Poseer el clima para 2025 "en 1996, nuestros cielos ya no son los mismos: llenos de estelas químicas tóxicas y nubes de tabla de lavar HAARP - y 'nuestros' meteorólogos ideológicos están constantemente tratando de imaginar un calentamiento global artificial no existente".

El papel de la UE en el proceso de globalización

El año 2025 también aparece en otro contexto, la abolición de los estados nacionales europeos, más precisamente, los estados miembros de la UE. El 7 de diciembre de 2017, el entonces líder del SPD, Martin Schulz, pidió que se establecieran los Estados Unidos de Europa para 2025 y, por lo tanto, la resolución de los estados nacionales europeos.[45] La última soberanía estatal de Alemania terminará en 2025. ***"Llegaría el día en que los gobiernos se verían obligados a admitir que una Europa integrada es un hecho consumado, sin decir nada en términos de definir sus fundamentos. Todo lo que les quedaba por hacer sería fusionar todas sus instituciones autónomas en una sola administración federal y luego proclamar a los Estados Unidos de Europa."***[46] Alemania se fusionaría *"en una burocracia democráticamente injustificada y controlada por grupos de presión llamada UE. ... Ese es el fin de una Europa libre y democrática ... "*[47] Es el mismo año en que, según los planes de los globalistas, el Nuevo Orden Mundial también se convertirá en una realidad. El establecimiento del estado de la UE es un requisito previo para el establecimiento del NWO. Ya lo habíamos notado en la primera parte de la trilogía "2025": "Y esta toma de control (por parte de la ONM) tendrá lugar simultáneamente en Alemania y en otros países de la UE".[48]

2. Destrucción de nuestro sustento.

"Hace mucho tiempo, la estructura de poder global eligió someter a nuestro planeta (y toda la red de vida que soporta, incluida la humanidad) a una intervención climática inimaginable y destructiva / ataque de guerra climática".[49]

Psicópatas

¡No les perdones porque saben lo que están haciendo!

"Mientras el mundo esté dirigido por psicópatas, debemos, desafortunadamente, por experiencia siempre estar asumir lo peor: guerras, manipulación del clima, Control mental."[50]

Lo que cubrimos en este libro es tan increíble y monstruoso que excede la imaginación humana. La élite mundial quiere establecer el Nuevo Orden Mundial, que está dominado por el "Gobierno Mundial Único" y el gobierno bancario absoluto. Se ha impuesto la tarea de esclavizar a las poblaciones y, por lo tanto, obtener un poder absoluto sobre ellas. Eso suena increible. Y debido a que estas cosas son tan increíbles, eluden ser reconocidas. *"Debido a su incredulidad, la verdad elude ser reconocida"* (Heráclito). Numerosas discusiones con amigos y colegas, por ejemplo, sobre la pregunta, "¿Existen chemtrails en realidad?" Me han demostrado que la mayoría de ellas nunca han oído hablar de las chemtrails y escuchan con incredulidad mis argumentos que se supone que prueban su existencia, o que me continuamente interrumpan. Piden evidencia, pero al mismo tiempo me impiden presentarla interrumpiéndome repetidamente. Un comentario correspondiente sobre un artículo publicado en 2017, que trata de chemtrails y

HAARP****:[51] "*... Es casi imposible creer lo que está sucediendo. Si mencionas el tema afuera, serás despedido como un completo teórico de la conspiración y el hilandero.*" Eso es exactamente lo que me pasa una y otra vez. Esto me ha demostrado que la gente no puede imaginar ni remotamente ni está preparada para creer que puede haber personas e instituciones que destruyen intencionalmente nuestros medios de vida y quieren envenenarnos. La situación es similar cuando se trata de la pregunta: "¿Hay algún sistema HAARP y para qué se usa?" Un contraargumento común es: "¿Cómo se protegen las élites de esto?" "*Estas personas están protegidas. Todos los demás en la población ... no lo es. Los jefes farmacéuticos están sentados en otro lugar, en sus montañas, en algún lugar, en el aire limpio ... Tienen los medios para defenderse contra él, no las personas estúpidas.*"[52] Hay otro aspecto: la motivación para hacer tales cosas, incluso si Esto pueden ser dirigido contra uno mismo, también se basa en la psique de esas personas. Detrás de los proyectos discutidos en este capítulo hay personas que son inescrupulosas y no empáticas, ambas características que son típicas de los psicópatas, pero también para algunos políticos que ocupan altos cargos. Ambos parecen apoyar una carrera hasta los más altos puestos de toma de decisiones.

Se dice que del 1 al 15% de la humanidad son psicópatas.†††† Un análisis del sistema proporciona: una organización con una estructura piramidal es susceptible al hecho de que los psicópatas llenan gradualmente los puestos más altos de toma de decisiones. Las estructuras jerárquicas son más susceptibles a ello, cuanto más antigua y más grande es la organización. Ejemplos de tales estructuras piramidales son el Vaticano, el Banco Mundial, las Naciones Unidas, Siemens, UBS y el Deutsche Bank.[53] Y si el nivel de gestión de dicha organización está ocupado principalmente por psicópatas en algún momento, desarrolla un gran potencial de destrucción contra todos y todo lo que entre en conflicto con sus objetivos, influencia, reclamo de poder y maximización de

**** Programa de investigación auroral activa de alta frecuencia.

†††† Hoy la psicopatía describe un grave trastorno de la personalidad, que va de la mano con la falta total o total de empatía, responsabilidad social y conciencia. (Wikipedia)

ganancias. Consideremos las partes responsables en la industria farmacéutica, medicina y engorde de animales. *"Según el Instituto Robert Koch, cada año mueren en Alemania entre 1,000 y 4,000 personas por infección con patógenos multirresistentes. En Europa 25,000. En los Estados Unidos, alrededor de 23,000 personas se convierten regularmente en víctimas de estas llamadas superbacterias cada año."* [54] Según un estudio[55] de 2016, que se realizó en 30 países, alrededor de 91,000 personas mueren cada año por infecciones hospitalarias. En Alemania 15,000. Los números de estas dos fuentes difieren considerablemente para Alemania. Sin embargo, estas miles de muertes por gérmenes multirresistentes son el resultado del hecho de que a lo largo de los años los gérmenes han desarrollado resistencia a la que los antibióticos disponibles se han vuelto ineficaces. Una razón es el uso irresponsable en masa de antibióticos en el engorde de animales. Esto hizo posible mantener a los animales en un espacio confinado y, por lo tanto, reducir los costos en comparación con la cría amigable con los animales y, por lo tanto, aumentar las ganancias. No se les ocurre que las propias partes responsables estén expuestas al riesgo de contraer gérmenes resistentes y morir prematuramente. O reprimen mentalmente el peligro. Porque, como dijo Karl Marx,[56] el capital se vuelve audaz con la ganancia apropiada; al 50% se vuelve atrevido; al 100% ignora todas las leyes humanas; ¡Y con un beneficio del 300% no hay delito que no lo arriesgue, incluso a riesgo de su propia destrucción![‡‡‡‡]

Otro ejemplo es la introducción y distribución mundial de agentes químicos sintéticos en la agricultura y la industria alimentaria, toxinas ambientales como pesticidas e insecticidas, como los utilizados para el control de malezas o para una mayor vida útil de los alimentos, que son causados para algunos enfermedades, para

---

‡‡‡‡ Esta cita es en realidad de P.J. Dunning (1860), pero se dio a conocer por Karl Marx en una nota al pie de página en "Capital": *„Das Kapital hat einen Horror vor Abwesenheit von Profit, oder sehr kleinem Profit, wie die Natur von der Leere. Mit entsprechendem Profit wird Kapital kühn. Zehn Prozent sicher, und man kann es überall anwenden; 20 Prozent, es wird lebhaft; 50 Prozent, positiv und waghalsig; für 100 Prozent stampft es alle menschlichen Gesetze unter seinen Fuß; 300 Prozent, und es existiert kein Verbrechen, das es nicht riskiert, selbst auf Gefahr des Galgens."*

el rápido crecimiento de los cánceres, por ejemplo.[57] Este mayor riesgo para la salud, naturalmente, también amenaza a quienes son responsables de la propagación global de estos venenos o no hacen nada al respecto, tanto los CEO como los políticos. Contra aquellos que señalan las cosas increíbles que están sucediendo a nuestro alrededor, a menudo se usa el eslogan "teóricos de la conspiración", que sofoca una discusión contenciosa desde el principio.

La gente que no está de acuerdo con la afirmación de que el calentamiento global es causado por el hombre está siendo ahora combatida tanto como aquellos que hacen de las estelas químicas y la AARPA un tema de discusión, ideológicamente por los políticos y los medios de comunicación públicos, y objetivamente por los *"expertos de los medios"*, para los cuales hay toda una serie de videos de YouTube. Esto es lo que nos dice el presentador Markus Lanz en un talk show: [58,59,60] *"Hacía más calor en el Polo Norte que en Berlín en estos días."* Y su invitado a un programa de entrevistas, Dirk Steffens, responde: "Sí, y nosotros dos, si las cosas van bien, seguiremos experimentando cómo podemos cruzar el Polo Norte en un bote de goma, porque en algún momento del verano estará libre de hielo". Markus Lanz obviamente tiene razón en su declaración. Sin embargo, al hacerlo no menciona que el derretimiento del Ártico no tiene nada que ver con el calentamiento global, sino que está provocado por el hombre, no por el CO2 que los humanos lanzan al aire, sino por el bombardeo con las llamadas ondas FEB. Este proyecto se remonta a un tratado celebrado en 1974 entre los EE.UU. y la URSS con el fin de obtener los recursos minerales bajo el hielo del Ártico. [61,62]

El libro electrónico "Mentiras de la verdad"[63] del autor Thomas Beschorner también debe mencionarse en este contexto, *"una colección en línea de temas altamente explosivos y delicados. Los artículos pretenden destacar los pros y los contras de las perspectivas individuales de la población."* El primer artículo de este trabajo tan extenso enfatiza que HAARP es un proyecto puramente científico, es operado por muchos científicos internacionales y no está sujeto a ningún secreto. Y se enfatiza que en las teorías de conspiración, HAARP se conoce como un *"'proyecto secreto' y está asociado con desastres naturales como terremotos, inundaciones y erupciones volcánicas que tienen lugar en todo el mundo. A veces, la manipulación de la mente también se asume por medio de ondas ELF."* En el segundo artículo, los que hacen tales afirmaciones se denominan "hilanderos". Por otro lado, en el tercer artículo se toma la opinión opuesta. Puede leer allí: *"Detalles y antecedentes de un proyecto loco que el ejército de los Estados Unidos ha estado desarrollando en Alaska durante años en el más estricto secreto. El llamado proyecto HAARP (Programa de Investigación Auroral Activa de Alta Frecuencia) calienta la ionosfera con gigantescos lanzadores de energía (hasta 100 mil millones de vatios) para influir en la superficie de la tierra y la conciencia humana con las notorias ondas ELF."* Dos puntos de vista contradictorios. El proyecto HAARP. ¿Quién miente allí? ¿Los autores de los dos primeros artículos? ¿O el del tercer artículo? ¿Qué artículo preferirías creer, querido lector, el último o los dos anteriores? Asumo los dos anteriores; porque la idea del tercer artículo es tan inhumana, tan monstruosa que no puedes creerlo que la gente pueda hacer esa investigación contra la existencia humana.

Sin embargo, los puntos de vista que están representados en los artículos primero y segundo se ajustan exactamente al objetivo de desacreditar las teorías de la conspiración (teoría de la conspiración como concepto de lucha). A continuación, mostraremos que estamos bien aconsejados de no rechazar el tercer artículo de las "Mentiras de la verdad"[64] citadas anteriormente, sino de actuar nosotros mismos y buscar fuentes independientes.

Se han lanzado varios proyectos para 1) lograr una reducción significativa de la población mundial y 2) para obtener un dominio absoluto y control sobre ellos. Los proyectos individuales se pueden resumir brevemente de la siguiente manera:

a) Guerras y guerras civiles

b) Disolución de los estados nacionales / mezcla étnica de las poblaciones.

c) Bajar el coeficiente intelectual promedio

d) Destrucción de familias

e) destrucción de la salud humana
f) Control absoluto de la humanidad.

Con estos proyectos se quiere lograr:
i) una reducción masiva de la población mundial
ii) personas sin voluntad, personas débiles física y mentalmente o psicologicamente que ya no son capaces de comprender los contextos políticos y no tienen la fuerza para resistir.

¿Cómo funciona la élite? Un hito importante en la implementación de estos proyectos fue la propagación del calentamiento global y la afirmación de que fue causada por humanos. Mientras tanto, esta afirmación ha sido refutada por muchos científicos serios y es referida por ellos como una "mentira climática" (ver detalles más abajo). Sin embargo, continúa siendo propagado por los políticos y los medios públicos y sirve como razón para una serie de proyectos de geoingeniería que conducen a la destrucción de las condiciones de vida y la salud humana. Uno de estos proyectos de geoingeniería es rociar productos químicos altamente tóxicos, metales pesados, aluminio, estroncio y compuestos de bario en forma de nanopartículas, así como fibras plásticas a través de estelas químicas (para más información y fuentes, consulte la sección "Chemtrails - *'La sopa de química'* en el cielo"). Los medios públicos niegan la propagación de estas sustancias tóxicas (estelas químicas) o se dice que sirve para reducir la exposición al sol, pero en realidad representa un riesgo extremadamente alto para la salud humana, en parte debido a los materiales altamente tóxicos, que se acumulan en las aguas y en los alimentos producidos por la agricultura después de ser distribuidos en todo el mundo, por otro lado, por el hecho de que estas sustancias son inhaladas por los humanos, pero también por la reducción adicional de la producción de vitamina D debido al oscurecimiento de luz solar natural.
"Lo que noto es que nos quitan la luz. Y la luz pertenece al sistema reproductivo y a la estructura general del sistema inmune. Esa es la base del todo. La luz del sol se reduce. Ya no podemos ver todo el espectro. Claramente, eso afecta el comportamiento reproductivo de la próxima generación."[65] Esta afirmación de que

"nos quitan la luz" no es una exageración, s. También el video[66] (del minuto 14:26).

Reducción de la población mundial.

Cuente todas las personas en el mundo
Encontrarás que falta un tercio
Lo que queda, mira a cada país,
La mitad perdió la Mente.
(de "Canción del tilo"[67], 1850)

Todos saben que la creciente población mundial es uno de los problemas más serios de nuestro tiempo. Para limitar el crecimiento de la población, ya se han tomado una serie de medidas en el pasado, por ejemplo, la introducción de la píldora anticonceptiva o la política del hijo único en China, pero este problema aún no se ha resuelto. La élite, por otro lado, está siguiendo una estrategia completamente diferente y más efectiva, que ha sido nombrada bajo varios nombres en Internet. En *News-for-Friends.de* puede leer: Agenda 21, Agenda 2030, Agenda 2050. Estos tienen en común que, en base a esto, la población mundial debería reducirse hasta en un 95%. Los medios para hacer cumplir esto son: *"Chemtrails (o 'geoingeniería'), vacunas, alimentos irradiados, OGM*[§§§§] *(Codex Alimentarius*[*****]*), contadores inteligentes, uso de 5G, ..."*[68] Además, hay que mencionar aquí la migración masiva de la población de África y Oriente Medio a Europa, que se supone que contrarresta su "disminución de la población", según la lectura oficial. Sin embargo, esta migración

---

§§§§ OGM: organismos genéticamente modificados

***** Codex Alimentarius: *"El Codex Alimentarius es una colección de normas para la seguridad alimentaria y la calidad de los productos de las Naciones Unidas, que fue publicada por primera vez por la Organización de las Naciones Unidas para la Agricultura y la Alimentación (FAO) y la Organización Mundial de la Salud (OMS) en 1963 ..."* (Wikipedia)

masiva no es en absoluto un alivio para la sobrepoblación de África, porque su crecimiento demográfico es significativamente mayor que la pérdida de población debido a la emigración. Porque la población de África crece mucho más rápido: en dos semanas aumenta en aproximadamente un millón de habitantes. Si uno quisiera seriamente reducir el crecimiento de la población en la tierra, la forma más obvia y más humanitaria sería apoyar a los países con un alto crecimiento de la población de tal manera que eleve la educación y el nivel de vida en estos países a un nivel comparable a las condiciones europeas. Ya no hay un crecimiento demográfico excesivo en Europa, que tiene que ver con el alto nivel de educación y el alto nivel de vida. En lugar de tomar este camino de elevar la educación y el nivel de vida en África, Europa se desestabiliza por la migración masiva. De hecho, esta migración masiva está creando un enorme potencial de conflicto en los países europeos, que se descargará en guerras civiles cuando las poblaciones autóctonas se hayan convertido en minorías en sus países ancestrales, según el plan de la élite.[69] *"¡Recuerda! Quien durante años propaga 'el multiculturalismo ha fracasado', quien conoce los peligros en detalle, para luego dirigir precisamente esta clientela (es decir, personas ajenas a la cultura) en masa a Alemania, no lo hace 'por error' ".*[70] Hay una intención detrás de esto.

"Para mantener el poder, la población mundial se reduce al mínimo. Esto se hace mediante el uso de enfermedades generadas artificialmente, pero también por medio de hambrunas y guerras dirigidas. Armas biológicas se declaran como epidemias. La razón de ello es la idea de que la mayoría de la gente ya no puede financiar sus alimentos por sí misma, ya que los ricos se verían obligados a tomar medidas de ayuda, de lo contrario tendrían un enorme y peligroso potencial de conflicto."[71,†††††] Este es el punto 10 de las predicciones de Carl F. Weizsäcker sobre el futuro desarrollo del mundo.[72] Como veremos en el capítulo "Guerra

††††† Como se indicó en el blog "falschzitate.blogspot.com" el 1 de mayo de 2018, esta cita y las 12 profecías subyacentes no deberían provenir de Carl Friedrich von Weizsäcker, sino probablemente de un autor desconocido Año 2007.

biológica", esta cita ya es una realidad aterradora; durante décadas se han utilizado armas biológicas exactamente para este propósito.

En lo que respecta a la disminución de la población mundial, se prevé una pérdida de población en cada uno de los países. Según el vídeo[73] publicado el 22 de febrero de 2015, que se refiere a la fuente www.deagel.com, se han previsto importantes pérdidas de población en 14 países europeos, con una pérdida total de población de 137,7 millones (segunda columna del cuadro de la figura 6). En 2017 estas pérdidas de población se corrigieron de nuevo a valores mucho más altos (193,6 millones en total, 3ª columna de la figura 6). El año 2025 también se puede encontrar en este documento, Figura 5, así como en los dos documentos discutidos en el prefacio, el documento sobre la guerra climática (Figura 1) y el documento de la NASA (Figura 2). Por lo tanto, parece probable que exista un plan, una agenda, llamémosla Agenda2025, que apunta al colapso del mundo occidental, la gran crisis, sobre cuyas ruinas se construirá el nuevo orden mundial, como ya lo formuló David Rockefeller en 1994: *"Estamos en el umbral de una transformación global, todo lo que necesitamos es la crisis global, y las naciones darán su consentimiento al nuevo orden mundial.*[74,‡‡‡‡‡]

La compañía "Deagel", que opera este sitio (www.deagel.com/country/), se ocupa de la información de naturaleza militar que recibe directamente de la CIA, el FBI, la NSA, el Ejército de los EE., Mossat, la OTAN, la UE. DEAGEL.com también publica información sobre el producto interno bruto (PIB), gasto militar, paridad del poder adquisitivo, PPP y cifras de población para los países individuales, así como pronósticos para 2025.[75] Deagel tenía publicado las cifras de pronóstico para la población que se muestran en la Figura 6 en 2014 (2 Columna de números en la Figura 6) y 2017 (tercera columna en la Figura 6) publicada. La razón de las altas pérdidas de población en el texto explicativo debajo de la tabla es el colapso

‡‡‡‡‡ (1994 ante el Comité Económico de las Naciones Unidas - Consejo Empresarial de las Naciones Unidas)

total de los sistemas económicos y sociales en estos países, con los siguientes puntos:

1) Escenarios de pandemias (p. Ej., Ébola)
2) colapso del sistema financiero del oeste
3) colapso de programas Ponzi como la bolsa de valores y los fondos de pensiones

21	Philippines	▲ 117,031,940 104,260,000
22	Germany	▼ 28,134,920 80,590,000
23	Argentina	▼ 41,008,200 44,290,000
24	Colombia	▲ 49,240,520 47,700,000
25	Saudi Arabia	▼ 25,297,620 28,570,000
26	Spain	▼ 27,763,280 48,960,000
27	Vietnam	▲ 99,030,160 96,160,000
28	Taiwan	▼ 18,538,200 23,510,000

Figura 5: Proyecciones de población para 2025 para Filipinas, Alemania, Argentina, Colombia, Arabia Saudita, España, Vietnam y Taiwán. Letras negras: Situación actual, letra roja: Previsión para 2025 (extracto copiado de *http://www.deagel.com/country/forecast.aspx*).

Las guerras, las guerras civiles y las hambrunas no se abordan explícitamente en esta justificación de los pronósticos. Sin embargo, se puede suponer que pueden surgir escenarios de guerra civil después de un colapso del sistema financiero. La hambruna también puede producirse mediante armas climáticas, como se describe en la introducción del prólogo. Estas armas climáticas también se pueden usar contra su propia gente, como fue obviamente el caso de los "incendios forestales" en California en 2017 y 2018 (consulte la sección "Incendios forestales - provocados por el hombre").

fuente: Pronóstico de:	*2) 2017 población (en millones) **2017**	*1) 2014 pronóstico **habitantes** **pérdida** (en millones) **2025**	*2) 2017 pronóstico **habitantes** **pérdida** (en millones) **2025**
Italia	62,0	-19,0	**-18,2**
Francia	67,0	-24,6	**-27,9**
Austria	8,8	-1,8	**-2,6**
Suiza	8,2	-5,2	**-2,9**
Alemania	80,6	-1.6	**-52,6**
Bélgica	11,5	-2,1	**-3,4**
Países Bajos	17,1	-7.7	**-0,3**
Portugal	10,8	-4,0	**-2,7**
Gran Bretaña	65,7	-31,3	**-51,1**
España	49,0	-21,3	**-21,2**
Suecia	10,0	-6,2	**-2,8**
Noruega	5,3	-3,1	**-1,5**
Irlanda	5,0	-2,1	**-3,7**
Grecia	10,8	-7,8	**-2,7**
la cantidad	**411,7**	**-137,7**	**-193,6**
Estados Unidos	327,0	-247,4	**-227,4**
Canadá	35,6		**-9,3**
Australia	23,2		**-8,0**

***1)** *https://www.youtube.com/watch?v=W8Ifp_O9oRA&feature=youtu.be*
***2)** *http://www.deagel.com/country/*

Figura 6: Previsión de pérdida de población para 2025. (1a columna: Población 2017, 2da columna: Población 2025, pronóstico 2014; 3ra columna: Población 2025, pronóstico 2017)

El portavoz en el video[76] dice: "*... Y esta información significa que Deagel predice el colapso total del sistema económico y social en* *estos países para 2025. Eso, a su vez, daría como resultado una nueva migración de personas, por así decirlo, y millones de personas que migran a otros países, se suicidan o mueren de hambre, o mueren de otra manera ".* Esa sería una nueva "migración", pero exactamente en la dirección opuesta como ocurre hoy. Esto conducirá a una presión de migración externa.

Presión migratoria hacia el exterior

Los dos pronósticos de 2014 y 2017 difieren fundamentalmente para Alemania: el pronóstico de pérdida de población en 2014 de 1.6 millones (segunda columna en la Figura 6) se ha disparado en el pronóstico de 2017 a 52.6 millones (tercera columna en la Figura 6) , Si se tiene en cuenta la apertura de las fronteras alemanas en septiembre de 2015, que fue entre estos dos pronósticos, esta diferencia fundamental en estos dos pronósticos es comprensible.[§§§§§] Debido a esta afluencia millonaria de migrantes y su evidente apoyo por parte del gobierno alemán (así como el apoyo de la mayor parte de la población alemana) sugiere que el sistema social colapsará en un momento determinado. Porque desde cierto punto en el tiempo, la economía alemana en crisis ya no puede compensar los millones de migraciones y los costos

[§§§§§] Sin embargo, el pronóstico para las cifras de población de Alemania cambió en varios pasos (el 23 de abril de 2015 cambió de 79.6 a 48.1; 16 de agosto de 2016 de 48.1 a 40.8; 22 de junio de 2017 de 40, 8 a 31.3 y 28 millones respectivamente; fuente: *https://www.youtube.com/watch?v=t4OwfkSEtlY*). Los dos primeros cambios se realizaron antes de que se abriera la frontera en Alemania. Sin embargo, supongo que esta apertura de la frontera no se produjo espontáneamente, sino que siguió un plan que dirigió los flujos migratorios a Europa, y el conocimiento de este plan se tuvo en cuenta en las previsiones. El hecho de que este plan existiera lo sugiere el hecho de que la Agencia de la ONU para los Refugiados (ACNUR) había recortado drásticamente los ya escasos fondos para los campamentos de refugiados cerca de Siria y Líbano inmediatamente antes del estallido de la migración masiva a Europa, después de lo cual el número de ellos aumentó rápidamente, quienes se dirigieron a Europa. (Fuente: *https://www.youtube.com/watch?v=EQ0l0HxNEOY&t=300s)*

adicionales, cada vez mayores, asociados con la reunificación familiar, que aumentan constantemente. Por lo tanto, el sistema social colapsará tarde o temprano. Cuando eso sucede también depende del grado en que los prestamistas estén dispuestos a otorgar préstamos adicionales para financiamiento. Depende del prestamista, la élite financiera, determinar el momento exacto del colapso. Esto significa que el estado ya no podrá pagar pensiones y beneficios sociales. Y ese es el *"colapso total previsto del sistema económico y social"*. En lo que respecta al colapso del sistema económico, Actualmente se está llevando a cabo la desindustrialización sistemática de la industria alemana, especialamente la alemanas clave como la producción de energía (industria nuclear y generación de energía a carbón) y más recientemente la industria automotriz.

Las personas que sobrevivieron el colapso serán desarraigadas. La dirección de la migración se revertirá, ya no hacia Alemania (o Europa); la presión migratoria apuntará hacia el este. Pero después del colapso, se debe suponer que las fronteras se cerrarán nuevamente, aseguradas por los mercenarios del ejército de la UE, cuyo establecimiento por Macron y Merkel ha sido solicitado o anunciado durante mucho tiempo. Los precursores de este ejército de la UE son los ejércitos secretos GLADIO[77] y EUROGENDFOR, en los que también sirven mercenarios extranjeros, que estarán listos para seguir las órdenes, incluso si disparan a su propia población. Después del colapso, ya no será posible cruzar la frontera. Los sobrevivientes de esta "gran crisis" son los nuevos ciudadanos ideales del "estado" mundial o del estado de la ONU, sin derechos y sin un futuro digno de vivir. Ese es el Nuevo Orden Mundial.

Hay un desarrollo de pronóstico similar para los Estados Unidos. La Figura 7 muestra cómo se ha ajustado el pronóstico para los EE. A las circunstancias respectivas. El mayor salto (corrección) en el pronóstico tuvo lugar el 3 de abril de 2014, donde el pronóstico de la población para 2025 se redujo de 182 millones a 88 millones, y luego, el 24 de septiembre de 2014, nuevamente a 69 millones ,

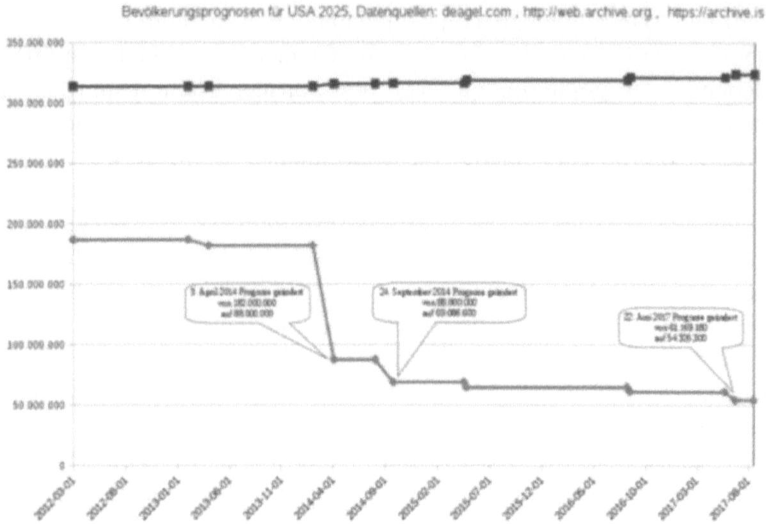

Figura 7: Correcciones al pronóstico de la población de los EE. Para 2025 (curva inferior). Curva superior: estado "real" de la población, basado en el punto de tiempo respectivo en el eje X.[78]

Es notable para los Estados Unidos que los desastres naturales parecen haberse intensificado en frecuencia e intensidad en los últimos años, ciclones, inundaciones, incendios forestales. Es razonable sospechar que las manos humanas están ayudando, por un lado, a mantener a las personas asustadas y, por otro lado, a destruir sus medios de vida. Hube dos incendios forestales devastadores en octubre de 2017 y noviembre de 2018 en California (ver sección "Incendios forestales - provocados por el hombre"). O los huracanes que azotaron a los Estados Unidos en los últimos diez, veinte años superaron con creces los conocidos huracanes anteriores en términos de fuerza y destrucción, por ejemplo, el huracán Katrina, que azotó el Golfo de México en agosto de 2005 y tenía 11 de longitud. Los 11 días hicieron estragos, finalmente destruyeron Nueva Orleans y decenas de miles de personas tuvieron que ser evacuadas. O la lluvia interminable y las inundaciones devastadoras asociadas de gran parte de las tierras agrícolas en los Estados Unidos que hicieron imposible la siembra.

Si no se puede sembrar, no se puede cosechar. El resultado puede ser el hambre. En un artículo, Michael Snyder describe la situación de la industria agrícola en los EE. en junio de 2019 de la siguiente manera:[79] *"Los agricultores de Estados Unidos se enfrentan a la peor crisis en una generación, y la próxima tormenta monstruosa ya está en camino."*[80] *"Este año, el clima va a suceder que arrasar millones y millones de hectáreas de las mejores tierras agrícolas estadounidenses porque la humedad no permite la siembra. La siembra se está llevando a cabo en otro millón de hectáreas, pero debido a la terrible situación, es probable que el rendimiento sea muy inferior a lo normal".*

Ahora, por supuesto, puede preguntarse: ¿no se defenderán las poblaciones contra él? ¿No habrá guerra civil en todas partes? Claro que lo habrá. ¿Pero qué pueden hacer los ciudadanos indefensos? Muchos no entienden lo que sucede a su alrededor, cuáles son las causas de las "fallas". Mientras tanto, han olvidado cómo cuestionar el panorama general desde un punto de vista lógico. Este es el resultado del adoctrinamiento que ha estado ocurriendo durante décadas, una especie de "lavado de cerebro[81] con doble cerebro".

3. Cambio climático: un problema para todas la gente

"¿No es la única esperanza para este planeta en el colapso de la civilización industrial? ¿No es muestra responsabilidad asegurarnos de que ocurra esta falla?"
(Maurice Strong, primer director del PNUMA, 1990 y 1992[82]; organizador de la conferencia de Río)

Emergencia climática

"Quien quiera jugar con el estado de emergencia para restringir la libertad nos encontrará a mis amigos y a mí en las barricadas de la democracia."[******]
(Willy Brandt, 1968[83])

La "emergencia climática" ha sido declarada en al menos 67 ciudades y pueblos alemanes antes del 18 de diciembre de 2019 (Wikipedia). El 28 de noviembre de 2019, el Parlamento Europeo en Estrasburgo proclamó la "emergencia climática" para Europa.[84] El Süddeutsche Zeitung comentó:[85] *"La emergencia climática tiene un carácter bastante simbólico y debería generar presión para una legislación concreta. Esto debe ser subrayado El Parlamento declaró que se deben tomar medidas urgentes debido al cambio climático."* ¿Es realmente así? ¿Qué es una emergencia? Los derechos civiles se anulan. Porque una emergencia declarada prepara el camino para las regulaciones de emergencia, para socavar Leyes: *"Cualquiera que pida una emergencia climática hoy no exige nada más que decisiones sin legitimidad democrática y su objetivo es anular los derechos democráticos"*, dijo el

---

****** *„Wer einmal mit dem Notstand spielen sollte, um die Freiheit einzuschränken, wird meine Freunde und mich auf den Barrikaden der Demokratie finden."*

eurodiputado Markus Ferber (CSU).[86] Un estado de emergencia declarado despeja el camino para las ordenanzas de emergencia.

El 11 de diciembre de 2019, la nueva jefa de la Comisión de la UE, Ursula von der Leyen, anunció el "Acuerdo Verde Europeo", según el cual la UE debería ser neutral frente al clima para 2050.[87,88] Quiere hacer que la neutralidad climática sea legalmente vinculante para 2050, Esto significa que el uso de petróleo, carbón y gas natural será abolido en gran medida para 2050. Quiere utilizar enormes recursos financieros para lograr este objetivo.

Cambio climático: la nueva religión mundial

"El cambio climático supuestamente provocado por el hombre es el pretexto final para controlar a las personas, porque el CO2 no es nada más y nada menos que la vida. Toda la actividad humana se basa en CO2; incluso respirando! Quien controla las emisiones de CO2 de las personas por ley puede determinar cómo tenemos que vivir y cuántas personas pueden vivir. Así como nadie había visto una razón antes del 11 de septiembre para arrasar con el Medio Oriente, nadie hubiera renunciado voluntariamente a viajar, a sus mascotas o incluso a sus propios hijos antes de la histeria climática".[89]

"Todas las partes en los países industrializados, ya sea derecha o izquierda, adoptarán la teoría del calentamiento del CO2. Esta es una oportunidad única para gravar el aire que respira. Como se supone que deben salvar al mundo de la muerte por calor, los políticos también son aplaudidos. Ninguna fiesta resistirá esta tentación".[90]

Figura 8: Página de título de SPIEGEL de 1986: señal de inicio de la histeria climática. *"A menos que anunciemos desastres, nadie nos escuchará".* (John Harton, Vicepresidente del IPCC, 1994[91])

En 1986, SPIEGEL sorprendió a sus lectores con un escenario de horror, en el que la portada de su 33° número presentaba la Catedral de Colonia, que se había hundido hasta un tercio de su longitud en el mar que llegaba hasta el horizonte (Figura 8). Esta fue la señal de partida de una histeria climática que desde entonces ha sembrado firmemente el miedo y la inseguridad en el cerebro de muchas personas. Este "miedo al clima" está ahora firmemente anclado en la mente de muchas personas y ha cobrado tal impulso que muchos están convencidos de que en unos pocos años una catástrofe climática mundial arrasará con la humanidad y que el declive de la civilización humana sólo puede evitarse con contramedidas masivas. En 2007, Der Spiegel intensificó con el titular de la portada: *"INFORME SECRETO SOBRE EL CLIMA - No tenemos 13 años más para salvar la Tierra."*[92] Después de eso, tendríamos que esperar lo peor para el 2020 a más tardar. Este ejemplo por sí solo debería hacer sospechar que la crisis climática de la que se habla es una gran estupefacción popular, impulsada por los medios de comunicación públicos y la mayoría de los políticos.

El "cambio climático provocado por el hombre" es un invento de la élite que persigue los siguientes objetivos:

1) Creación de un proyecto o tema común que afecta a toda la comunidad mundial, no solo a grupos individuales, estados o grupos de estados con los que la humanidad entera puede identificarse. Esta comunidad sirve a la élite que lucha por un gobierno mundial. Dirk Müller lo resume en un comentario:[93] *"Como sociedad global, nunca tuvimos un tema en común. Hasta la fecha, no ha habido un solo problema que haya afectado a todos en el mundo. Incluso una guerra mundial fue solo un problema para algunos de los estados ... Pero si quiero crear una sociedad global, necesito un problema común del que todos nos ocupamos como humanidad común. Y existe el cambio climático: si no encuentra "extraterrestres" que provienen del exterior, hay pocos temas que podrían usarse para esto. Pero el clima afecta a todos. El clima es tangible para todos, es comprensible para todos, afecta a todos de alguna manera. Y ese es exactamente el tema que ahora se ha encontrado, que es la narrativa de la sociedad global para crear esta sociedad global en primer lugar, para llevarla a una comprensión común del mundo"*

2) la redistribución de abajo hacia arriba (impuesto sobre el CO2[††††††,94],, *"impuestos medioambientales y ecológicos constantemente nuevos y más altos, aumentos de peajes, pautas de aislamiento, impuestos sobre emisiones, comercio de certificados de CO2, prohibiciones de diésel y disparates de autos eléctricos ..."*[95])

3) Legalización de la geoingeniería (y, por lo tanto, chemtrails) con el argumento de que se requiere geoingeniería para contrarrestar el inminente aumento de temperatura de la tierra (elusión del acuerdo ENMOD[‡‡‡‡‡‡] de 1976)

[††††††] El informe de la Comisión de Expertos en Investigación e Innovación (EFI) insta al Gobierno Federal a introducir un impuesto sobre el CO2.

[‡‡‡‡‡‡] La convención ENMOD prohíbe el uso de tecnologías que cambian el medio ambiente.

4) La distracción de otros cambios políticos, en particular de la reducción gradual de la democracia, las nuevas leyes para la vigilancia y censura de los ciudadanos y la migración masiva a Europa. Antes de las elecciones europeas del 26 de mayo de 2019, el tema fue puesto especialmente en el foco de los medios y el interés público, de modo que los problemas reales como los refugiados, la reunificación familiar, la seguridad interna, los problemas sociales y la pobreza en la vejez han pasado completamente a un segundo plano.

5) Confundir y crear miedo

6) Otro componente de "Divide y vencerás": ahora existe una división profunda en la población (derecha contra izquierda, patriotas contra "buena gente", locales contra migrantes, musulmanes contra cristianos y judíos, teóricos de la conspiración contra creyentes convencionales, pobres contra ricos) agregó un nuevo componente: "Jóvenes contra viejos", un conflicto de generación artificial se está construyendo y alimentando.

7) La degradación democrático. El activista climático y fundador de "Extinction Rebellion", Roger Hallam, dijo en una entrevista con SPIEGEL:[96] *"Si una sociedad actúa tan inmoralmente, la democracia se vuelve irrelevante ... La protección climática es mayor que la democracia".* él cree que el gobierno inglés está haciendo muy poco para evitar la catástrofe climática. Dado que los procesos democráticos en una democracia dependen en última instancia de decisiones mayoritarias, los procesos de toma de decisiones toman mucho tiempo. Los sistemas centralistas, por otro lado, son mucho más rápidos y preferibles que un sistema democrático para enfrentar los desafíos globales de hoy. El "cambio climático" es un excelente ejemplo de anclar esta forma de pensar en el público en general al convencer a la gente de que solo las decisiones rápidas podrían evitar la "catástrofe climática inminente". Además, una discusión transmitida en ZDF entre el psicólogo Richard David Precht y el jefe de los Verdes Robert Habeck, donde prefería el sistema centralista al sistema democrático. Incluso si Habeck pospuso esta declaración después como engañosa y no y no significa eso,[97] muestra claramente de

qué se trata: suprimir los principios democráticos, con el pretexto de que las decisiones políticas pueden implementarse más rápidamente.

8) Debilitamiento de la economía alemana (igualación de las condiciones de vida en la UE, porque una Europa gobernada y unida no es posible si un país es rico y el otro país es pobre.)

9) Desindustrialización: *"¿No es la única esperanza para este planeta en el colapso de la civilización industrial? ¿No es nuestra responsabilidad asegurar que ocurra este colapso?"* (Maurice Strong, primer director del PNUMA, organizador de la conferencia de Río y asesor jefe Kofi Annans, 1990 en Wood y 1992 en la conferencia climática de Río[98])

Decisión de la mayoría: ¿"CO2 asesino climático"?

"El 97% de los científicos está seguro de que el cambio climático es en gran parte provocado por el hombre".[99]

o:

El 0,54% de los investigadores climáticos están seguros de que el cambio climático es en gran parte provocado por el ser humano[100]

Los defensores de la hipótesis de que el calentamiento global es provocado por el ser humano afirman en repetidas ocasiones que *"el 97% de los científicos están seguros de que el cambio climático es en gran parte provocado por el ser humano."*[101] Sin embargo, es falso: *"Sólo muy pocos artículos revisados por pares llegan incluso a decir que el calentamiento reciente es principalmente antropogénico."*[102, §§§§§§]

El "reclamo del 97%" anterior proviene de un estudio de 2013, en el que cierto John Cook había evaluado casi 12,000 artículos científicos. Pero este "reclamo del 97%" es una mentira. Cuando

---

§§§§§§ *„Only very few peer-reviewed papers even go so far as to say that recent warming is chiefly anthropogenic."*

este estudio se analiza escrupulosamente, surge: "*Un total de 0,54% del trabajo cree que el hombre a lo sumo el 50% de la persona tienen la culpa del cambio climático.*"[103] ¿Cómo surge esta diferencia? En pocas palabras, mediante preguntas y trucos inteligentes en la evaluación estadística de las respuestas.[104] El "reclamo del 97%" anterior también se refuta en el video de YouTube[105]. Y, sin embargo, este "reclamo del 97%" todavía está siendo difundido por los medios públicos y el IPCC y se usa repetidamente en el campo para "refutar" a los "escépticos del clima".

Este "reclamo del 97%" se opone incluso a una petición ("Proyecto de petición de calentamiento global", también conocida como "Petición de Oregón"), que fue firmada por 31,000 científicos (a partir de enero de 2018) y que establece que el La hipótesis del calentamiento global provocada por el hombre está mal.[106] El 19 de junio de 2019, 90 científicos italianos firmaron una "petición contra la alarma climática", en la que resumen explícitamente los hechos científicos que contradicen la hipótesis anterior.[107] Ya en 1992, 4.000 científicos firmaron el Manifiesto de Heidelberg (llamado de Heidelberger), publicado el último día de la cumbre climática en Río de Jenairo, en el que los firmantes exigieron que la sociedad prestara más atención a los científicos que a los muchos profesionales irracionales de la salud y la salud. activistas ambientales.[*******] Y el 26 de septiembre de 2019, 500 científicos firmaron la declaración: "Escuchen a los científicos: 500 investigadores protestan por las alarmas climáticas"[108], que establece que es "´cruel e imprudente, billones desperdiciados´ en base a Defienda los resultados de modelos climáticos inmaduros"[109]. Fritz Vahrenholt, uno de los firmantes, declaró en una entrevista: *"La discusión sobre el clima se ha vuelto tan histérica que impulsa la política hacia adelante. Pero no tenemos una emergencia climática. Si se implementan las demandas de*

******* Wikipedia: „Heidelberger appeal“: *„ ... The document most of the signatories thought they were signing was an appeal for the society to pay more attention to scientists than to the many irrational health and environmental activists…."*

Greta Thunberg, la prosperidad y el desarrollo se verán comprometidos en todo el mundo".[110]

Contra la "petición de Oregon" con los 31,000 signatarios mencionados anteriormente, los cabilderos del "cambio climático", entre otros, representan disparó a través del Huffington Post o *www.klimafakten.de* tratando de retratarlo como propaganda. O se niega el significado de la "Petición de Oregón" debido a que fue firmada principalmente por científicos no especializados. O: entre los que suscriben los científicos también hay títulos de licenciatura, maestría o doctorado en un tema relacionado con las ciencias naturales; pero si compara el número de graduados de instituciones de educación superior desde el año escolar 1970/71 que cumplen con los criterios de la "Petición de Oregón" con el número de signatarios, la proporción es de 10.6 millones a 31,000.[111] Entonces, una decisión mayoritaria para ¿cambio climático provocado por el hombre? ¡Qué certificado científico de pobreza! "La tierra es un disco" también fue una decisión mayoritaria en la Edad Media, al menos casi nadie contradecía esta opinión en ese momento. O echemos un vistazo al presente: el "modelo estándar de partículas elementales", las teorías cosmológicas de mundos paralelos y dimensiones adicionales, el multiverso burbuja también deben considerarse como decisiones mayoritarias, que la mayoría de los especialistas siguen sin contradicción. ¿Es por eso que tienes razón? Prof. Dr. Horst-Joachim Lüdecke[112] del Instituto EIKE escribe sobre las presentaciones en *www.klimafakten.de*: *"El blog Klimafakten.de (en adelante, el KF) se ve a sí mismo como una asociación de lobby para la hipótesis del cambio climático provocado por el hombre. En los últimos años, un tema científico se ha convertido en un arma de grupos de interés ideológico y una política que, con la 'protección del clima', claramente tiene objetivos completamente diferentes que 'salvar al mundo de la muerte térmica'. Como resultado, todos los principales partidos políticos ahora han incluido el tema del 'clima' en sus programas ... "*

El profesor emérito de la Universidad de Londres, Philip Stott, se cita en el informe climático de la Conferencia de la ONU sobre el cambio climático en noviembre de 2016 de la siguiente manera:[113] *"El punto fundamental siempre ha sido el siguiente. El cambio climático está determinado por cientos de factores o variables, y el mero pensamiento de que podemos manejar el cambio climático de manera predecible al comprender y manipular el único factor elegido políticamente, el CO2, es tan descabellado como cualquier otra cosa."* Y agregó: *"Esto es una tontería científica"*. ¿Y por qué esta tontería científica se basa en una doctrina estatal, o más drásticamente, en una religión estatal? El punto de vista de Philip Stott también es compartido por muchos científicos de renombre que tienen su opinión en un video de YouTube[114]: hay decenas de miles de científicos que no están de acuerdo con la hipótesis de que los humanos hacen una contribución significativa al cambio climático. Entre estas decenas de miles de científicos, también hay más de 70 premios Nobel.[115] En particular, la afirmación hecha por representantes del calentamiento global provocado por el hombre de que el CO2 es responsable de esto es refutada por el hecho empírico de que el calentamiento global pronunciado se midió entre 1905 y 1940, pero entre 1940 y 1970, donde la producción industrial y, por lo tanto, Las emisiones de CO2 producidas por el hombre aumentaron extraordinariamente, y hubo un ligero enfriamiento. Lo que también se ha olvidado: a mediados y la segunda mitad del siglo anterior, se había anunciado un enfriamiento de la tierra, incluso una nueva era de hielo.[116,117,118] Lo absurdo de la tesis de que el CO2 artificial es responsable del calentamiento global también se aborda en un artículo publicado[119] en *welt.de* en 2011, que no es reconocido por políticos o apologistas de la tesis de CO2.

La tesis de que el inminente calentamiento global es alimentado por CO2 artificial también tiene un lado satírico y grotesco, como nos muestra un eurodiputado en un video[120]. Por ejemplo, los eurodiputados y su personal, un total de alrededor de 3000 personas, se mudan de Bruselas a Estrasburgo una vez al mes durante tres noches y cuatro días y luego regresan nuevamente. El equipaje se transporta en camión, los parlamentarios suelen tomar el avión. Este movimiento mensual *"significa alrededor de 20 mil toneladas de emisiones de CO2 al año. Eso es tanto como trece mil vuelos 'Londres - Nueva York' y viceversa, solo porque nos estamos mudando aquí entre dos ubicaciones."* [121] Este ejemplo muestra que los tomadores de decisiones no están preocupados por el llamado CO2 que destruye el clima. límite, pero que el debate sobre la limitación de las emisiones de CO2 es un debate falso. Financieramente, este movimiento mensual significa 114 millones de euros al año (según el Tribunal de Cuentas). *"¿A qué compañía se le ocurriría la absurda idea de trasladar a 3000 empleados cada mes durante tres noches y cuatro días a otro lugar?"*[122]

También en contradicción con la preocupación por la reducción de CO2, a los 709 miembros del Bundestag se les ordenó regresar de su permiso para asistir a la juramentación del ministro de defensa en funciones AKK, cuesta más de 1 millón de euros más muchas emisiones de CO2 adicionales.[123]
Si los "activistas climáticos" fueran realmente serios sobre la protección del clima y el mantenimiento de condiciones de vida dignas, harían todo lo posible para contrarrestar decisivamente la deforestación de las selvas tropicales en América del Sur o Indonesia. Y estarían más decididos a enfrentar la contaminación de los mares y océanos con desechos plásticos. Y abogarían por el uso responsable de los recursos del mundo. Estos problemas se conocen desde hace mucho tiempo y aparecen de vez en cuando en los medios como noticias o comentarios. Sin embargo, queda la impresión de que prácticamente se está haciendo poco para combatir estos problemas, sino que se están construyendo amenazas como la leyenda del CO2, que una y otra vez sirven como motor para nuevas inversiones y justificación para aumentos de impuestos o nuevos impuestos.

Las series de pruebas con núcleos en el hielo eterno han demostrado que la temperatura ha aumentado o disminuido en los últimos 100,000 años, luego el CO2 sigue cada pocos cientos de años, es decir, *"el CO2 no causa el cambio climático, sino que lo sigue. ... Entonces, la suposición básica de la teoría del cambio climático provocado por el hombre está equivocada "*.[124] La explicación de por qué el contenido de CO2 sigue al cambio de temperatura respectivo está relacionada con la emisión de CO2 de los océanos, que aumenta o disminuye, dependiendo de si eso la temperatura global sube o baja. Sin embargo, el calentamiento o enfriamiento de los océanos está relacionado con el sol, especialmente con la llamada actividad solar, es decir, *"El sol está detrás del cambio climático, el CO2 no importa."*[125]

Primero se advirtió sobre el **"calentamiento global"** del CO2; pero cuando resultó que las temperaturas anuales promedio medidas no habían aumentado realmente en los últimos 20 años,[126] este término simplemente fue reemplazado por **"cambio climático"**. *"La palabra* ***'calentamiento global'*** *(todavía era muy popular alrededor del cambio de milenio) fue eliminada casi por completo de la circulación y reemplazada por el término mucho más universalmente aplicable* ***'cambio climático'.*** *Esta neutralidad conceptual ahora permite el uso neutral de la palabra para el clima. Ahora puede haber una edad de hielo o un período cálido, que seguramente será el caso. Se trata solo de mantener el drama y no cometer errores para no poner en peligro el comercio de indulgencias climáticas. Este modelo de negocio vive únicamente de un pánico* ***'sostenible'*** *en las mentes de los creyentes del clima, por el cual puede dejarse completamente abierto si se está volviendo más cálido o más frío, porque solo el cambio securitizado es importante."*[127]

"Todo depende de esta pregunta: si el dióxido de carbono no es una causa importante, la captura de CO2, el límite y el comercio, el comercio de CO2 y el acuerdo de Kyoto son una pérdida de tiempo y dinero. Todo esto aleja los recursos de las cosas importantes que nos interesan, como encontrar una cura para el cáncer o alimentar a los niños somalíes ".[128]

En un artículo en *http://news-for-friends.de*[129] se juzga: *"El cambio climático antropogénico es probablemente la mayor mentira y la mayor estafa de todos los tiempos con las consecuencias más graves. Se utiliza exclusivamente para la redistribución de activos de abajo hacia arriba en una escala sin precedentes, i. h. privación total ... en este sistema socioeconómico, en el que lamentablemente todavía tenemos que vivir en este momento, en última instancia, la esclavitud de toda la humanidad."*

En la muy citada película de Davis Guggenheim y Al Gore, "An Inconvenient Truth",[130] que advierte sobre el cambio climático provocado por el hombre, *"los hechos se ocultaron por un lado y, por otro lado, se ajustaron para producir el efecto deseado: crear miedo entre la población y para obtener legitimación para la política absurda y ruinosa del "clima", como impuestos medioambientales y ecológicos constantemente nuevos y más altos, aumentos de peajes, pautas de aislamiento, impuestos de emisión, comercio de certificados de CO2, prohibiciones de diesel y disparates de autos eléctricos ... "*[131]

Lo que estamos experimentando hoy es celebrar una religión climática que no tiene nada que ver con hechos científicos, sino que ha elevado el "cambio climático provocado por el hombre" al nivel de un dogma. La afirmación central de los representantes del "cambio climático provocado por el hombre" es que el CO2 causado por los humanos aceleraría el calentamiento global, palabra clave "efecto invernadero". Aquí hay un argumento que sugiere lo contrario:

La contra tesis

" "Hay un tabú absoluto en el debate sobre el cambio climático, y eso es probablemente lo peor de todo".
(Naomi Seibt, 16 años, graduada de la escuela secundaria [132])

El CO2 es más pesado que el aire. Por eso la concentración de CO2 cerca de la tierra es mayor que en las capas superiores de la atmósfera. Este punto es a menudo utilizado por los apologistas del clima para refutar los "negadores del clima" diciendo que la turbulencia de las masas de aire (por el viento, las corrientes) impide una disminución del CO2 y por lo tanto el CO2, el N2 y el O2 se distribuyen más o menos equitativamente en la atmósfera.[133]

Sin embargo, ignoran otro efecto, a saber, la formación de nubes, que se produce en altitudes de unos 2 a 13 km. Durante la formación de las nubes, el vapor de agua en ascenso se condensa y libera la energía calórica absorbida en la superficie terrestre durante la evaporación, que se irradia en todas las direcciones de la misma manera. El CO2, que está presente debajo de las nubes en mayor concentración que por encima de las nubes, provoca ahora que la radiación de calor hacia el espacio sea mayor que hacia la superficie terrestre, lo que significa un enfriamiento del área cercana a la tierra en comparación con la situación (hipotética) de que no hubiera CO2.[134]

Un método de la llamada geoingeniería, que consiste en limitar el calentamiento global de los rayos del sol, es establecer una sombrilla artificial hecha de las partículas metálicas más finas de la atmósfera superior, que se supone que refleja una gran parte de los rayos directos del sol de regreso al espacio (3to aspecto en la sección "Qué objetivos se convertirán en perseguido con los chemtrails?"). Al parecer, esto ha estado sucediendo en Alemania desde 2003/2004[135] al descargar enormes cantidades de minúsculas partículas metálicas en la atmósfera superior. (ver sección " Chemtrails - *'La sopa de química'* en el cielo"). El resultado es un cielo blanco lechoso que en realidad conduce a una disminución de la radiación solar que golpea la tierra. Sin embargo, este cielo blanco lechoso también reduce la radiación de calor desde la tierra hacia el universo, lo que a su vez contribuye al calentamiento global. Sin este cielo blanco lechoso, la radiación de calor de la Tierra al espacio sería mayor, lo que significaría un enfriamiento adicional de la superficie de la Tierra. Este efecto de enfriamiento se pudo observar bien en años anteriores: el enfriamiento nocturno siempre era particularmente pronunciado cuando el cielo estaba estrellado y sin nubes. En contraste, una densa capa de nubes redujo la radiación de calor en la dirección del espacio, por lo que el enfriamiento nocturno no fue tan fuerte como con un cielo sin nubes. Si bien la radiación de calor de la superficie de la tierra al espacio siempre tiene lugar, es decir, Las 24 horas del día, la protección de los rayos del sol por el cielo blanco lechoso solo funciona durante el día, es decir, cuando el sol está en el cielo. En resumen, esto significa que esta sombrilla artificial contribuye más a un aumento de la temperatura promedio en la superficie de la tierra, pero no a una disminución de la temperatura.

La proporción promedio de CO2 en el aire normal es extremadamente baja. Es solo alrededor de 0.04%. El Instituto Europeo para el Clima y la Energía (EIKE) hace el siguiente cálculo:[136] *"Entonces, 0.038 por ciento de CO2 está en el aire; la naturaleza produce 96 por ciento, el resto, cuatro por ciento, humanos. Eso es cuatro por ciento de 0.038 por ciento, es decir 0.00152 por ciento. La participación de Alemania en esto es del 3,1 por ciento. ... Con esto queremos asumir el papel de liderazgo en el mundo, que nos cuesta alrededor de 50 mil millones de euros en impuestos y cargas cada año".* Si este es el caso, surge la pregunta: ¿Por qué se afirma lo contrario, a saber, que el CO2 causa el calentamiento global? La respuesta es simple: 1) Si tuviéramos que decir que el CO2 puede reducir o revertir el calentamiento global, no se podrían establecer certificados de CO2 y ningún impuesto sobre el CO2 sobre esta base. Sería más difícil justificar que la generación de electricidad a base de carbón debe ser abolida. 2) Se desea el calentamiento global real para mantener la afirmación de que el CO2 contribuye al calentamiento global. Se puede decir que todavía no hemos ahorrado suficiente CO2, por lo que la temperatura global continúa aumentando y los impuestos sobre el CO2 tienen que ser aún más eficientes, es decir. interpretar la conducción de precios. Se supone que la masa de personas no ve a través de los antecedentes y conexiones reales. Porque si ella lo viera, todo el proyecto de impuestos climáticos colapsaría como un castillo de naipes. Es por eso que los medios de comunicación propagan y alimentan propagandísticamente la tesis del calentamiento global del CO2, y con éxito, como se puede ver en el ejemplo del movimiento "Friday for Future", pero también en los votos ganados por los Verdes en las elecciones de la UE y la última. elecciones estatales.

Lo que se está haciendo con la lucha contra el CO2 es una lucha contra el mundo vegetal, que es uno de los requisitos previos para la existencia humana. El CO2 es un gas importante, sin el cual una civilización humana no podría existir. Porque el CO_2 es un material esencial para el mundo vegetal, que se utiliza para generar energía a través de la fotosíntesis. Y la fotosíntesis solo funciona si hay suficiente luz solar. Las otras medidas que se utilizan para reducir el calentamiento global también incluyen la reducción de la radiación solar mediante la introducción de aerosoles en las áreas superiores de la atmósfera para absorber parte de la luz solar o reflejarla nuevamente en el espacio. Esto a su vez conduce a una reducción en la fotosíntesis.

¿Cómo es posible, a pesar de la contribución humana extremadamente mínima al CO_2, que se pueda construir una "religión climática" completa? El video "El origen de la mentira climática"[137] ofrece una respuesta. En él, el autor afirma que *"los medios de comunicación, en su mayoría legibles, y por supuesto la televisión, estaban inventando hechos que no existían en absoluto. Y todos estos hechos surgieron cuando pensaste en crear miedo."* - En la breve descripción del libro "La mentira de la catástrofe climática" de Hartmut Bachmann, puedes leer: *"Según la encuesta, el 70% de todos los alemanes están asustados por el alarmismo sistemático sobre una catástrofe climática que se aproxima. Pero quien se dé cuenta de que los valores básicos de esta supuesta catástrofe se han forjado en gran medida puede disipar sus temores. ... Toda la construcción que se supone que va a apoyar la catástrofe climática es un solo tejido de mentiras, construido por las más altas autoridades climáticas internacionales hasta los gobiernos estatales. Después de descifrar estos hechos, el autor prosigue con la pregunta: ¿CUI BONO? ¿Quién se beneficia de esto? Se encuentra con actividad criminal...* (y) *explotadores sin escrúpulos y egoístas en los negocios y la política, manipulando y asustando a la gente para luego explotarla".* [138]

El proyecto climático es demasiado grande para fracasar.

La Figura 9a muestra el aumento en la temperatura promedio de la atmósfera cercana a la Tierra y los mares desde el comienzo de la industrialización (Wikipedia). Según Wikipedia, es *"un cambio climático debido a influencias antropogénicas (provocadas por el hombre)"*. La Figura 9a representa parte de la llamada "curva climática del palo de hockey", que se muestra completamente en la Figura 9b: la temperatura promedio en el hemisferio norte desde 1000, determinada sobre la base de varias fuentes. Estos gráficos forman las piedras angulares de la afirmación de que el cambio climático es "hecho por el hombre". Y forman la base de los modelos climáticos con los que los científicos climáticos estiman el desarrollo de la temperatura para 2100 si no reducimos las emisiones de CO2. También forma la base para los informes climáticos del IPCC.

El gráfico, Figura 9a, es de la NASA y fue creado por el Sr.James Hansen (y coautores) en 2010 y luego revisado y complementado por el Sr. Nathan Lenssen (y coautores) en 2019. La "curva climática del palo de hockey", Figura 9b, fue publicada en 1998 por cierto Sr. Michael Mann (y coautores). Muestra una disminución gradual de la temperatura desde aproximadamente el año 1000, pero con el inicio de la industrialización desde aproximadamente 1890 un fuerte aumento hasta 1998.

Pero esta "curva climática del palo de hockey" es obviamente una curva inventada o manipulada por el Sr. Mann. Porque este Sr. Hombre ha sido condenado por mentir por un tribunal canadiense.[139,140] Es un veredicto muy duro. *"El aclamado Michael Mann se negó persistentemente a dar sus datos en bruto y códigos de computadora para que su famoso truco pudiera ser verificado"."*[141]

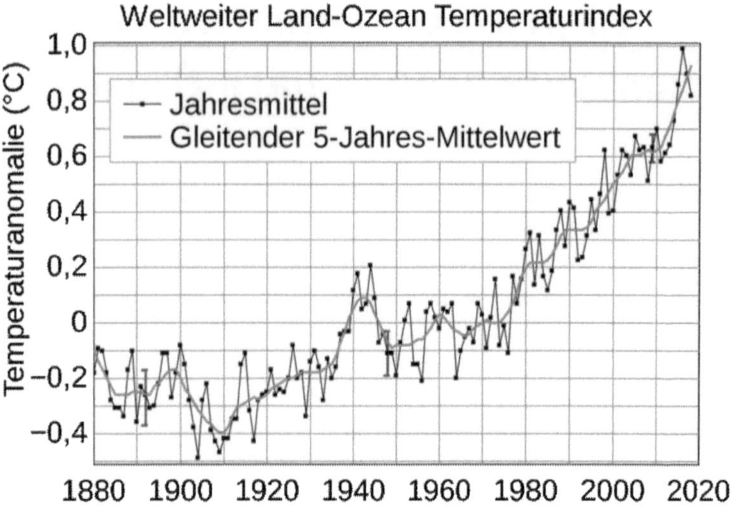

Figura 9a: Calentamiento global o calentamiento global desde el comienzo de la industrialización. (copiado de Wikipedia)

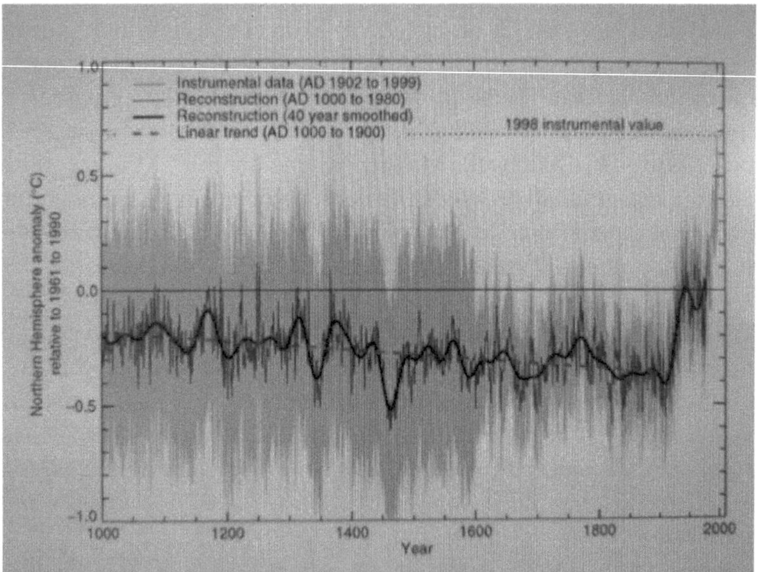

Figura 9b: Calentamiento global o calentamiento global durante los últimos 1000 años. (copiado de Wikipedia)

En el pasado, también ha habido una serie de publicaciones de otros autores en las que se ha cuestionado la credibilidad de los datos en los que se basa el gráfico (Figura 9b). En 2013, SPIEGEL ONLINE analizó el dilema planteado por los críticos con respecto a la "curva climática del palo de hockey". El autor de este artículo llega a la conclusión:[142] ***"Bajo la presión del lobby industrial*** *- Aparentemente, el 'equipo de hockey', como se llamaban hombres y colegas, fue acorralado por un poderoso lobby de asociaciones industriales. Como se sabe, los cabilderos no evitan malinterpretar deliberadamente los datos climáticos con el fin de trivializar los peligros del calentamiento global ... "* Así que aquí se cambiaron las tornas, no se falsificaron hombres y colegas, pero se les presionó *" ... los peligros de la tierra ... para trivializar el calentamiento ... "*, pero no lo hicieron.

Wikipedia concluye este veredicto: *"Mientras tanto, las reconstrucciones climáticas más recientes de los últimos 1,000 años han proporcionado una imagen comparable al diagrama del palo de hockey. Estos gráficos actuales son en gran medida consistentes con el diagrama original del palo de hockey y están dentro del alcance del descrito por Mann et al. límites de error dados."* Wikipedia se refiere a estas dos fuentes.[143,144] Y en *www.klimafakten.de* obtienes un resultado similar.[145] Este juicio no es sorprendente, porque las *"reconstrucciones climáticas más nuevas"* se basan en datos manipulados, como mostraremos en la siguiente sección.

Con respecto al otro gráfico, Figura 9a, se puede informar lo siguiente acerca de sus autores: Si bien no hay rastro del autor Nathan Lenssen en Internet, hay entradas con resultados sorprendentes de James Hansen, el "padre de la curva climática" : Citado en un informe de 1971 del Washington Post; En aquel entonces, advirtió sobre una era de hielo: *"En los próximos 50 años, el polvo fino que las personas soplan continuamente a la atmósfera a través de la combustión de combustibles fósiles podría debilitar la luz solar hasta tal punto que la temperatura promedio podría caer a 6 grados ... 10 años más tarde James Hansen es declarado director del Instituto Goddard de la NASA. Ahora cambia su curva de enfriamiento global a una curva de calentamiento. (Figura 9). Ahora se decía: "No hay amenaza de una edad de hielo, por el contrario, se está calentando y está tan caliente que las capas polares pronto se derretirán."*[146]

Manipulación de datos de medición.

"La manipulación de los datos de temperatura es el mayor escándalo científico de la historia"[147]

¿Cómo puede ser que una edad de hielo originalmente prevista, con el anuncio de una catástrofe climática, se convierta en un inminente calentamiento global después de sólo unos pocos años? En resumen: a través de la manipulación de datos: *"... los valores básicos de esta supuesta catástrofe han sido en gran medida falsificados..."*, según la fuente[148] citada anteriormente. Queremos verificar esta afirmación. Veamos algunos datos. Un artículo del Instituto EIKE[149]. examinó detalladamente tales falsificaciones. Cita cómo la NASA manipuló los registros de datos de medición de temperatura registrados durante un período de más de 100 años en varios lugares de la Tierra.[150] Una de las fuentes citadas en el artículo muestra ejemplos de la manipulación de datos de seis lugares diferentes del mundo en los que se manipularon las temperaturas medidas: Punta Arenas, Chile; Marquette, Estado de Michigan, EE.UU.; Port Elizabeth, Sudáfrica; Davis, Antártida; Hachijojima, Tokio; Valentia Observatory, Irlanda.

Estos nuevos conjuntos de datos de medición de la temperatura proporcionan ahora tendencias parciales de calentamiento, incluso en lugares donde antes se observaba una tendencia de enfriamiento. *"De esta manera, la NASA está usando su varita mágica para convertir el enfriamiento en (falso) calentamiento."*,[†††††††]

[†††††††] *"Así es como la NASA usa su varita mágica de amañar para convertir el enfriamiento pasado en un (falso) calentamiento."*

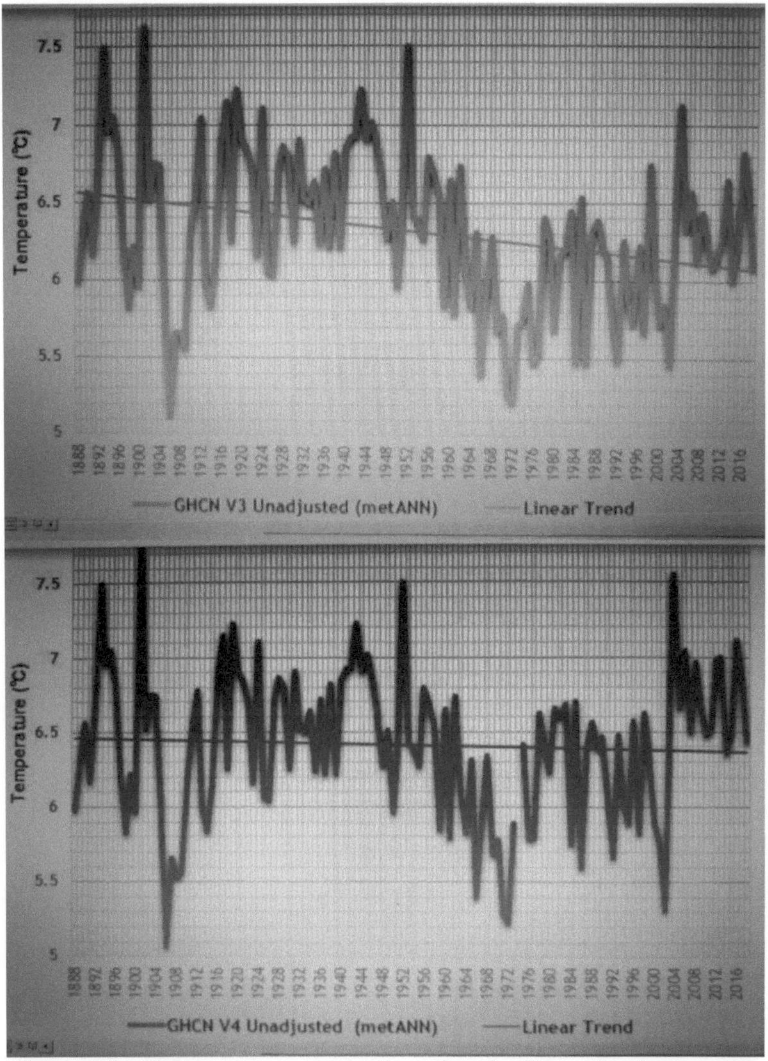

Figura 10. Temperatura promedio sobre la línea de tiempo para Punta Arenas, Chile, de 1888 a 2018. Imagen superior: Datos originales (*"V3 sin ajustar"*); aquí todavía había una clara tendencia a la baja en la temperatura media, que, sin embargo, casi ha desaparecido en los datos *"V4 sin ajustar"* (imagen inferior).[151]

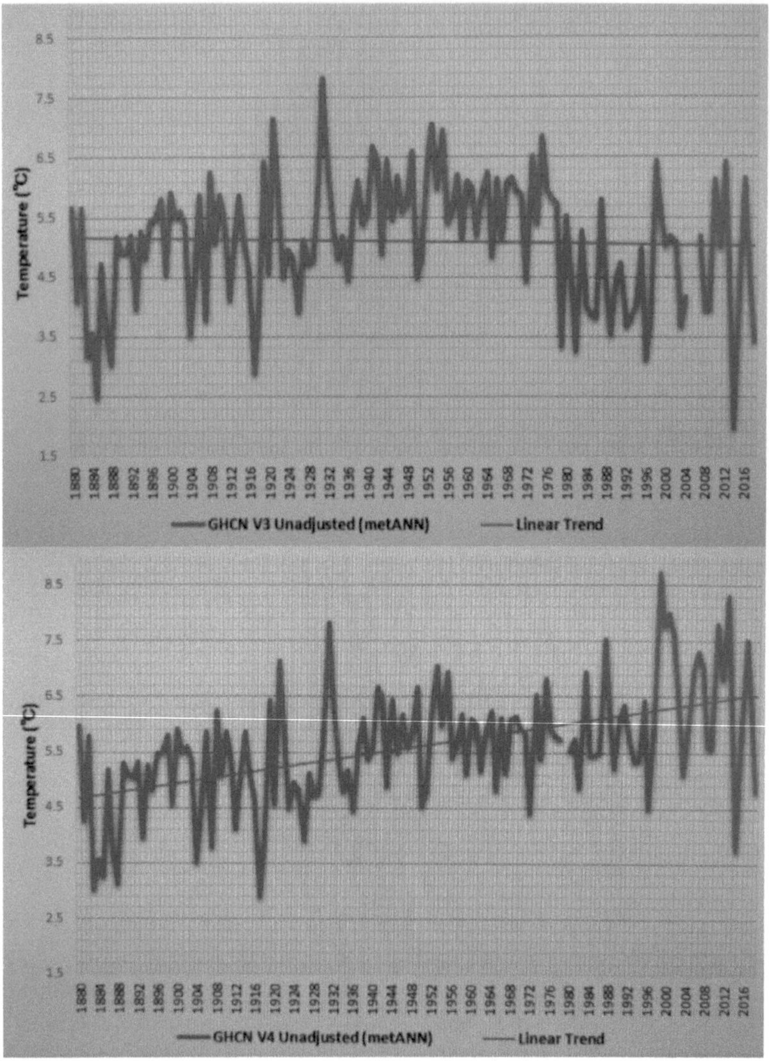

Figura 11. Temperatura promedio sobre la línea de tiempo para Marquette, Estado de Michigan, EE. UU., Desde 1880 hasta 2018. Imagen superior: Datos originales (*"V3 sin ajustar"*); imagen inferior: datos de medición modificados (*"V4 sin ajustar"*). Aquí un ligero aumento en la temperatura promedio se ha convertido en un aumento de la temperatura.[152]

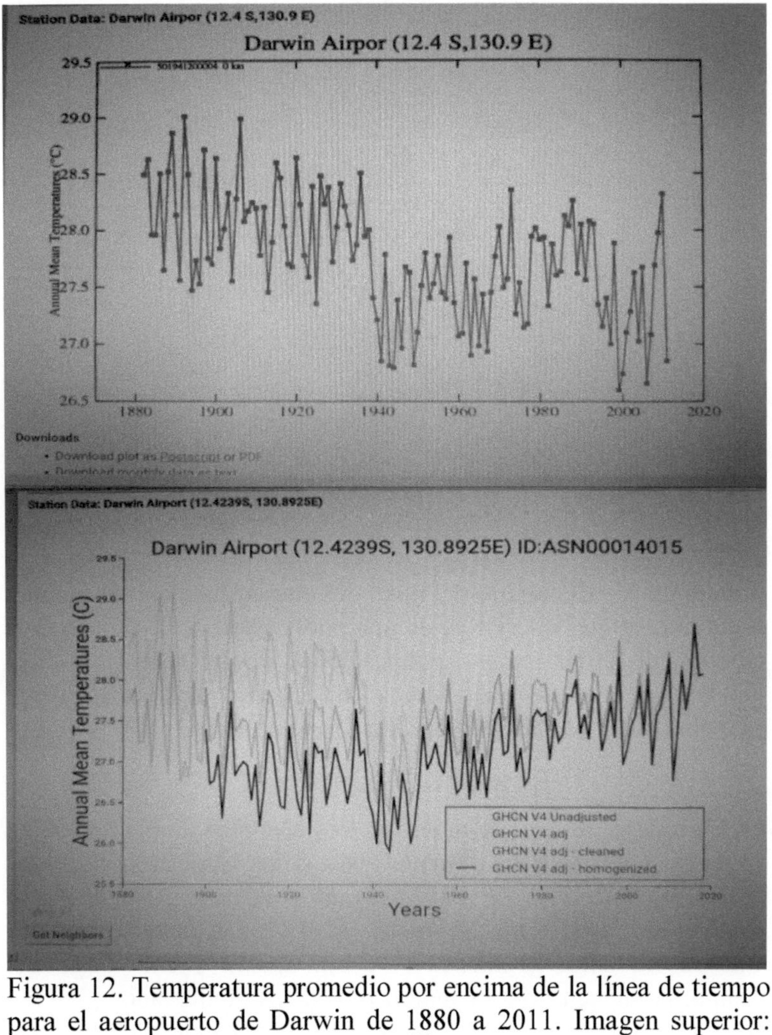

Figura 12. Temperatura promedio por encima de la línea de tiempo para el aeropuerto de Darwin de 1880 a 2011. Imagen superior: Datos originales (*"V3 sin ajustar"*)[153] con una clara tendencia a la baja; imagen inferior: datos de medición modificados (*"V4 sin ajustar"*)[154] con una clara tendencia al alza.

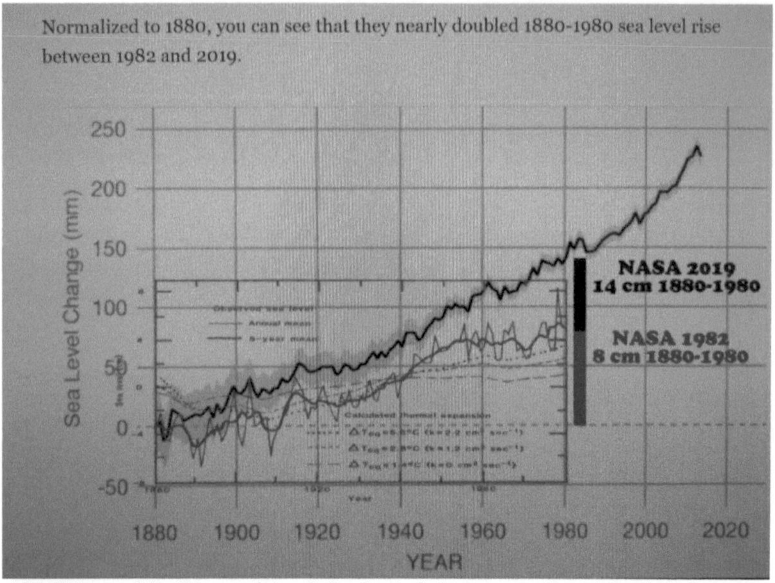

Abbildung 13. El cambio del nivel del mar en función del tiempo: la curva continua inferior es de una publicación de 1982, la curva superior de 2019, ambas publicaciones de la NASA.[155] Las subidas del nivel del mar resultantes difieren considerablemente para el período de 1880 a 1980: 8 cm frente a 14 cm.

En las figuras 10 a 12 se muestran tres ejemplos de manipulación de datos. La NASA ha cambiado sus datos originales, llamados *"Datos no ajustados de V3" y los ha publicado bajo el nuevo nombre de "Datos no ajustados de V4"*. La imagen superior muestra los datos originales (*"V3 sin ajustar"*) a lo largo del tiempo, la imagen inferior muestra los datos modificados (*"V4 sin ajustar"*). Mientras que la figura 10 (arriba) muestra una clara tendencia a la baja de la temperatura media, los datos manipulados de la figura 10 (abajo) muestran sólo una ligera disminución de la temperatura. La figura 11 (arriba) muestra una ligera disminución de la temperatura, pero la figura 11 (abajo) muestra una clara tendencia al alza. La figura 12[156,157] muestra los gráficos correspondientes al aeropuerto de Darwin, Australia, con un resultado similar.

Otro ejemplo de manipulación de datos por parte de GISS/NASA es la curva de temperatura de 1900 hasta hoy para la estación de medición seleccionada "Zürich Fluntern". Los datos de temperatura de GISS/NASA para las series temporales de 1900 a 2018 son significativamente más altos que los datos de medición originales.[158] *"Como resultado, Suiza es un país demasiado cálido en el conjunto de datos del GISTEMP, que constituye la base de muchos modelos climáticos, y con una tendencia creciente, es decir, los nuevos valores de la temperatura de la Tierra comunicados por la NASA para el Zürich Fluntern o Suiza tienden a desviarse cada vez más de los comunicados por MeteoSwiss."*

Otro tipo de manipulación es cuando, a medida que avanza el tiempo, hay una ponderación cada vez mayor de los datos de temperatura medida de las zonas más cálidas (ciudades, asentamientos) sobre las zonas rurales. Como generalmente es de 2 a 4 grados más cálido en ciudades y asentamientos, debido a que los edificios se calientan más durante el día y almacenan este calor por la noche, este tipo de manipulación simula un aumento de la temperatura con el tiempo. Y eso es exactamente lo que sucedió con los datos de medición de temperatura en Alemania. Si superpone los mapas de Alemania con las estaciones oficiales de medición de temperatura registradas desde 1989 y 2018 y observa los cambios en la adquisición del valor medido, vemos que en los últimos 30 años muchas estaciones de medición han desaparecido de los lugares fríos o se han trasladado a las zonas más cálidas, en las proximidades de los asentamientos, donde es naturalmente más cálido que en la naturaleza virgen.[159] Se ha generado o manipulado un aumento en la temperatura media en Alemania sobre el eje del tiempo. *"Sin embargo, se ha vuelto más cálido en muchas regiones, pero solo porque los ciudades son cubierto mas y mas con hormigón. El asfalto brilla en verano ... El calor proviene de las ciudades, no del CO2."*[160]

Las manipulaciones también se pueden encontrar al nivel del mar sobre el eje del tiempo. La Figura 13[161] muestra los cambios en el nivel del mar desde 1880 hasta 2019 (curva superior) según lo publicado por la NASA, publicado una vez en 1982 y una vez en

2019. La comparación muestra que la curva publicada en 1982 (curva sólida inferior) solamente da un aumento del nivel del mar de 8 cm, mientras que la curva superior, publicada en 2019, muestra un aumento del nivel del mar de 14 cm para el mismo período, 1880 a 1980. Ambas curvas están normalizadas al mismo nivel inicial del mar en 1880.

Un comentario de Chris Frey, del Instituto EIKE:[162] *"En la NASA, parece que el sol, los océanos, el vapor de agua, etc. no parecen desempeñar un papel en lo que respecta a las tendencias de temperatura global. El factor número 1 detrás del "calentamiento" en la NASA ni siquiera parece ser CO2, sino su falsificación de datos orwelliana. Si en la NASA los datos no coinciden con los modelos (inventados), simplemente cámbielos hasta que encajen. ¡Finalmente drene este pantano de la NASA! "*

El "CUI BONO? ¿Quién se beneficia de esto? "Es, en mi opinión, la pregunta crucial que debe hacerse aquí para cuestionar la afirmación de que hay cambio climático y que es hecho por el hombre.

La convención ENMOD se creó en 1976/77 debido al rechazo mundial del uso del Agente Naranja de Monsanto y otras intervenciones técnicas ambientales durante la Guerra de Vietnam en la década de 1960. En ese momento, había una creciente preocupación de que, dado el rápido desarrollo técnico de las armas ambientales, podrían usarse como armas en un conflicto. Desde entonces, se ha prohibido el mal uso del medio ambiente como arma de guerra.[163]

Los siguientes fenómenos se enumeran en un acuerdo de interpretación adjunto a la convención ("Entendimientos sobre la Convención") que pueden generarse mediante técnicas que cambian el medio ambiente: *"terremotos, tsunamis; una alteración en el equilibrio ecológico de una región, cambios en el clima (incluyendo formación de nubes, ciclones, tornados), cambios en el clima, cambios en las corrientes oceánicas, cambios en la capa de ozono y cambios en el estado de la ionosfera."*‡‡‡‡‡‡‡

Esta comprensión del término de 1976 (!) Solo realmente debería hacernos prestar atención.[164] Esto significa que ya en 1976, las posibilidades técnicas de producir terremotos, tsunamis de forma artificial, cambiar el equilibrio ecológico de una región, cambiar el clima (incluida la formación de nubes, ciclones, tornados) y el cambio climático se reconocieron como una amenaza realista para los humanos.

¿Cómo se puede eludir esta prohibición de manipulaciones que cambian el clima? Es facil. Al crear una amenaza global hipotética que debe tomar medidas para evitar. Y esta amenaza está representada por el término de lucha "cambio climático provocado por el hombre". Y tienes que hacer algo al respecto. Este término es la "legitimación" de la geoingeniería. El término "cambio climático" se utiliza para despertar el miedo, a fin de obligar a la población a aceptar este proyecto.

Sobre la base de los hechos falsificados mencionados anteriormente, la política ha creado una especie de "religión climática", combinada con un comercio de indulgencias, llamados certificados de CO2, sobre la base de los cuales se crean ingresos gubernamentales adicionales. Me gusta comparar este comercio de indulgencia con el comercio de indulgencia de Johann Tetzel en la Edad Media. *"Por cierto, la hermandad climática no se ve a sí misma como un evento competitivo para la Santa Sede, sino más bien como una institución complementaria única para el mantenimiento de una 'teología de la recaudación' modernizada que llega a la esquina con historias aún más aterradoras que, por ejemplo, la Biblia."*

‡‡‡‡‡‡‡ *„terremotos, tsunamis; una alteración del equilibrio ecológico de una región; cambios en los patrones climáticos (nubes, precipitaciones, ciclones de varios tipos y tormentas de tornado); cambios en las corrientes oceánicas; cambios en el estado de la capa de ozono; y cambios en el estado de la ionósfera.*“

A pesar de estas manipulaciones / falsificaciones comprobadas, el proyecto climático está avanzando. El clima es demasiado grande para fallar.[§§§§§§§] Y siempre habrá especialistas dispuestos a "probar" que los críticos están "equivocados".

La cruzada infantil 2019

"Quiero que tengáis pánico"
(Greta Thunberg)

"Porque si te asustas, no puedes pensar. Y ese es precisamente el estado de cosas que nuestras principales fuerzas sociales, como los Verdes y otros, quieren ver aquí."
(Gerhard Wisnewsky[165])

La participación de nuestros niños en la difusión de la visión de horror de una catástrofe climática inminente, que se expresa en las demostraciones de "Friday-For-Future" de los niños de la escuela, muestra rasgos "religiosamente similares" y nos recuerda los paralelos a la 1212 Children's Crusade (peregrinatio puerorum), donde Miles, en su mayoría niños y adolescentes de Alemania y Francia, se dirigieron a una cruzada desarmada a Tierra Santa bajo la dirección de niños visionarios y, por lo tanto, apoyaron la cruzada de adultos originalmente convocada por el Papa Urban II en 1095.[********††††††††] De manera similar, los niños en edad escolar son instrumentalizados hoy a quienes se les enseña la catástrofe climática emergente como un hecho en la escuela y generalmente también consideran que esto es cierto. Y a los niños también les gusta participar en las demostraciones infantiles "Friday-For-

---

§§§§§§§ El clima es demasiado grande para fallar.

******** *"La idea de una cruzada de niños puede basarse en un malentendido lingüístico. La palabra latina "puer" no solo se puede traducir como "niño" o "niño", sino también como "sirviente". Esto se usó para referirse a los niños más pequeños de familias campesinas, que a menudo solo encontraban trabajo como pastores o jornaleros y, por lo tanto, formaban una subclase rural pobre ".* (Wikipedia)

Future", especialmente porque algunos políticos los apoyan y hacen posible que se salten la escuela. El enfoque de las demostraciones para niños de "Friday-For-Future" está en el carbón y el cierre de las centrales eléctricas de carbón en la etapa más temprana posible. Al igual que con 1212 Children's Crusade, los niños visionarios son promovidos y comercializados como figuras decorativas, como Greta Thunberg de Suecia y *"su contraparte alemana, la estudiante de geografía Luisa-Marie Neubauer, quien es responsable de organizar las demostraciones de los viernes (" Nosotros están en la mayor crisis de la humanidad! ') ". Sin embargo, ella estaba" atrapada en el hecho de que a pesar de su corta edad, ha viajado a casi todos los continentes, los objetivos incluyeron Canadá, China / Hong Kong, Namibia, la mitad de Europa y Marruecos",*[166] lo que debería acelerar la" catástrofe climática "debido a la aviación frecuente asociada con los viajes mundiales, si cree en los representantes de la religión climática.

Punto 6) en la lista de objetivos (ver sección "Cambio climático - la nueva religión mundial") que la élite persigue en la invención del "cambio climático provocado por el hombre" es el más significativo y al mismo tiempo el más peligroso. *"Ahora no solo se envía a los niños a la calle, sino que se los incita a sus padres; ahora son incitados contra la vieja generación: "Usted tiene la culpa, no ha hecho nada, son los malos". Este es un desarrollo muy, muy peligroso: si la generación joven ahora es incitada contra la vieja y eso el viejo mundo destruido con él o todo lo que viene del viejo era malo, se echa abajo, entonces estamos en una situación muy peligrosa en lo que respecta al contrato generacional, en cuanto a la cuestión de las pensiones más adelante, etc., etc., si ahora Los niños son incitados contra los viejos. ¿Somos nuevamente muy, muy cuidadosos y muy, muy cuidadosos con lo que sucederá a este respecto en los próximos meses, en los próximos dos o tres años, y no lo permitiremos; ya era bastante malo que se dividieran de derecha a izquierda, que nos dividieran en la sociedad en la horizontal. Si ahora pueden dividir e incitar a los niños contra sus padres, será muy, muy peligroso ... "*[167]

El plan maoísta

"La multitud se levanta para escuchar lemmings"[168]

Las demostraciones de "Friday-For-Future" son muy similares a los comienzos de la Revolución Cultural durante el gobierno comunista en China (Revolución Cultural, 1966-78). *"Durante la revolución cultural de Mao, millones de jóvenes fueron incitados contra los adultos. Persiguieron a maestros, científicos y funcionarios del partido. Por esto se les permitió mantenerse alejados de la escuela. Al final hubo millones de muertos."*[169,170,171,172] En cierto modo, también se recuerda a Combodia a fines de la década de 1970 cuando los jemeres rojos establecieron su régimen de terror, 1975-1979: *"Se abolió el dinero, se quemaron libros, se asesinó a maestros, comerciantes y casi toda la élite intelectual del país", ...* "(Wikipedia).

La analogía entre el movimiento actual "Friday For Future" y la revolución cultural de Mao es evidente; Hoy, con el apoyo del gobierno y la escuela, las lecciones escolares los viernes están siendo reemplazadas por protestas de escolares, a nivel nacional, en toda Europa e incluso en todo el mundo, dirigidas por un ícono altamente estilizado, Greta Thunberg. Lo peligroso de incitar a los jóvenes contra las personas mayores es que este proceso es gradual y que a los jóvenes se les da una idea unificadora, en este caso el "clima" y los lazos sociales entre los jóvenes y sus padres. destruido y este proceso puede eventualmente desarrollarse en una dirección similar a la de China o Camboya. Los logros similares al deslizamiento de tierra realizados por el Partido Verde en las elecciones estatales de 2018 en Baviera (17,6%) y Hesse (18,8%) y la elección al Parlamento Europeo han demostrado que esta agitación en relación con el cambio climático cae en terreno fértil. 20.5%) el 26 de mayo de 2019.

Y los pequeños ya están incitados y adoctrinados en este sentido, "Jóvenes contra los viejos", en escuelas y jardines de infancia. El ejemplo más reciente es la canción distribuida en la televisión estatal con el título corto *"¡Mi abuela es una vieja 'Umweltsau'!"*[173]

En los últimos segundos después de que los niños cantaran la canción, los pequeños cantantes amenazaron a la cámara con un inglés memorizado diciendo: „*We will not let you get away with this!*“[‡‡‡‡‡‡‡‡]

En la Revolución Cultural, Mao impuso medidas absolutamente demenciales contra China, "*donde en realidad se eliminaron todas las capas de la educación china, es decir, se echó de la oficina al menos una vez, si no se mató". Y de eso se trata todo esto. Ya se puede ver el conflicto y la ira hacia los viejos blancos. No es nada diferente; los viejos blancos son los portadores de la cultura y los educadores de este país, sí, y uno quisiera desempoderarlos. Y el tono de gente como Greta, pero también ANTIFA o algunos Verdes es claramente maoísta, y las acciones son también maoístas, el concepto es maoísta. Así que, en resumen, tenemos la misma operación, el mismo patrón de acción, el mismo plan que en la Revolución Cultural China antes de nosotros. Y ahí es donde vamos.*"[174] Gerhard Wisnewski cita la demanda de Rezo de su legendario video de YouTube: "*No se trata de diferentes puntos de vista políticos; ¡sólo hay una posición legítima! "Y si llegamos a un estado en el que sólo hay una actitud legítima, entonces estamos en un peligro aún mayor.*"[175]

Cabe señalar que también aquí, los medios públicos con sus escenarios de horror evocados son pioneros en inculcar la conciencia entre la población de que el cambio climático es hecho por el hombre y sus emisiones de CO_2 hacen una contribución decisiva a la catástrofe global, la Figura 8 ilustra ese escenario de horror. Este título BILD ciertamente puede ser visto como el comienzo de una histeria climática. Los medios públicos tienen un impacto devastador en los temores de la población, que finalmente anula la mente lógica. Saludos desde Orwell. ¿Por qué los medios públicos están a la vanguardia nuevamente? En pocas palabras: con los informes de desastres, puede hacer muchas más ventas y aumentar la circulación. No se necesitan inversiones adicionales para tal aumento en las ventas. Pero esa es solo una razón superficial.[176] Porque los medios públicos actúan en el sentido y en nombre de la élite.[177]

‡‡‡‡‡‡‡‡ „*¡No dejaremos que te salgas con la tuya!*“

4. Geoingeniería

La influencia del ser humano en el clima

"Lo único que impide que muchos piensen que el clima se está manipulando a propósito es la ignorancia de si esto es posible en absoluto. La mayoría de la gente piensa que no es posible."[178]

En realidad existe la influencia del hombre sobre el clima[§§§§§§§§]: la manipulación del clima a través de la "geoingeniería". En un artículo[179], el autor escribe: "Estados Unidos y probablemente otros países ahora pueden utilizar medidas de geoingeniería (ondas electromagnéticas / HAARP, chemtrails) para influir significativamente en el clima". Este es posible hoy en día. influir artificialmente en nuestro clima y que esto puede usarse como arma de guerra ya se había reconocido en la década de 1970, lo que llevó al tratado de la ONU "CONVENCIÓN SOBRE LA PROHIBICIÓN DEL USO MILITAR O CUALQUIER OTRO USO HOSTIL DE LA MODIFICACIÓN AMBIENTAL TÉCNICAS (Tratado de armas meteorológicas de las Naciones Unidas de 1976), o convención ENMOD para abreviar."[180]

Se sabe desde hace tiempo que puede "inocular" artificialmente las nubes rociando yoduro de plata desde los aviones. Menos conocida, sin embargo, es la posibilidad técnica de crear sequías y aridez controlando la condensación del vapor de agua en la atmósfera, es decir, impidiendo la formación de nubes, por ejemplo, mediante actividades HAARP.[181,182] (ver sección "HAARP - el todopoderoso en el cielo"). La figura 14 muestra dos imágenes de radar de Alemania del 2.8.2018, una antes de la 1:30. (foto derecha) y la otra después de la 1:30. (foto a la

---

[§§§§§§§§] "Clima", o más precisamente "tiempo".

izquierda).********* Esta área circular sobre el noroeste de Alemania es el resultado de las actividades de HAARP. De esta manera el aire húmedo del Océano Atlántico se mantiene alejado de Alemania y el problema del CO2 se nos puede vender mejor! ¡Sequía artificial! En el video[183] de YouTube esto se describe de la siguiente manera: *"Conducen la energía hacia áreas donde normalmente llueve y por lo tanto empuja la formación de nubes hacia arriba y hacia afuera, por lo que principalmente ya no llueve. Así que sólo estos patrones de nubes circulares son visibles en el radar de la lluvia. Y esto, por supuesto, nos hace preguntarnos cómo pueden ocurrir tan diferentes olas de calor y sequías en el mundo. Y si pueden desencadenar períodos de sequía, también pueden desencadenar movimientos de refugiados."*

En el verano de 2018, tuvimos una ola de calor en Alemania que provocó grandes problemas en la agricultura. Y esta ola de calor probablemente tuvo sus comienzos en las actividades de HAARP, ya que se han registrado en las grabaciones de radar sobre el noroeste de Alemania desde mayo de 2018. Pero, ¿cuál es el punto de generar una ola de calor duradera sobre la rica Alemania? ¡La generación de flujos de refugiados fuera de Alemania no puede ser el caso! Puede que esto no sea más que una demostración que se supone que nos dice: Mira, el calentamiento global es real. No creas a los "teóricos de la conspiración" que niegan el calentamiento global provocado por el hombre.

La Figura 15 muestra cómo las temperaturas extremadamente altas prevalecieron en un área angosta sobre Mecklemburgo-Pomerania Occidental,[184] mientras que las temperaturas en las áreas vecinas fueron significativamente más bajas. Este contraste de temperatura podría haber sido creado artificialmente por las actividades de HAARP en el centro de esta área climatizada: cerca de Rostock hay una de las instalaciones de HAARP más grandes del mundo.

********* Otras imágenes de radar similares se pueden encontrar en numerosas ocasiones en Internet.

Y otro aspecto: con esta ola de calor es muy fácil justificar el uso de la geoingeniería al afirmar: sí, necesitamos geoingeniería para contrarrestar el devastador cambio climático.

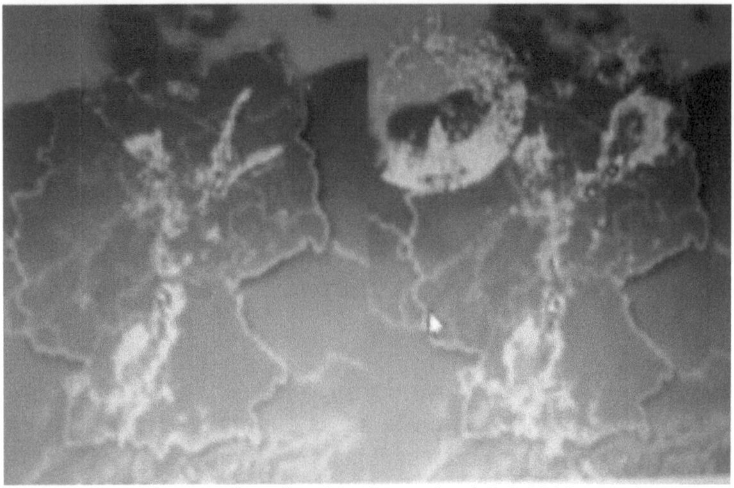

Figura 14: Imágenes de radar de Alemania el 2.8.2018, una imagen antes de la 1:30 a.m. (imagen derecha), la otra imagen después de la 1:30 a.m. (imagen izquierda).[185]

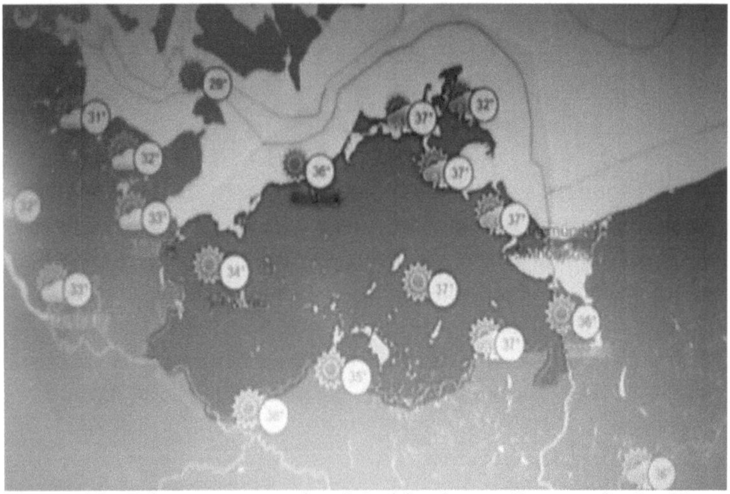

Figura 15: Calor extremo sobre Mecklemburgo-Pomerania Occidental el 8 de mayo de 2018.[186]

Una audiencia en el "Subcomité de Terrorismo del Senado", Weather War + NWO 15 de junio de 1995":[187] Robert Fletcher, MILITIA DE MONTANA: *"Existen técnicas para controlar el clima. Tenemos un dossier completo con evidencia ... Conocemos todas las patentes de esta técnica. Y luego tenemos las declaraciones del senador Claiborne Pell e informes de que no solo existió, sino que se utilizó en la Guerra de Vietnam ... "*
Presidente: *"¿Está diciendo realmente que el gobierno construyó un arma meteorológica para que el - cito - 'Nuevo Orden Mundial' matara de hambre a millones de personas en todo el mundo? Para someter al resto..." Robert Fletcher: "Sí, señor, claro. Tenemos documentos probatorios. ¿Realmente crees que 85 huracanes en medio de nuestra panera es normal? No, desafortunadamente no. Este equipo existe y se utiliza internacionalmente. Por extraño que parezca, podemos probar cualquier cosa. Por extraño que sea, estas guerras climáticas existen. Cito al senador Claiborne Pell: "Esta es el arma más grande que el mundo ha visto jamás".*
Esta era la situación en 1995 y el desarrollo en esta área ciertamente ha progresado más.

El *"concepto de aplicación"* para la **manipulación del clima** es el siguiente: *"Parte del sistema de manipulación del clima es la selección de técnicas que se utilizan para cambiar el clima. Con algunas excepciones, es necesario suministrar energía o PRODUCTOS QUÍMICOS al proceso meteorológico de la manera correcta, en el lugar correcto y en el momento correcto"*. (Extracto de: „Weather as force multiplier: Owning the weather in 2025, Military applications of weather modification“, *http://www.chemtrails-info.d*e)[188]
Para la generación de huracanes e influir en su dirección y fuerza, vea también el video de YouTube.[189]

Chemtrails - *'La sopa de química'* en el cielo

Este capítulo cubre el período hasta el final de 2019.
No he observado ninguna estela química en 2020. Eso puede deberse a que Trump ha recortado la financiación del proyecto de geoingeniería.

Sobre el tema de CHEMTRAILS estamos enfrentando una gran campaña de desinformación y manipulación, única en perfección y "éxito". A pesar de mucha evidencia clara (ver abajo), los medios públicos[†††††††††] han logrado desinformar a la población. Son particularmente activos e imaginativos cuando se trata de CHEMTRAILS. La razón es que admitir que toneladas de materiales tóxicos en realidad se rocían sobre nuestras cabezas sería contrario a la lucha oficial contra la contaminación, peor aún, los gobiernos podrían ser demandados y responsabilizados por la contaminación deliberada. Es por eso que el tema de las estelas químicas es un secreto de estado que nunca debe confirmarse.[190]
"... Es un secreto de estado; nadie debería saberlo porque es ilegal. Es absolutamente ilegal, viola el derecho penal de muchas maneras ... Todos los delitos ambientales se cumplen. Es una contaminación del aire si se contamina el aire con nanopartículas sin un permiso, eso es todo, como dije, sin un permiso administrativo. Y si, en violación de las regulaciones administrativas, trae sustancias al aire que son capaces de dañar la vida, la salud, el cuerpo, etc. o cosas de valor significativo, entonces esto es contaminación del aire. Por supuesto, también tenemos contaminación del suelo porque las nanopartículas también se depositan en el suelo. Tenemos la contaminación del agua porque las aguas están contaminadas a largo plazo, es decir, hay los tres hechos de hechos de contaminación, y luego la

---

††††††††† ... Portales convencionales y verificadores de hechos como CORRECTIV, MIMIKAMA, ..., que afirman descubrir y refutar la desinformación, las noticias falsas y las teorías de conspiración.

tenemos en gran medida, es decir, prácticamente una especie de caso particularmente grave, porque ocurren en todo el país."

Numerosas discusiones con amigos y colegas sobre la pregunta "¿Existen siquiera las estelas químicas?" me han demostrado que la mayoría de ellos o bien nunca han oído hablar de las estelas químicas y escuchan mis argumentos con incredulidad, o me interrumpen y así me impiden presentar estos argumentos en absoluto. Exigen pruebas, pero al mismo tiempo me impiden presentarlas interrumpiéndome constantemente. Esto me ha demostrado que la gente no puede ni siquiera remotamente imaginar, ni está dispuesta a creer, que hay personas e instituciones que están destruyendo deliberadamente nuestros medios de vida y envenenándonos.

"Las "Rociadas" son experimentos globales, civiles y militares de cambio climático con nuestra atmósfera, en lenguaje llano: masas de sustancias tóxicas que se han liberado deliberadamente en la atmósfera inferior desde 2003. Es el mayor experimento climático mundial jamás realizado. La ingeniería climática, también conocida como geoingeniería, es la manipulación artificial del clima global, la modificación consciente del clima diario, la resolución y alteración consciente de patrones climáticos enteros y la creación de un clima artificial. Cada año muchos millones de toneladas de aerosoles altamente tóxicos son rociados deliberadamente en nuestra atmósfera por el tráfico aéreo militar y comercial. Es una mezcla de óxidos metálicos tóxicos, azufre incluyendo ácidos sulfúricos, nanopartículas y fibras sintéticas/polímeras que son altamente tóxicas para los humanos y animales, combinados con ondas de pulso electromagnético a las que nosotros y nuestra naturaleza estamos expuestos diariamente. Esto no sólo nos enferma, sino que afecta en última instancia a toda la biosfera de la Tierra. Contamina el suelo, el agua y el aire que respiramos. Algunas de estas sustancias destruyen nuestra vital capa de ozono."[191]

¿Es eso cierto? Puede eso ser? ¿Quieren destruirnos?

Hay una "cultura de la negación". Muchos videos de YouTube y los medios de comunicación públicos emiten artículos sobre las estelas químicas y llaman a la afirmación de que los programas de geoingeniería se utilizan para rociar selectivamente los productos químicos de los aviones una teoría de la conspiración.[192,193,194,195,196,197,198] También existen en Internet "sitios web de desinformación"[199] que difunden informes falsos, incluso sobre el tema de las estelas químicas, que llaman a esto una teoría de conspiración sin contenido real para impedir que el público sea informado. En Wikipedia se puede leer que las estelas químicas son contrails normales, que consisten en los productos de combustión CO2 y agua, que se crean debido a las muy bajas temperaturas que prevalecen en las altas altitudes. También la plataforma MIMIKAMA, que afirma exponer las falsificaciones y las declaraciones falsas desde un punto de vista independiente, niega la existencia de las estelas químicas. Muestra, por ejemplo, cómo se instalaron tanques[200] en los aviones, que fueron interpretados por los "creyentes de las estelas químicas" como contenedores para transportar las toxinas a ser rociadas, pero que en realidad sirven para absorber agua. Al final del artículo MIMIKAMA concluye: "La teoría de las estelas químicas existe desde hace más de 20 años. - Y hasta hoy no hay ni una sola prueba creíble. "

Aún en marzo de 2017 apareció un artículo en TAG24.de, en el que decía: "Tan pronto como aparecen extrañas rayas en el cielo, la mitad del mundo grita '¡Atención, Rociadas! Estas son en realidad las contrails normales producidas por los aviones. Pero los teóricos de la conspiración afirman que son productos químicos venenosos que se rocían por orden de los servicios secretos para controlar o destruir la humanidad ... La Organización Meteorológica Mundial (OMM) ha registrado oficialmente las franjas del cielo como "una forma de nubes en el Atlas de las Nubes" ... Porque las llamadas estelas químicas son ahora oficialmente una especie de nube. Esto se llama 'Homomutatus' (lat.: hecho por el hombre)". Las figuras 16-18 muestran algunas de estas "formas de nubes", llamadas "mammatus".

Figura 16: Nuevos tipos de nubes: "Nubes Mammatus".[201]

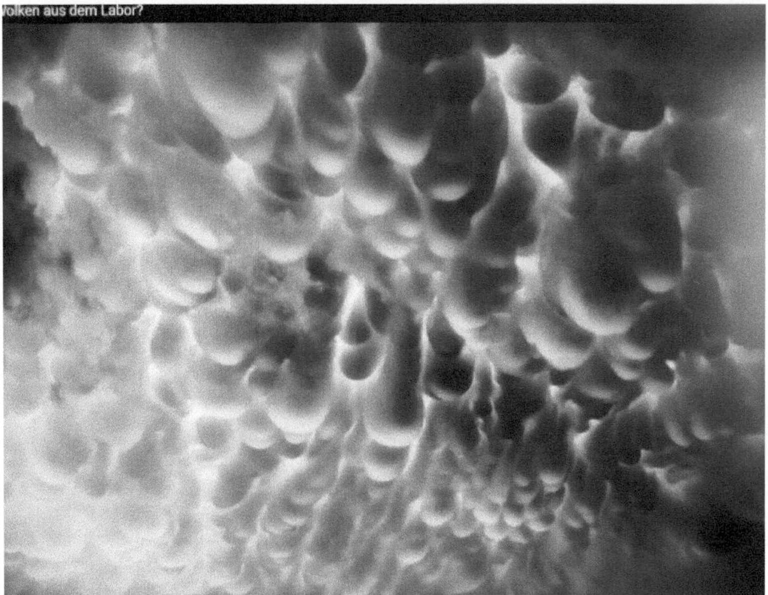

Figura 17: Nuevos tipos de nubes: "Nubes Mammatus".[202]

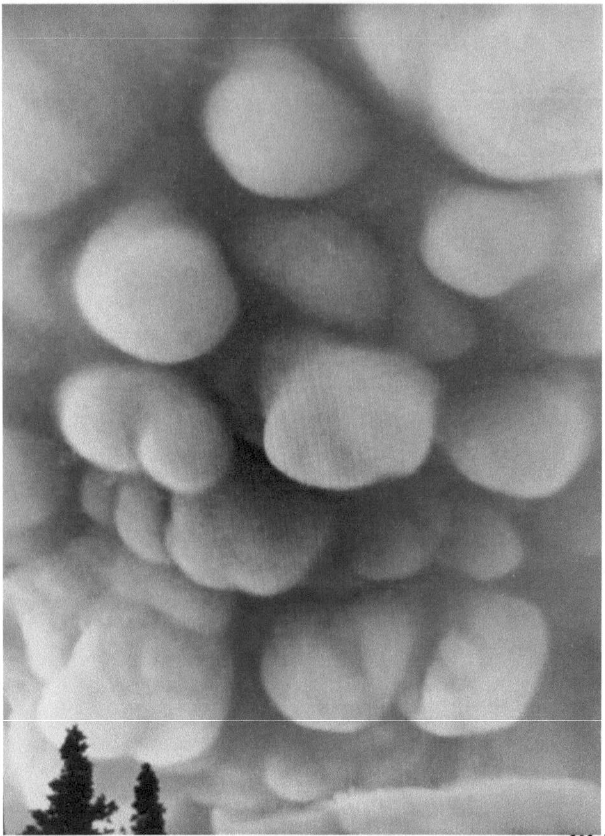

Figura 18: Nuevos tipos de nubes: "Nubes Mammatus"[203].‡‡‡‡‡‡‡‡‡

‡‡‡‡‡‡‡‡‡La aparición de estas nubes podría haber sido creada artificialmente por un polvo especial que fue rociado por los aviones y que tiene la propiedad de aglutinar el agua que podría haber caído como precipitación (lluvia). *"El polvo es extremadamente absorbente; puede absorber y unirse a 2000 veces su peso en agua como un gel no tóxico. Cuando el líquido se solidifica, su temperatura aumenta de 10 a 15 grados. Ambas juntas causan que la energía sea extraída de la tormenta"* (https://www.youtube.com/watch?v=HitwJhUJrT4 *"MammatusWolken aus dem Labor?"*, publicado el 04.01.2018). Este gel puede disolver los frentes de mal tiempo, lo cual es bueno; pero también puede prevenir las lluvias y, en el peor de los casos, causar períodos de sequía. En WIKIPEDIA puedes encontrar más fotos de este tipo de nubes bajo el término "Mammatus".

Las celebridades de la televisión también se han unido a la "campaña de negación" contra los observadors de la estela química,[204,205] al igual que el destacado meteorólogo Kachelmann, quien afirma en un video[206] que *"no hay estelas químicas: las arañas, los teóricos de la conspiración"*. En otro video, relativizó sus duras críticas diciendo:[207] *"Cuando trabajas en televisión, no puedes decir 'chemtrail'"*. En este contexto, está claro que la mayoría de la población también cree que los chemtrails es una invención de los llamados teóricos de la conspiración. *"Tan pronto como las personas que 'conocen' hablan sobre los hechos reales en público, estas personas están muy desacreditadas o amenazadas y chantajeadas."*[208]

Esta campaña de negación se originó en los Estados Unidos.[§§§§§§§§§,209] *"En la primavera de 1999, se creó el sitio web www.carnicom.com para llamar la atención sobre los eventos inusuales ... que rodean la actividad de las aeronaves en el desierto del suroeste de los Estados Unidos. ... En cuestión de días, fue evidente que este sitio llamó inmediatamente la atención de una miríada de agencias gubernamentales y militares de alto nivel, compañías de armamentos, organizaciones de investigación, compañías químicas y farmacéuticas y organizaciones de salud. Este interés se documentó durante unos meses para la misma página. Durante este tiempo, hubo un patrón claro de monitoreo de la investigación circundante. Ha habido una contradicción obvia en los próximos años. Por un lado, se ha registrado un alto nivel de monitoreo de la documentación, métodos de muestreo, investigación, análisis y esfuerzos de detección, por otro lado, una campaña de devaluación continua de la importancia de este asunto. Y la negativa a investigar fue dirigida por exactamente los mismos visitantes de ese sitio ... Pentágono, varias bases de la Fuerza Aérea, Senado de los EE. UU., Fabricantes de aviones, compañías farmacéuticas y compañías farmacéuticas, agencias de seguridad nacional, agencias de inteligencia y emergencia,*

---

§§§§§§§§§ Las actividades de fumigación en los EE.UU. comenzaron mucho antes que en Alemania. En Alemania, la fumigación sólo se ha realizado desde aproximadamente 2003.

compañías de armas y compañías de sistemas de defensa, organizaciones de investigación y la Marina. "[210]

Entonces, ¿toda la teoría de la conspiración sin verdad? Lejos de eso. En el video[211] pilotos, médicos y científicos informan sobre chemtrails. En una audiencia pública en el condado de Shasta, California, estos especialistas se opusieron a la campaña de negación al afirmar en chemtrails / geoingeniería que los chemtrails son reales y parte de un proyecto militar financiado por oficinas de caja negra. Y han señalado las posibles consecuencias para el medio ambiente, la salud y la naturaleza.

Entretanto se ha confirmado oficialmente que las estelas químicas son reales, es decir, la teoría conspirativa de las estelas químicas, que se ha ocultado oficialmente durante mucho tiempo, contrasta con una práctica conspirativa real: "Una información reveladora del Ministerio Federal de Educación e Investigación muestra que el uso de medidas de cambio climático para la presunta protección del clima, que se ha practicado ilegalmente sobre nuestras cabezas durante años, ha abandonado el ámbito de la teoría conspirativa y se ha elevado ahora al nivel de una discusión científico-política como legitimación."[212] Si entra en la página[213] *mostrada en este vídeo en Google, la única entrada que encontrará es: "El gato está fuera de la bolsa - la geoingeniería incluyendo las sustancias tóxicas ... Falta: ~~"Infografía_Ingeniería_climática"~~*

¿Qué nos dice esta entrada? El Ministerio Federal de Educación e Investigación (BMBF) aparentemente ha retirado el documento pertinente. Una posible razón para esto podría ser la explosividad de esta afirmación *"después de todo, hay chemtrails"*, de que todos los "expertos" que han afirmado previamente que el fenómeno de *chemtrails* no existe ahora serían considerados mentirosos, o peor, como (¿compró?) propagandistas de los grupos de interés detrás de las campañas de aspersión. Además, existe el riesgo de demandas por contaminación, que probablemente tengan una mayor probabilidad de éxito si se admite oficialmente la existencia de estelas químicas.

Sin embargo, también hay contribuciones de la televisión pública (es decir, un medio convencional, que ciertamente no se puede suponer que quiere promover la publicación de chemtrails), en el que se ha confirmado la existencia de chemtrails. El moderador en un video[214] de 2016 comienza con las siguientes palabras: *"¿Te gustaría comer plástico ahora mismo, tal vez en el desayuno esta mañana? Sin embargo, nuestros colegas de NDR del equipo editorial de 'Markt' rastrearon estas partículas de plástico. Se encuentran en miel, leche y agua potable, presumiblemente también en otros alimentos. Apenas se puede ver a simple vista. Probablemente ingresa a la comida a través del aire o el agua. - ha examinamos el agua de lluvia. Grandes cantidades del material se encuentran en el agua de lluvia. ... La* ***sopa química de los chemtrails*** *contiene polvo de aluminio y sales de bario, que están destinados a reflejar parte de la luz solar en el espacio. En nuestras latitudes, prácticamente todas las personas ya tienen un alto nivel de intoxicación por aluminio y bario. La forma en que el bario extremadamente raro ingresa a nuestros cuerpos es sin* ***chemtrails*** *difícil de justificar."* (impresión en negrita del autor). Y el moderador del clima, Gunther Thiersch, dijo en las noticias del clima el 14 de enero de 2009 (señalando algunas franjas blancas, de unos 500 km de largo y unos 10 km de ancho en el mapa del tiempo para Alemania): *"Y luego tenemos algo aquí que no podemos identificar como nieve o lluvia. Aquí en el oeste, estas líneas serpentinas, que probablemente rociado algunos aviones, aviones militares, en la tarde a unos 5 a 6 km sobre el nivel del mar, no tienen nada que ver con el clima. ... "*[215] Otro vídeo se refiere a este material rociado por aviones militares: *"Para las enormes nubes fantasmas de la costa holandesa, toneladas de la sustancia tienen que caer sobre la República Federal una y otra vez."*[216] El meteorólogo Karsten Brandt comenta: *"Están estableciendo zonas ambientales y similares, y aparentemente esta zona ambiental no se aplica a una altitud de 4 ... 5 km sobre el Mar del Norte y sobre Alemania; no importa lo que se esté propagando allí. Según una estimación conservadora, estas situaciones climáticas, en las que también se producen estas partículas, se producen aproximadamente cada 20 o 30 días desde el Mar del Norte, ... así que cada 20 o 30 días hay una situación* *con un flujo de partículas extendido."*[217] Esto ya era así en 2008. Y el texto que acompaña al video: *"Hoy vemos esto varias veces a la semana en todo el país."* Incluso si estas nubes militares no provienen de las Fuerzas Armadas Alemanas - el hecho de que nadie se sienta responsable de las sustancias que regularmente caen sobre Alemania y que en realidad están prohibidas, los meteorólogos simplemente consideran esto absurdo.[218] *"'Absurdo'" es una forma agradable de decir que la población está siendo engañada."*

Y un comentario del médico ambientalista Dr. Klinghardt:[219] *"Vaya, salvar el clima con la contaminación, es una idea que debe ser inventada primero. Pero para los activistas de las estelas químicas ya no es una idea, es la realidad."*

Una contribución, que fue emitida por las emisoras estatales ARD y ZDF y grabada en otro video[220], confirma claramente la existencia de las estelas químicas y explica su propósito y objetivo. En este video, el orador Joachim Bublath está fuertemente cubierto por ruido de fondo, por lo que es difícil entender sus explicaciones.

En el sitio web Legitim.ch se puede leer: "*Mientras que los principales medios de comunicación y nuestros representantes electos siguen negando el tema de las estelas químicas y la geoingeniería, la agencia espacial de EE.UU. (NASA) ha admitido hace tiempo que el litio, el bario y otros productos químicos se rocían en la atmósfera con fines 'científicos'. ... Una parte importante de la investigación es la siguiente llamada telefónica en la que Douglas Rowland (empleado de la NASA) admite que la agencia espacial ha estado rociando litio y otros productos químicos en la atmósfera desde 1970. Por supuesto, Rowland también nos asegura que estas actividades son inofensivas tanto para la naturaleza como para el hombre."*[221] Pero el litio no es en absoluto inofensivo: "El litio... se utiliza en psiquiatría para los trastornos maníacos y bipolares como droga psicotrópica y tiene innumerables efectos secundarios como trastornos del sueño, dolores de cabeza y pensamientos suicidas".[222]

Las Chemtrails existían desde mucho antes de 2003, y 1978 el bario venenoso ya había sido rociado a la atmósfera, no por el aire sino por un cohete. Como informó "DIE WELT":[223] *"Cuatro cohetes de bario azules y blancos de más de mil kilómetros de largo fueron rociados en la alta atmósfera por un cohete de investigación estadounidense el lunes por la noche".*

"El NWO está probando la propagación de partículas de aerosol finamente divididas en la atmósfera. ... Usan óxido de aluminio de tamaño nano, que se comporta como el humo o las nubes más finas, y otras sustancias que son particularmente visibles para los radares meteorológicos de los satélites. Todos los políticos e incluso aquellos involucrados en el programa creen que lo están utilizando para llevar a cabo pruebas secretas ***para llevar a cabo un 'oscurecimiento' de la atmósfera en una emergencia, cuando el clima global se descontrola****, para limitar la radiación solar a la superficie de la tierra. , pero eso es solo una mentira, y tal vez por eso se creó* ***toda la histeria climática para realizar operaciones encubiertas como chemtrails en su cuenta. Pero realmente no les importa el clima mundial.*** *La verdadera razón de los chemtrails es que, como escribí antes, planean reducir / exterminar a la población mundial con nanopartículas que son tan finas que una vez liberadas, permanecen en la atmósfera durante mucho tiempo y en general. Globo para ser distribuido. Para las pruebas previas con los chemtrails. Las nanopartículas serán como polvo y no visibles, por lo que no sabrá que las respira en absoluto."*[224] (letra en negrita del autor)

Los programas de pulverización son principalmente de Norteamérica, el norte de Europa y el hemisferio sur de Australia ... Una máquina militar de cuatro chorros deja una estela masiva que no se disolverá como de costumbre. Este fenómeno, que aumenta constantemente de tamaño, se ha observado en más de treinta países de todo el mundo desde mediados de los años noventa. El chorro de cuerpo ancho no tiene un identificador de visibilidad, según lo estipulado por las regulaciones internacionales. Las teorías de conspiración hablan de una pulverización de productos químicos y nanopartículas sobre nuestras cabezas que no ha sido ratificada por el derecho internacional con el objetivo de controlar el clima y un ataque selectivo contra la salud humana."[225]

Otra indicación que respalda la tesis de que el bario y el aluminio se rocían sobre nuestras cabezas son las concentraciones de estos elementos en el medio ambiente medidas por la "Oficina Estatal del Medio Ambiente de Baviera", que tendió a aumentar en el período de 2004 a 2015. mientras, por ejemplo, las concentraciones medidas de arsénico, otra toxina ambiental, no han aumentado.[226] (Aparentemente no se rocía arsénico).

Si bien hay numerosos científicos que señalan el hecho de que los aviones rocían productos químicos que enferman a las personas,[227] las organizaciones de protección ambiental no lo hacen. ¿Por qué Greenpeace, WWF, la Cruz Roja y los grupos ambientalistas guardan silencio sobre estos crímenes ambientales globales? Un comentario:[228] *"Debido a que organizaciones ambientales como Greenpeace y WWF, la Agencia Federal del Medio Ambiente (UBA) y el Ministerio de Investigación Aeroespacial (DLR) están involucrados en estas investigacións. Pero en público niegan que esta investigación se esté aplicando. Qué coincidencia que estas organizaciones estén a bordo."*

¿Cómo puede ser que estas organizaciones mencionadas estén a bordo? En pocas palabras: *"Cualquier organización ambiental que brinde verdades incómodas al público se ve privada de su" utilidad general "como un medio de presión por parte de los gobiernos occidentales, lo que trae desventajas devastadoras. Solo por esta razón, no lo arriesgarán. Para que pueda mantener estos grupos ambientales bajo control."*[229]

Los ambientalistas de BUND no son la excepción.[230] Cuando se contactó a Greenpeace sobre el problema del aerosol, es decir, la pulverización de sustancias químicas y biológicas, Greenpeace anunció en septiembre de 2000 que *"no podían comentar sobre esto"* y que *"no tenían una posición oficial"* sobre el asunto.[231]

En enero de 2000, se envió una carta certificada con una muestra física de material aéreo que contenía fibras********** muy inusuales a la jefa de la Agencia de Protección Ambiental de los Estados Unidos (EPA), Carol M. Browner, con la petición de que se identificara el material en interés del público, el medio ambiente y la salud. La EPA respondió en febrero de 2000 en dos cartas *"No tenemos conocimiento"* de ningún programa de aviones que libere materiales a la atmósfera. La EPA no confirma la recepción o existencia de materiales físicos en su correspondencia. Sólo un año y medio después, en junio de 2001, la EPA confirmó la recepción de estas fibras inusuales. Esta confirmación se basó en la Ley de Libertad de Información, a la que apeló un ciudadano. Sin embargo, la EPA se negó a identificar esta muestra, afirmando que *"no es política de esta oficina de la EPA probar o analizar ninguna muestra u objeto material no solicitado ni solicitado".*[232]

El Partido Verde, que muchas personas creen hoy en día que sigue comprometido con la protección del medio ambiente, pide el cierre de las centrales eléctricas de carbón para garantizar un medio ambiente limpio. Lo absurdo de esta demanda es que las modernas centrales eléctricas de carbón están equipadas con sistemas de filtrado muy eficaces, reduciendo así al mínimo la contaminación del aire. Por otra parte, como parte de la geoingeniería, toneladas de cenizas volantes de carbón de las centrales eléctricas de carbón son rociadas sobre nuestras cabezas por aviones para reducir la radiación solar.[233]

El video[234] también abordó el fenómeno psicológico de por qué tantas personas no ven o no pueden ver lo inusual en el cielo, y por qué no son capaces de hacer conexiones: *"La completa falta de cualquier conciencia y recuerdos propios sobre la aparición de una imagen del cielo natural, como se observó hace sólo 10 años, hizo imposible un examen crítico. No vieron lo inusual que obviamente era visible en el cielo, sino sólo lo que querían o podían ver, es decir, nada. El mayor crimen contra la humanidad es la exposición (?) de nuestro planeta a más de 10 millones de*

********** De lo que tratan estas fibras es el tema de la sección "Armas biológicas de alta tecnología - atrio al infierno".

toneladas de compuestos metálicos tóxicos para el año 2025; no es una conspiración secreta; tiene lugar casi a diario ante nuestros propios ojos, sobre nuestras cabezas de una manera que no puede ser pasada por alto. Todo lo que tenemos que hacer es mirar, observar y revisar críticamente los medios oficiales".[235] Este olvido, *"la completa ausencia... de los propios recuerdos"*, que también juega un papel importante en la novela de Orwell "1984". Los ancianos del estado de vigilancia de Orwell que ya habían vivido antes de la "revolución" no podían recordar el tiempo anterior a la "revolución" *"porque los pocos supervivientes dispersos del viejo mundo demostraron ser incapaces de comparar una época con otra. ... Recordaron un millón de cosas inútiles. - ...pero todos los hechos esenciales estaban fuera de su vista."*[236]

Las figuras 19 a 27 muestran imágenes de trazas de chemtrail que respaldan de manera impresionante la tesis de que se rocían materiales sobre nuestras cabezas que le dan al cielo una apariencia antinatural.

"Hoy de nuevo una enorme cantidad de veneno se ha extendido por la zona de Stuttgart. ... En una hora un hermoso cielo azul claro se convirtió en una pared gris. Al menos 10 aviones están en camino. Estas cosas van directamente a tu cerebro. Te hace estúpido. Mata. ...es increíble, pero mira la lista de DEAGEL[††††††††††]*. La población se reducirá drásticamente. ... ¿Cuándo diablos finalmente te estás despertando???* Así que la publicación de un amigo de Facebook el 23.9.2018,[237] y un comentario al respecto: "¡También fueron diligentes en Ulm![238] Y añado: el 29.09.2018 y el 17.10.2018 el cielo de Dortmund se cubrió de nuevo de blanco lechoso (Figuras 23 y 24), cuyo aspecto seguramente no tiene nada que ver con las formaciones de nubes naturales.

[††††††††††] Además de la información de carácter militar, que obtiene directamente de la CIA, el FBI, la NSA, el ejército de los Estados Unidos, el Mossat, la OTAN y la UE, la empresa "Deagel" difunde previsiones de cifras de población en los distintos países (véase la sección "Reducción de la población mundial").

Sin embargo, durante las últimas semanas del desvanecimiento del año 2019, no vi más estelas químicas. Tal vez hubo una pausa en la fumigación después de que más y más fotos e información sobre las acciones de fumigación fueron difundidas en Internet.

La pregunta fundamental que surge de nuevo automáticamente es ¿cómo se protege la élite de sus propias armas, especialmente contra las partículas de aerosol que se extienden en la atmósfera? *"Seguramente tienen algo así como retiros subterráneos que solo dejan cuando todo termina en la superficie de la tierra"*, dijo el comentario sobre el artículo ya citado anteriormente.[239] Otro comentario decía: *"Mientras se llevan a cabo estas pruebas, las élites no se encuentran en esta área. Las "élites", que pertenecen a la Orden del Vellocino de Oro sobre docenas de sociedades diferentes, tienen sus propios sistemas de comunicación. ... ¿Por qué no hay miembros de las élites, que he morir en la11 de septiembre? ¿Coincidencia?... porque saben cuándo sucede en este planeta ... "*[240]

Y a pesar de los numerosos documentos sobre chemtrails, incluidos los tres videos de la televisión pública mencionados al principio, los medios públicos continúan tratando de negarlos. Y en varias contribuciones en video, los chemtrails y HAARP se rechazan repetidamente como teorías de conspiración y se ubican en el ámbito de la imaginación, que también es creída por amplios sectores de la población. *"Inventa palabras alienadas como 'negadores del clima', 'creyentes del chemtrail-creyente' y otras ridiculeces para desacreditar a las personas que quieren llamar la atención sobre lo que se está manipulando en este mundo, y continuar como antes".*[241]

Figura 19: Comparación de un cielo de verano ordinario en 1999 con el de 2019. *"La falta total de conciencia y recuerdos de la apariencia de una imagen de cielo natural, como se observó hace 10 años, hizo imposible una discusión crítica. No vieron lo inusual que era evidente en el cielo, sino solo lo que querían o podían ver, es decir, nada."*[242]

Ahora, por supuesto, puede preguntarse: si los chemtrails incluso se han confirmado en contribuciones individuales en la televisión pública y en los principales medios de comunicación, ¿por qué está tratando de negar los chemtrails en otras contribuciones? ¿Por qué la existencia de estelas químicas, la pulverización de toxinas en la atmósfera, tan negada con vehemencia por los principales portales y los principales medios de comunicación, a pesar de la abrumadora evidencia? Debido a las inminentes consecuencias legales, como se destaca al comienzo de esta sección.[243]

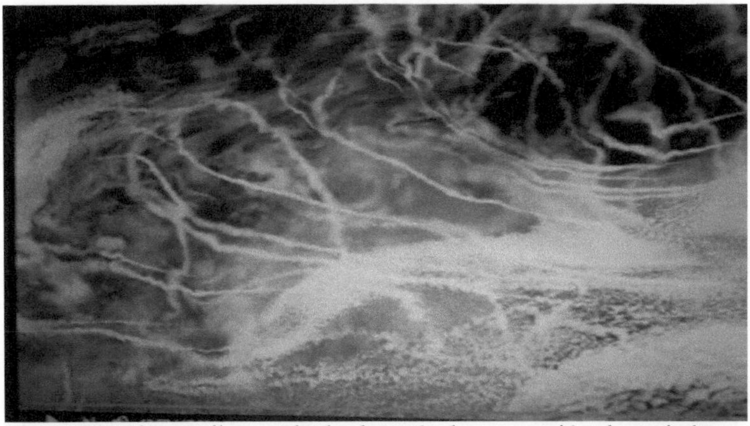

Figura 20: Chemtrails: resultado después de una acción de rociado en el cielo.[244]

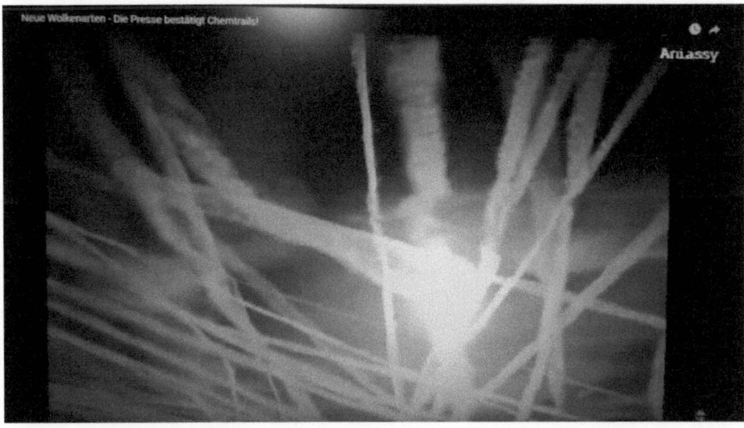

Figura 21: Cielo cubierto con innumerables rastros de chemtrail que se amplían con el tiempo.[245]

Figura 22: Chemtrails fotografiados desde un avión.[246]

Figura 23: "Nuevos tipos de nubes" sobre el lago Phoenix en Dortmund, 17 de octubre de 2018.

Figura 24: "Nuevos tipos de nubes" sobre Dortmund el 17 de octubre de 2018

Figura 25: Los chemtrails no salen de las turbinas (prueba adicional de que no son estelas).[247]

Figura 26: "Nuevos tipos de nubes" sobre Berlín. El Dr. Klinghardt: *"Mis pacientes del servicio secreto estadounidense me dijeron que no hubiera sido posible escuchar el teléfono de Angela Merkel sin este"* (señaló esta foto).[248]

Figura 27: Chemtrails sobre Dresde el 5 de agosto de 2019, 8:40 a.m.

El informe del IPCC de 2001 proporciona otra respuesta: este informe comenta sobre la pulverización de materiales en la atmósfera para limitar el calentamiento global. *"El informe dice que es posible reducir el aumento del calentamiento global mediante la pulverización de diferentes partículas. Por cierto, el informe menciona la decoloración del cielo*‡‡‡‡‡‡‡‡‡‡ *mencionada como un* ***riesgo de que el público descubra los intentos de rociado temprano.****"*[249] (Letra negrita del autor) En el caso de las acusaciones de contaminación ambiental, el causante tendría que ser probado sin lugar a dudas, lo que es más difícil cuanto menos procesos de pulverización se detecten.

Después de que se confirmó la existencia de chemtrails en los tres videos de televisión pública citados al principio, podemos continuar con una discusión sobre el contenido de este fenómeno. ¿Qué son exactamente las chemtrails? ¿Cómo se diferencian de las estelas comunes? Las estelas se disuelven después de aproximadamente 1 minuto, pero las chemtrails en el cielo se expanden gradualmente y se combinan para formar una manta blanca como la leche que reduce la cantidad de luz solar.
Las estelas de vapor son continuas, no se pueden encender, apagar, encender, apagar, ... un video muestra cómo sucede exactamente esto, es decir en este caso definitivamente no puede ser una estela de vapor.[250] Desde el minuto 12:46 („AWACS Stop + Go-Erwischt in Norddeutschland") puede ver cómo dos aviones vuelan relativamente juntos, uno se enciende y se apaga, y el otro permanece continuo, es decir, el encendido y apagado no se puede explicar con diferentes capas de aire a través de las cuales vuela la aeronave, donde las temperaturas difieren y la condensación se activaría y desactivaría.

Aunque hemos demostrado en esta sección que las estelas químicas son reales, el encubrimiento continuará, y continuará hasta que la

---

‡‡‡‡‡‡‡‡‡‡ El *"desvanecimiento del cielo"*, es decir La formación de una manta de color blanco lechoso en el cielo, que reduce la cantidad de luz solar, surge después de una larga pulverización.

geoingeniería sea legalizada a través del IPCC, con el argumento de que sin un anillo de geoingeniería la Tierra está amenazada con el colapso climático. Antes de eso, seguirá negándose para no correr el riesgo de que los responsables sean demandados por delitos ambientales.

"La deliberada manipulación mundial del clima y el tiempo mediante inyecciones de aerosoles estratosféricos es el mayor delito ambiental que se ha cometido en toda la historia de la humanidad. Sigue siendo ilegal y no está legitimada por los respectivos parlamentos. El IPCC siempre está trabajando para legalizar estos programas ilegales."[251] En este sentido, los medios de comunicación públicos también están preparando el terreno para que la población acepte las medidas de geoingeniería. El 28.09.2019 se publicó en zeit.de un artículo[252] con el título "Geoingeniería: Lo único que ayuda ahora es la plomería del clima". En el breve resumen dice: *"¿Emitir menos gases de efecto invernadero? Eso es bueno, pero no es suficiente. Para detener el sobrecalentamiento de la tierra, la intervención en el clima es necesaria, pero hasta ahora no es práctica. Y el texto dice: "El dilema es obvio: para mantener el calentamiento global por debajo de los dos grados, la humanidad sólo puede expulsar 700.000 millones de toneladas de gases de efecto invernadero al aire para el 2100. Incluso si las emisiones disminuyeran rápidamente, este límite ya se alcanzaría en los años 30 de este milenio. Después de eso, no se debe liberar ni un gramo de gas de efecto invernadero. Dado que esto es completamente irreal, el Grupo Intergubernamental de Expertos sobre el Cambio Climático (IPCC) ha asumido desde hace tiempo que la humanidad debe intervenir. El informe especial publicado el miércoles (25.09.2019) sobre el estado del agua y el hielo en la Tierra ha dejado claro una vez más que las cosas no pueden continuar como hasta ahora. Aquí se pueden concebir básicamente dos enfoques. El primero es extraer artificialmente el carbono de la atmósfera y almacenarlo bajo tierra a largo plazo. Esto se suele denominar captura y almacenamiento de carbono, o CCS para abreviar. Pero incluso si hay algunos proyectos exitosos, no está claro si el CCS puede ser utilizado a una escala suficientemente grande a escala comercial -*

y lo que costaría. Por eso hay un segundo enfoque: los investigadores quieren enfriar la tierra artificialmente permitiendo que el planeta refleje directamente la luz solar incidente. Así que aumenta el albedo. Los expertos hablan de ***la gestión de la radiación****, la influencia del balance de la radiación. También se están discutiendo varias técnicas para esto, pero casi ninguna de ellas ha sido probada en la práctica.*

Hasta que se legalicen estas inyecciones de aerosol estratosférico (chemtrails), esta pulverización se mantiene en secreto. ¿Pero cómo puede ser que esta pulverización de toxinas sobre nuestras cabezas pueda mantenerse en secreto? Al menos algunos de los pilotos de estos aviones tendrían que tener escrúpulos en algún momento y desempacar. La respuesta es: existen, estos pilotos que desempacan. En el video[253], un ex empleado civil de EADS que trabajó en la conversión de un avión en un avión de fumigación tiene su opinión. Fue despedido después de que le dijo a un parlamentario del Partido Verde detalles sobre ello y presentó fotos de lo sucedido. Este ex empleado informó: *"Y luego vinieron los militares y nos ordenaron usar trajes protectores completos y máscaras de respiración, porque los tanques tienen que ser llenados ahora, y las sustancias que entran, aluminio, sulfuros, óxido de bario... se intercalan con compuestos poliméricos del tamaño de nanopartículas; son altamente tóxicos para ti, así que tienes que usar trajes protectores ahora. ... Así que, sólo quería decir que estamos entrando en un desastre ecológico. Y para aquellos que no lo entiendan, puedo mostrarles las pruebas, y estoy a disposición de cualquier comisión de investigación..."* Hay tambien otros pilotos que han "desempacado".[254] Por otra parte, los pilotos de aeronaves comerciales normales, por ejemplo, a menudo no saben qué están pulverizando o que están pulverizando sustancias tóxicas. Una gran proporción de estas toxinas son emitidas por aeronaves militares, y hay que suponer que estos pilotos están obligados a guardar el secreto y sólo siguen órdenes. Además, normalmente sólo conocen la parte de su misión específica, pero no lo que están rociando.

Como una posible razón para no haber visto ninguna estela química en el cielo desde 2020, escribí al principio de esta sección que Trump había recortado los fondos para el proyecto de geoingeniería. Pero también podría desempeñar un papel otra razón, a saber, que en los últimos años las pruebas de la contaminación ambiental por Chemtrails se han hecho cada vez más densas, lo que aumenta el peligro de que los juicios contra los contaminadores en los tribunales tengan cada vez más posibilidades de éxito. Y esto daría lugar a una considerable publicidad, que no está prevista. Sin embargo, en la primera semana de mayo de 2020 se han vuelto a ver estelas químicas en varias ciudades alemanas.

¿Cuáles son los objetivos de los chemtrails?

Como en la sección anterior se demostró sin lugar a dudas que las estelas químicas son reales, continuaremos con la pregunta: ¿Por qué se rocían? Por lo que sé, las estelas químicas sirven para diferentes propósitos:

1) Nebulizar de **toxinas**,
2) Nebulizar los componentes de un **arma biológica**
3) Creación de una capa "metálica" en la superficie de la Tierra,
4) **Rociado por los llamados nanorobots** (Smartdust, polvo inteligente),
5) **Blindaje de los rayos del sol.**

El primer aspecto incluye nanopartículas tóxicas, bario, estroncio, aluminio, titanio, litio, cadmio, plomo, mercurio, fibras poliméricas, dioxinas y muchas otras sustancias que causan enfermedades. Estos son los resultados de investigaciones y análisis independientes en varias regiones del mundo donde se han rociado chemtrails.[255,256] El segundo aspecto es el tema de la sección "Armas biológicas de alta tecnología - el atrio del infierno". El tercer aspecto cubre, entre otras cosas, la extensión del alcance del radar, la vigilancia del espacio aéreo, el escudo antimisiles, etc.[257] Este tercer aspecto es un requisito previo para que las instalaciones del HAARP puedan funcionar en todo el mundo, ya que las ondas electromagnéticas emitidas se reflejan en el cielo metálico mediante tanques metálicos de tamaño nanométrico y golpean la superficie terrestre en lugares lejanos, véase la figura 29.[258] El cuarto aspecto sirve para la esclavitud mundial de los humanos por los llamados nano-robots; después de que los humanos los han absorbido sin que se note a través del tracto respiratorio, son transportados más lejos al cerebro a través de la corriente sanguínea. Pueden estar conectados a una nube y controlados remotamente desde un centro de control. Este complejo está destinado a influir tanto en el pensamiento como en la acción de los humanos.[259] (Para más detalles véase la sección "5G' y el Transhumanismo (Agenda Transhumana)")

Pero el quinto aspecto me parece que sirve más bien como coartada, como legitimación de las estelas químicas, para que sean toleradas por la población como algo necesario para limitar el calentamiento global por la radiación solar. De manera similar a lo que se argumenta en la "antítesis", existe el peligro de que tal "paraguas" caliente aún más la tierra en lugar de enfriarla.

Efectos de chemtrails y sustancias químicas a nuestra salud

"No hay nadie que sea tan sordo como el que no quiere escuchar a nada y a nadie y que sea tan ciego porque se niegue a ver nada."[260]

Las enfermedades respiratorias y los síntomas similares a la gripe obviamente están a la vanguardia cuando se trata de los efectos de las toxinas que se liberan a través de las estelas químicas en nuestra salud. Debido a la pequeñez de las nanopartículas rociadas a través de estelas químicas, pueden atravesar sin esfuerzo la barrera hematoencefálica, alojarse en el cerebro y en las vías respiratorias de las personas y dañar sus funciones, y por otro lado pueden interrumpir los procesos metabólicos debido a su alta toxicidad. cambiar.

"En los Estados Unidos hubo una ola de gripe en 2000, que según el Centro para el Control de Enfermedades fue causada por un 'patógeno desconocido'."[261] Las pruebas de gripe habían sido negativas en el 99% de las personas enfermas.

Ya en 2005, los autores del libro "Chemtrails - Weather Manipulation in the Sky?"[262] citaron una lista de las consecuencias inmediatas para la salud de las acciones de rociado del sitio web de Chemtrail 'chemtrail.de': *"Dolor de cabeza y fatiga crónica, ... falta de aliento, problemas de equilibrio y pérdida de Memoria a corto plazo, ondas de gripe, conjuntivitis y ataques de asma."*

"Es sorprendente que muchos de los efectos sobre la salud de las estelas químicas (por ejemplo, fatiga, letargo, dolores de cabeza, etc.) puedan ser determinados por las víctimas del teléfono móvil cuando se trata de radiación de microondas. Al igual que con la radiación de microondas, las personas reaccionan de manera diferente a la confrontación con las consecuencias del chemtrail. Dependiendo de la "ventana biológica" del individuo (un sinónimo de su estado holístico de salud), hay personas cuyos sistemas inmunes pueden hacer frente a la química sin problemas, mientras que otros colapsan en el primer contacto ".[263]

Las nanopartículas (aluminio, bari-um, estroncio, ...) y las nanofibras[264,265] son particularmente peligrosas debido a su pequeño tamaño. "*A través de las vías respiratorias, las sustancias tóxicas entran directamente en la corriente sanguínea y llegan al cerebro en particular.*"[266] Las sustancias tan nocivas para los seres humanos llegan a los pulmones a través de la respiración normal, donde se depositan en el tejido pulmonar y pueden causar cambios patológicos. El tiempo de residencia de las nanopartículas y nanofibras en la atmósfera puede ser de hasta un año; sin embargo, ocasionalmente puede ser muy corto, como describe el Dr.

Klinghardt a partir de su propia experiencia en un video[267] de YouTube.

Como resultado de la contaminación por esas toxinas, las enfermedades respiratorias como la falta de aliento, el asma, la neumonía, así como el equilibrio, los mareos y los trastornos neurofisiológicos se asocian cada vez más con el rápido aumento de la enfermedad de Alzheimer y la demencia temprana.[268] Las nanopartículas y nanofibras son tan peligrosas para los humanos porque su pequeño tamaño significa que no pueden ser filtradas por los cilios de los órganos respiratorios y también pueden pasar fácilmente la barrera hematoencefálica. Su tamaño es del orden de 0,01 a 1 µm, es decir, en un rango que no está en absoluto cubierto por las mediciones habituales de la Agencia Federal de Medio Ambiente en las grandes ciudades. Esto se debe al hecho de que las partículas mayores de 5 µm[269] pueden ser filtradas del aire que respiramos. Sin embargo, esto ya no es posible si las partículas son mucho más pequeñas. Por esta razón, los ecologistas también han realizado mediciones en zonas por debajo de PM = 10 µm y han descubierto que la densidad de las partículas en la zona de peligro por debajo de 10 µm, especialmente por debajo de 2,5 µm, está aumentando rápidamente y que estas partículas no parecen provenir de vehículos diesel.[270]

De hecho, los automóviles diesel son extremadamente limpios cuando se trata de polvo fino. *"De hecho, el aire que sale del escape de los vehículos diésel con la purificación moderna de gases de escape está mucho menos contaminado que el aire que el motor absorbió anteriormente". El diésel es una "máquina de limpieza de aire", ... Rolf Bulander, jefe de la división de vehículos de motor, explicó que los gases de escape contenían solo una décima parte de las partículas de polvo fino que el aire circundante.*[271] Los ambientalistas atribuyen este rápido aumento en la densidad de partículas a las acciones de pulverización por parte de los aviones que rocían grandes cantidades de nanopartículas sobre nuestras cabezas. "... *A 2.5 µm se vuelve criminal, y más abajo se vuelve cada vez más criminal, porque estas partículas permanecen en el cuerpo y forman áreas de inflamación. Y si todavía son sustancias que actúan químicamente o catalíticamente, entonces tengo un catalizador en mis pulmones. No va bien Y es por eso que las enfermedades pulmonares están aumentando rápidamente."* [272] Esta afirmación es confirmada por fuentes independientes. Las enfermedades respiratorias son ahora la tercera causa de muerte en los Estados Unidos.[273] Esto a pesar del hecho de que ya no se puede culpar al tabaquismo como la causa principal, porque la campaña mundial contra el tabaquismo combinada con prohibiciones de fumar en las instituciones públicas debería haber resultado en una disminución de las enfermedades respiratorias. En 2011, NTV publicó un artículo sobre una enfermedad nueva, desconocida y común llamada "Enfermedad Pulmonar Obstructiva Crónica" (EPOC):[274] *"Según un nuevo estudio, uno de cada cuatro adultos desarrollará EPOC en algún momento de sus vidas. El riesgo de enfermedad pulmonar obstructiva crónica es mayor que el de un ataque cardíaco o cáncer, subrayan los científicos de Andrea Gershon, del Instituto de Evaluación Clínica en Toronto, Canadá, en la revista médica británica 'The Lancet'".*

"Los principales medios informan que las salas de emergencia de los hospitales están llenas de pacientes con infecciones extrañas de las vías respiratorias superiores. Pero no parece ser un virus. Informan que es una gripe "misteriosa" y que ninguna vacuna contra la gripe es efectiva. ... 'Eso no tiene sentido, mentira', dice el Dr. Leonard Horowitz. 'Es un hecho que hemos tenido este tipo de epidemia desde fines de 1998 / principios de 1999.' ... El Instituto de Investigación de Patología de las Fuerzas Armadas de EE. UU. Ha registrado una patente para un micoplasma patógeno que causa la epidemia. Puede ver el informe de la patente en el libro "Códigos de curación para el Apocalipsis biológico. Mycoplasma no es realmente un hongo, no es realmente una bacteria, no es realmente un virus. No tiene pared celular. Se adentra en el núcleo celular, lo que dificulta mucho la respuesta del sistema inmunitario. Es un arma biológica hecha por el hombre. El informe de la patente explica cómo causa una infección crónica del tracto respiratorio superior que es prácticamente

idéntica a lo que sucede todo el tiempo."[275] (Para más detalles, consulte "Armas biológicas de alta tecnología: atrio al infierno").

Dejemos al doctor y especialista en envenenamiento del cuerpo humano, Dr. Dietrich Klinghardt, para hablar, quien dirige una clínica en los Estados Unidos para tratar a personas con síntomas de intoxicación. Él dice: *"Personas de todo el mundo nos llegan con enfermedades crónicas. Hemos descubierto que las consecuencias de las estelas químicas son la causa más importante de intoxicación en humanos hoy en día y, por lo tanto, conducen a una variedad de enfermedades crónicas. Esto incluye autismo en niños, ..., en adultos, trastornos, todos los trastornos del sistema nervioso, EM, ELA, Parkinson, neuropatías y todas las enfermedades degenerativas del cerebro. El hecho de que el contenido de aluminio en nuestro sistema nervioso haya aumentado exponencialmente en los últimos años ya no se puede eliminar con los desodorantes para las axilas o las cacerolas de aluminio, sino que solo se puede explicar con los chemtrails."* Con la última oración, el Dr. , Klinghardt hizo referencia a avisos de protección del medio ambiente indicando que los desodorantes y otros productos para el cuidado personal, así como la vajilla de aluminio, están causando enfermedades para explicar el aumento de las concentraciones de Al en los cuerpos humanos. El Dr. Kling-hardt ha realizado pruebas en 200 pacientes con el resultado de que el contenido de aluminio en la sangre es en promedio 140 veces mayor (120 µg/l) que el del plomo (0,9 µg/l). Y afirma:[276] *"Los laboratorios estadounidenses que realizan pruebas de aluminio reciben una carta del gobierno: 'Si no se detiene de inmediato, cerraremos su laboratorio'. No sé cómo es Alemania. Pero ciertamente es similar allí. Los estadounidenses nunca han firmado un tratado de paz con Alemania. Y todas las leyes y medidas en Alemania pueden ser vetadas por el gobierno estadounidense. La mayoría de ustedes no lo sabe. Los estadounidenses están muy orgullosos de ello, lo descubrí a través de mis amigos estadounidenses. Lo importante ahora es que el espacio aéreo sobre Alemania es territorio estadounidense."*

Además del aumento de estas enfermedades del sistema nervioso, se está produciendo otro proceso en los países occidentales, la disminución gradual del coeficiente intelectual en la población. En un artículo de FOCUS puede leer:[277] *"La humanidad se está volviendo cada vez más estúpida, esto ha sido demostrado por pruebas científicas. Si bien la proporción de inteligencia disminuye en promedio, aumentan los trastornos del comportamiento y el autismo. Los investigadores suponen que las llamadas hormonas ambientales son responsables de esto."* No se puede descartar que el uso masivo de hormonas en la agricultura industrial, sino también el uso de hormonas en la atención médica, tenga un impacto negativo en la salud pública. Sin embargo, en vista de lo anterior, parece probable que las toxinas ambientales aplicadas a través de chemtrails también sean una causa importante del aumento de los trastornos neurológicos.

Las fibras nanoplásticas contenidas en chemtrails también son extremadamente peligrosas para el cuerpo humano. Las pequeñas partículas de plástico que ahora se han detectado en el cuerpo humano también fueron objeto de una contribución de la estación de radio WDR4, transmitida el 19 de junio de 2018, donde se explicó a los oyentes las formas en que estos desechos plásticos ingresan al cuerpo humano, es decir, a través de la cadena alimentaria. Hasta ahora, de verdad. Pero, como posible fuente, no fueron las fibras sintéticas extraídas a través de estelas químicas, sino más bien la ropa funcional, en la que se incorporan fibras de plástico, que podrían desprenderse parcialmente durante el proceso de lavado y podrían ingresar al agua subterránea y de allí al agua potable a través de las aguas residuales de la lavadora. La causa obvia, las chemtrails, según lo asignado en el video[278] ya citado, no se abordó. En cambio, al consumidor ignorante se le presentó otro "enemigo" contra quien su ira puede ser dirigida. Las estelas químicas como fuente de desechos plásticos en el tejido humano no se mencionaron en este artículo de WDR.

Las acciones de fumigación registradas en el video[279] sobre el área metropolitana de Stuttgart también mostraron que estas estaban esencialmente limitadas al área urbana, mientras que no había rastros de estelas químicas en el área rural alrededor de Stuttgart. Esto genera la sospecha de que estas acciones de rociado no solo se utilizan para manipular el clima, sino que uno quiere exponer a la mayor cantidad de personas posible a este cóctel de veneno con intención criminal. En este contexto, uno también debería preguntarse por qué precisamente estos materiales altamente tóxicos como el aluminio, el bario y el estroncio se usan solo para reducir la radiación solar. También hay metales significativamente menos tóxicos que podrían servir para reflejar la luz solar. La respuesta a esta pregunta lógica se encuentra en la sección "Armas biológicas de alta tecnología: atrio al infierno".

El video[280] dice: *"Dado que las cosas están en el aire, las respiramos. Entra en las vías respiratorias, los senos paranasales, los senos frontales y el cerebro. El aluminio (en el cerebro) es la causa de una variedad de enfermedades, p. Ej. B. Alzheimer. En los últimos cinco años, el número de pacientes con Alzheimer, Parkinson y otras nuevas enfermedades degenerativas ha aumentado enormemente, casi se ha cuadruplicado. El Alzheimer ahora es muy común en Hawai. Rocían nanopartículas de aluminio, y estas nanopartículas desencadenan la muerte celular en el cerebro. De eso se trata el Alzheimer. El trastorno por déficit de atención (ADD) comenzó en la década de 1970 cuando no se mencionaba autismo en ninguna parte, uno de cada 100,000 niños tenía esta enfermedad. Hoy, uno de cada 48 tiene un trastorno por déficit de atención / hiperactividad debido al aluminio. Si eliminara los metales pesados, los cerebros se normalizarían nuevamente. Existe el riesgo de que todo el ecosistema se derrumbe debido a la gran cantidad de metales pesados, especialmente debido al aluminio. Esto es mucho más que un poco de contaminación. Monsanto ha desarrollado plantas resistentes al aluminio. ¿Por qué piensas? ... "*

"Se dice que la pulverización (de Al, Ba, Sr) *tiene consecuencias drásticas imprevistas para la salud de plantas, animales y humanos. Según los informes, la pulverización se lleva a cabo en Alemania desde 2003, pero en los Estados Unidos desde la década de 1990. Según los expertos, ya existen las consecuencias de esta*

intoxicación ambiental, suelos y lagos completamente contaminados. Las semillas normales ya no pueden crecer en ellas. Yo lo llamo realmente descarado. ¿Me creerías que las compañías químicas han desarrollado semillas resistentes al aluminio y han ganado enormes sumas de su venta? Lo siento, pero es así.[§§§§§§§§§§] *Si los jóvenes, en lugar de solo mirar la televisión, el iPhone y el iPad, nos uniéramos y analizáramos toda esta información, los aviones pronto ya no podrán rociar lo que quieren."*[281,282]

HAARP - el corta-todo en el cielo

"Si la megalomanía humana, la manía por el poder, el pensamiento pervertido y la manía por la factibilidad se expresan en algún lugar político, económico, militar-técnico, es dentro del proyecto HAARP".[283]

Oficialmente, HAARP es *"un programa de investigación civil y militar de EE. UU. Que utiliza ondas electromagnéticas de alta frecuencia."*[284] Los sistemas HAARP se utilizan para estudiar la atmósfera superior, la propagación de ondas de radio, la comunicación y la navegación. El funcionamiento de estos sistemas también ofrece enormes oportunidades para la manipulación global, como se puede ver en las patentes visibles, por ejemplo, la manipulación del clima.[285] El hecho del video[286] de YouTube es el hecho de que el clima de hoy está masivamente influenciado por las manipulaciones humanas, que los ciclones se disparan e intensifican.

[§§§§§§§§§§] Existe una patente estadounidense con el número US 7,582,809 B2, emitida el 1 de septiembre de 2009.

Figura 28: Chemtrails (imagen izquierda), 17 minutos más tarde superpuestos con una capa delgada y estructurada de nubes (imagen derecha), en la que se han formado estructuras similares a costillas más o menos regulares, muy probablemente bajo la influencia de la radiación artificial HAARP.[287]

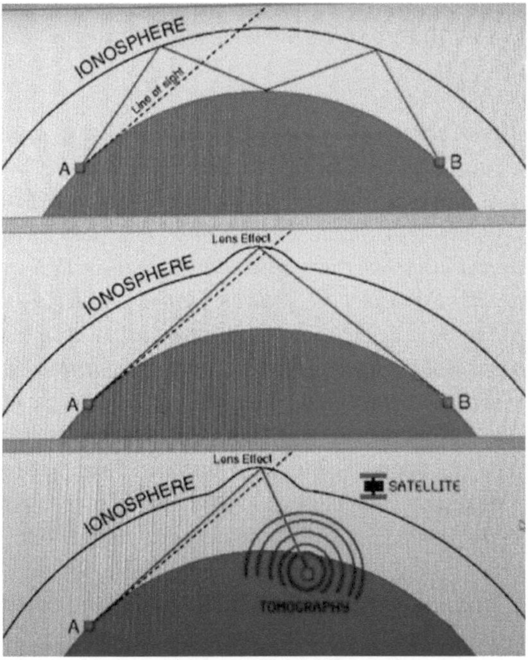

Figura 29: Los sistemas HAARP pueden operar en todo el mundo porque sus haces de radar se reflejan en el cielo metalizado.[288]

Figura 30: Superficie del Mar Báltico, que es causada por la resonancia en las vibraciones naturales generadas por las ondas de radar apropiadas en las instalaciones de HAARP cerca de Rostock. (En el centro de la imagen, un cuenco lleno de agua se desvanece en un altavoz, que vibra a una frecuencia en el rango de 2 y 220 Hz). (Imagen tomada de[289])

"El sistema HAARP es un calentador ionosférico ... Al igual que una gran antorcha de soldadura, HAARP primero puede calentar partes de la ionosfera y luego separarlas para que luego puedan levantarse. Corta parte del cielo, parte de la atmósfera. Corta la parte que protege la tierra como el filtro más externo y también es la puerta de entrada al espacio. El enlace entre TIERRA y UNIVERSO está roto: se hacen grandes agujeros allí. El área calentada y separada no solo puede elevarse, sino que también puede inclinarse como una enorme gran tamaño" [290] Si este es el caso, entonces surge la sospecha de que también podría ser así como se creó el agujero de ozono sobre la Antártida. Más sobre esto en la sección "Agujero de ozono - ¿hecho por el ser humano?".

HAARP se basa en una patente estadounidense del inventor Bernad J. Eastlund del 10 de enero de 1985, número 4686605, que también describe el principio de acción (transmisión de energía a largas distancias mediante radiación de microondas utilizando la ionosfera).[291] Esta patente se basa en otra patente estadounidense[292] emitida por Nikola Tesla, número 1119732, para la transmisión inalámbrica de energía. La patente de Eastlund fue comprada por la compañía de defensa estadounidense REYTHEON, una compañía contratante de las fuerzas armadas. *"Y no solo podría enviar energía a lugares donde no había generadores eléctricos, sino que también podría usarla para controlar el clima. Podrías usarlo para cambiar los vientos a reacción y causar lluvia."*[293]

Rostock tiene una de las instalaciones de HAARP más grandes del mundo. El Mar Báltico y el cielo metalizado (anteriormente a través de chemtrails) sirven como un espejo, para que pueda alcanzar prácticamente todos los puntos de la tierra con las ondas de radar,[294] incluso lugares que están más allá del horizonte visible. Este es también el principio detrás de la propagación de onda corta usando la capa Heaviside. Lo especial es que, mediante HAARP, la ionosfera se puede deformar de manera específica (ver imagen de la parte media e inferior en la Figura 29), de modo que actúa como un espejo de enfoque, lo que permite que los rayos reflejados se enfoquen de manera que los rayos en el El punto objetivo de la radiación que golpea la superficie de la tierra tiene una densidad de energía muy alta, un requisito previo para un alto potencial de destrucción. La Figura 30 muestra la superficie del Mar Báltico, causada por las ondas Radar, generadas en la instalacion de HAARP cerca de Rostock. A modo de comparación, un recipiente lleno de agua se superpone en un altavoz en el centro de la imagen, cuyas vibraciones se han utilizado para generar patrones de vibración en la superficie del agua con un patrón similar.

El contribución[295] mencionado anteriormente, que fue transmitido por ARD y ZDF, también confirma la existencia de sistemas HAARP y explica su propósito. Similar al tema de "chemtrails", también se está llevando a cabo una campaña de negación sobre el tema de "HAARP", pero menos dirigida a si hay HAARP en absoluto y más bien a su aplicación práctica que cambia el clima. A menudo se dice que HAARP es una proyecto puramente científico para estudiar el cielo. Con respecto al transmisor Rostock, el "Ostseezeitung" (OSTSEEZEI-TUNG.DE) escribió el

27 de marzo de 2018:[296] *"Esta es la 'Estación de Radio Naval de Marlow', ...donde la Armada mantiene contacto con sus barcos alrededor del mundo - por medio de doce antenas distribuidas en la zona boscosa cercada."*

Ya en la sección " Chemtrails - *'La sopa de química'* en el cielo" habíamos descubierto que MIMIKAMA hace todo lo posible, aquellos que intentan hacer que la gente tome conciencia de los peligrosos acontecimientos, en el "rincón del teórico de la conspiración" para localizar, así que aquí también en relación con HAARP. Porque ahora hay innumerables pruebas de las manipulaciones de HAARP y chemtrails, que MIMIKAMA simplemente ignora. La plataforma MIMIKAMA aprovecha el hecho de que solo una pequeña parte de la población se ocupa de estos fenómenos, que son tan increíbles que están más allá del sentido común y no están dispuestos a creer que el gobierno permitiría tal cosa. También hay entradas en otros sitios web en Internet que minimizan el HAARP y sus actividades, como *https://futurezone.at*,[297] donde la palabra clave "teoría de la conspiración" se usa nuevamente. Puedes leer allí:
"Los huracanes en Estados Unidos reviven una vieja teoría de la conspiración: se dice que el transmisor HAARP desencadena desastres naturales." El propósito de esta campaña de negación es mantener a la población ignorante para que no protesten contra estas actividades en detrimento de nuestro medio ambiente. Pero ya en un "Informe del 14 de enero de 1999 sobre Medio Ambiente, Seguridad y Política Exterior",[298] autorizado por el Parlamento Europeo, puede encontrar una sección con el subtítulo "HAARP - Un sistema de armas que perjudica el clima", que incluye se puede leer lo siguiente: *"HAARP, programa de investigación para la investigación de radiación de alta frecuencia ..., se lleva a cabo conjuntamente por la Fuerza Aérea de los Estados Unidos y el Instituto de Geofísica de la Universidad de Alaska, Fairbanks. Estudios similares también están en marcha en Noruega, también en la Antártida y también en la antigua Unión Soviética. HAARP es un proyecto de investigación en el que partes de la ionosfera se calientan con ondas de radio fuertes utilizando un sistema terrestre con una red de antenas, todas las cuales están equipadas*

con su propio transmisor. La energía generada calienta ciertas partes de la ionosfera, lo que también puede causar agujeros en la ionosfera y 'espejos' artificiales ... Otra consecuencia grave de HAARP son los agujeros en la ionosfera, que son creados por las ondas fuertes ascendentes. La ionosfera nos protege de los rayos cósmicos entrantes. Existe la esperanza de que los agujeros se vuelvan a cerrar, pero experimente cambios en los puntos de la capa de ozono en la dirección opuesta. Por lo tanto, la ionosfera protectora tiene grandes agujeros ... " Este informe de la UE señala además: *"HAARP se relaciona con 50 años de investigación espacial intensiva para propósitos claramente militares, por ejemplo, como parte de la 'Guerra de las Galaxias', para la atmósfera superior y para controlar la comunicación. Dicha investigación se considera seriamente dañina para el medio ambiente y puede tener un impacto inconfundible en la vida de las personas."*

En este punto, se deben agregar dos comentarios adicionales en los que se intenta llamar la atención sobre los peligros asociados con HAARP: *"El programa de manipulación del clima no está combatiendo el 'calentamiento global', los desastres naturales y el clima extremo, sino más bien promovido y realizado artificialmente en primer lugar! ... El control total del clima tiene efectos fatales en el medio ambiente y la salud. ¡Una guerra contra el hombre y la naturaleza! El clima se convirtió en un arma ..."*[299]

"Dado que HAARP utiliza la ionosfera como espejo, en principio puede llegar a toda la tierra. ... Durante los últimos 10 años, el desastre climático ha seguido al desastre climático, comenzando con el inusualmente violento El niño en 1989. Desde entonces, el clima global ha sido caótico, y El niño es más frecuente y más violento de lo normal. Ahora es sorprendente que la planta HAARP a gran escala se construyera y se pusiera en operación de prueba inicial en Alaska exactamente en este momento, tal como esas plantas se construyeron y probaron en ese momento en la antigua Unión Soviética ... Estas manipulaciones atmosféricas son características asociado con síntomas físicos: predominante inquietud fuerte, trastornos gastrointestinales, dolor de cabeza y

de ojos y depresión, que se observaron como típicos en varias condiciones de manipulación climática."[300]

La tecnología detrás de HAARP tiene una historia que se remonta a la década de 1940 y comenzó en Alemania durante la Segunda Guerra Mundial. Esta técnica fue adoptada y desarrollada por los rusos después del final de la guerra, y más tarde también por los estadounidenses. Estas son antenas grandes con las que puede generar las llamadas ondas ELF a gran escala. Las frecuencias emitidas por tales sistemas HAARP son particularmente peligrosas si están en resonancia con la frecuencia de la tierra, que alguna vez fue a 7.8 Hz, pero ahora se dice que está en frecuencias más altas.[301] Si las ondas emitidas están en el rango de frecuencia de la tierra, los terremotos pueden desencadenarse en áreas específicas, simplemente por el hecho de que incluso las vibraciones relativamente pequeñas de la corteza terrestre son suficientes para destruir el equilibrio inestable. Cuanto más cercana sea la frecuencia de las ondas emitidas a la frecuencia de resonancia, mayores serán las amplitudes de vibración de la corteza terrestre en el área propensa a terremotos.

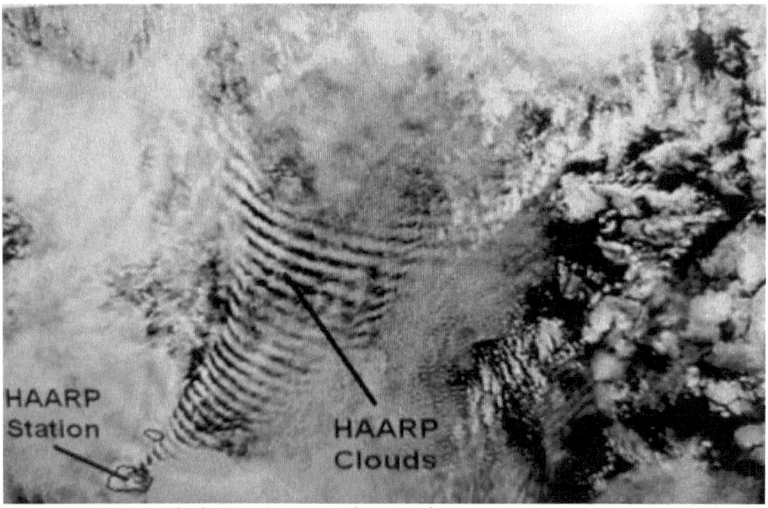

Figura 31: Foto de la NASA: puede ver claramente cómo se crea el patrón de nubes HAARP desde una estación HAARP.

Figura 32 Patrón de nubes sobre Fukushima poco antes del brote del tsunami en 2011 (imagen tomada de , detalles, ver sección "Tsunamis - ¿Hecho por el ser humano?" [302])

Figura 33: Patrones de nubes permanentes generados por grandes sistemas de radar (HAARP).[303]

Figura 34: Patrón de nubes estacionarias: Imagen de satélite de la Península Ibérica. La flecha marca ondas y costillas que permanecen firmemente en su lugar, como si se mantuvieran en su lugar. Del mismo modo, el área en el extremo derecho.[304]

Figura 35: Patrones de nubes permanentes generados por grandes sistemas de radar (HAARP).[305]

Figura 36: Formación de nubes peculiares sobre Dortmund el 7 de mayo de 2019, 8 p.m.

Se dice que los patrones de nubes similares a los mostrados en las Figuras 33 a 35 se vieron en el cielo poco antes del tsunami en Fukushima en 2011 (Figura 32; más sobre este tema en la sección "Tsunamis - ¿hecho por el ser humano?"). *"Las ondas HAARP pueden aumentar e intensificar de manera similar las vibraciones en la placa de tierra."*[306]

Para asegurarse de que el *"cielo metalizado"*[307] como espejo de reflexión, generado por las estelas químicas, esté siempre listo para su uso, debe rociarse una y otra vez, lo que obviamente también sucede. Debido a que las partículas de metal se hunden gradualmente en la superficie de la tierra y el *"cielo metalizado"* se disuelve, lo que en la práctica puede tomar hasta un año, pero a veces también ocurre mucho más rápido, dependiendo del clima, los vientos y la ubicación. Este hundimiento en la superficie de la tierra tiene lugar naturalmente cuanto más rápido, más grandes son las partículas de metal. Esta es una razón por la cual los tamaños de partícula se seleccionan en el rango de nanómetros. Otro aspecto es que las partículas de tamaño nanométrico pueden ingresar a las células humanas sin obstáculos.

Durante la Guerra Fría no sólo hubo una carrera armamentista en el campo de las armas nucleares, sino también una carrera armamentista en el campo de las armas de radiación. Se construyeron enormes sistemas de antenas que podían irradiar cantidades gigantescas de energía. *"Los rusos comenzaron muy temprano con estas enormes antenas... luego trataron de crear terremotos en Los Ángeles y en la ciudad; funciona de tal manera que puedes "hacer cosquillas" a los terrones de tierra que encuentras con vibraciones durante tanto tiempo, con vibraciones de muy baja frecuencia, que puedes causar algo como esto* (terremotos)*."*[308] Los rusos comenzaron sus pruebas de radiación con sistemas de radar ordinarios, pero luego planearon un enorme sistema de antenas en la zona de Chernóbil, que incluiría 10 enormes antenas de microondas de 150 m de alto y 600 m de largo con un radio de 35 km.[309] Se planeó la construcción de 16 plantas de energía nuclear para suministrar las gigantescas cantidades de electricidad necesarias.[310] *"Los rusos sufrieron un grave accidente tras emitir grandes cantidades de radiación, lo que causó un gran revés (response). Una instalación de almacenamiento de desechos nucleares fue volada y grandes áreas de Rusia fueron contaminadas."*[311]

Figura 37: la formación de nubes peculiar sobre Dresden el 5 de agosto 2019 mil 8:35

El 25.6.2012 apareció en www.chemtrail.de un artículo titulado: "La verdadera causa del desastre de Chernóbil", de Werner Altnickel, que ilumina esta tragedia en detalle y explica los antecedentes. Este artículo, apoyado por las pruebas pertinentes, describe la mencionada declaración sobre el accidente de Chernóbil del 26 de abril de 1986. Si esto es cierto, entonces los medios de comunicación nos han mentido a lo largo de los años. Porque la versión oficial de la causa del accidente de Chernóbil es que fue el resultado de una prueba realizada por un ingeniero responsable sin cumplir las normas de seguridad. Esta versión oficial fue determinada en su momento por funcionarios de la KGB.

Tsunamis - ¿hecho por el ser humano?

" La destruccion de la tierra por causa de terremotos, tsunamis, inundaciones y tifónes... und maquina de despoblación del 'nuevo orden mundial', para eleminar a la mayoria de lps seres humaos, como nombrado en la ultima guia de Georgia" [312,***********]

"Ahora que podemos hacer las siguientes cosas: abriendo volcanes, causando tsunamis, abriendo agujeros en la capa de ozono, dirigiendo tormentas, debemos asegurarnos de que estas técnicas no se utilicen. [313] ¿Podemos causar tsunamis? ¿Es eso cierto? Sí, es posible; porque si es posible desencadenar terremotos artificialmente (véase la sección "HAARP - el corta-todo en el cielo"), por ejemplo bombardeando zonas propensas a terremotos

*********** "NO HAY CÁNCER EN LA TIERRA - DEJAR ESPACIO PARA LA NATURALEZA - MANTENER A LA HUMANIDAD POR DEBAJO DE 500.000.000 EN CONSTANTE EQUILIBRIO CON LA NATURALEZA" (Inscripción original: „BE NOT A CANCER ON THE EARTH – LEAVE ROOM FOR NATURE – MAINTAIN HUMANITY UNDER 500.000.000 IN PERPETUAL BALANCE WITH NATURE", Inscription in the Georgia Guide Stones)

con ondas ELF seleccionadas en resonancia con la frecuencia de la Tierra, entonces esto es ciertamente también posible en relación con las zonas propensas a terremotos en el lecho marino. *"Las ondas ELF pueden ser usadas para desencadenar terremotos. Las ondas ELF oscilan en el suelo y hacen que vibre. En la frecuencia correcta, pueden tener efectos devastadores",*[314] especialmente cuando estas frecuencias se seleccionan en resonancia con la frecuencia terrestre, entonces las amplitudes de oscilación en las regiones en peligro de terremotos pueden aumentar masivamente hasta que hay una reducción repentina de las tensiones internas entre las placas tectónicas adyacentes, que luego se manifiesta en un terremoto. Si tal descarga de voltaje es causada en algún lugar del fondo del mar, una enorme ola puede ser disparada de esta manera, la cual se manifestada como un tsunami en las costas adyacentes del mar.

Si se tiene en cuenta la falta de escrúpulos de las fuerzas detrás de las monstruosidades descritas en este capítulo, es lógico suponer que el umbral de inhibición no debe ser demasiado alto para probar o utilizar estas posibilidades técnicas en experimentos prácticos.

En el video[315] de YouTube citado al principio, se supone que el tsunami que causó el desastre nuclear en Fukushima fue provocado por el hombre y provocado por las actividades de HAARP. Y la imagen del cielo sobre Fukushime inmediatamente antes del tsunami se parece a una capa de nubes cambiada por las actividades de HAARP, ver Figura 32. El motivo que respalda la tesis de que el tsunami podría haber sido causado por las actividades de HAARP también incluido:[316] *"El ministro de finanzas japonés dijo en una entrevista que Japón ha eliminado todos los límites para los fondos de cobertura, es decir, todo el mundo financiero, porque las centrales nucleares japonesas fueron chantajeadas con un arma contra terremotos. Estas declaraciones son más antiguas que los últimos terremotos en Japón y prácticamente prueban que esta es la verdad."*[317] Brigitta Zuber mencionó lo mismo en el video[318]: *"...entonces él* (el ministro de finanzas japonés) *dijo, 'porque Japón fue amenazado por un arma de terremoto'. Di la conferencia el 1 de septiembre de 2009, y recuerdo haber dicho Cuando escuchen sobre terremotos y cosas similares en el futuro cercano, entonces recuerden lo que se dijo aquí en esta conferencia y escúchenlo con otros - o véanlo con otros ojos. Poco después llegó Haití, y luego comenzó; llegaron noticias cada vez más horribles. Y en el caso de Haití, Chávez también ha hecho público que cree que no surgió de forma natural. Y cuando ves dónde fue el terremoto; se detuvo en las fronteras de Haití, se detuvo. También tenemos imágenes en las que el cielo está cargado electromagnéticamente, en toda Inglaterra, y se detiene en las fronteras de Inglaterra; es como si se hubiera cortado, se ha puesto en su sitio. Entonces, tenemos todo eso, y ellos lo hacen. No es sólo circunstancial, lo hacen."*

En apoyo de la tesis de que el tsunami de Fukushima en 2011 fue provocado por el hombre, el vídeo[319] presenta a un hombre que *"explica que la Universidad de Alaska poseía un servidor y recogía datos de las actividades del HAARP y se puede ver claramente que antes de Fukushima, es decir, justo antes de él, había pulsaciones a ciertos intervalos y en ciertas frecuencias, lo que nunca antes había sucedido, y después de eso no había nada, no en ese estilo". Y después de Fukushima, simplemente aplastaron ese servidor, y ahora los datos ya no están ahí. Pero lo grabó en ese entonces, así que compruébalo."*[320]

Hay datos de medición de un magnetómetro de compuerta de flujo operado desde una estación en Gakona, Alaska. Con este magnetómetro fluxgate se registra la fuerza del campo magnético. La figura 32b muestra el campo magnético registrado en la proximidad temporal del terremoto que desencadenó el tsunami: desviaciones extremas *"inmediatamente antes y durante el terremoto del 11 de marzo de 2011 a las 05:46 UTC."*[321] Además, un dramático calentamiento de la atmósfera sobre Japón en el tiempo antes de que se registrara el terremoto, medido en la radiación infrarroja sobre el epicentro del terremoto en los días anteriores con un maxi-mum, tres horas antes del terremoto, ver Figura 32c.

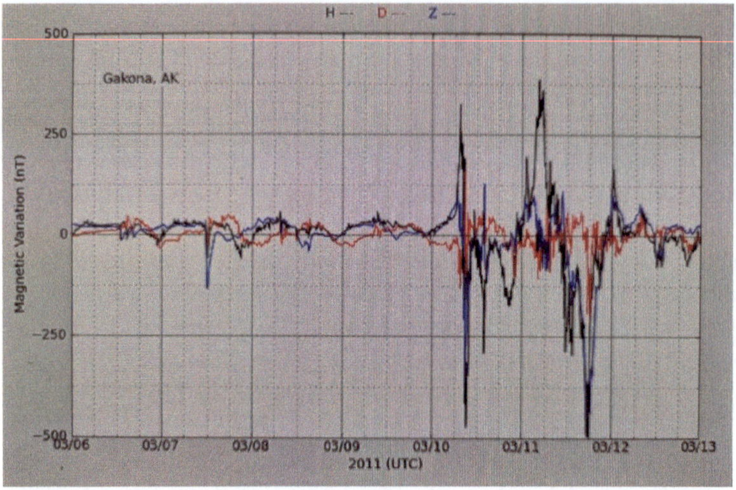

Abbildung 32b Medición del medidor de presión HAARP Fluxgate en Gakona, Alaska. Erupciones extremas *"inmediatamente antes y durante el terremoto del 11 de marzo de 2011."*[322]

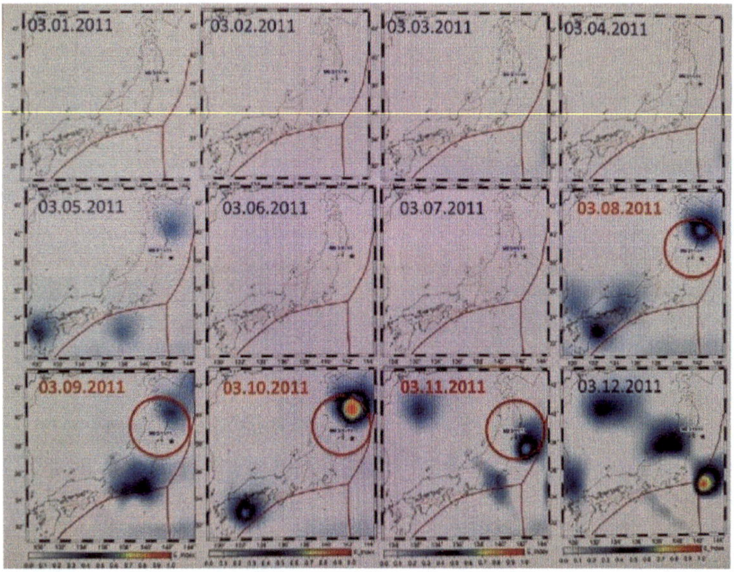

Abbildung 32c: Las mediciones de la radiación de onda larga saliente *"... del 1 al 12 de marzo de 2011 muestran anomalías inusuales sobre el epicentro del terremoto del 11.3.2011 (líneas rojas: límites entre las placas tectónicas...)"*[323]

Aquí hay un comentario:[324] *"La pregunta que surge es: ¿El terremoto que desencadenó las consecuencias devastadoras, incluyendo un desastre nuclear, en Japón el 11 de marzo de 2011, es de origen natural o fue causado artificialmente? Si fue causado artificialmente, se plantea la cuestión de quién es responsable de este crimen, quién lo ordenó y quién lo llevó a cabo. Es muy probable que sólo se necesiten unas pocas personas para hacer esto. Desde esta perspectiva, se plantea la cuestión de si el momento se eligió deliberadamente en relación con otros acontecimientos mundiales (Túnez, Egipto, Libia, Siria...)."*

Esta fuente[325] también sugiere que ahora es técnicamente posible provocar terremotos por manos humanas. También sabemos que las élites no tienen reparos en poner en riesgo a un gran número de personas en sus "experimentos", a más tardar desde la divulgación por du-Deborah Tavares.[326] Entonces, aquí también, la pregunta nos ayuda: "¿Quién se beneficia de esto?" En este caso específico, beneficia a las élites financieras, que han creado un escenario amenazante y están obligando a levantar las medidas dirigidas contra ellos para controlar sus transacciones financieras en Japón, como en lo anterior cita del Ministro de Finanzas japonés.

¿Y qué secreto se esconde detrás del devastador tsunami del 26.12.2004 en el Océano Índico, que mató a unas 230000 personas? Puedes leer sobre ello en el India Daily del 29.12.04: "¿Fue este tsunami hecho por el hombre? *¿Fue un experimento generador de terremotos que se salió de control? ¿Quería una gran potencia extranjera mostrarnos de lo que es capaz? Nuestra marina está llamada a aclarar lo que realmente sucedió allí".*[327]

Y el general italiano Fabio Mini escribió en un artículo[328], *"Para ser dueño del clima. La guerra medioambiental global ya ha comenzado"* lo siguiente: *"Ya nadie cree que un terremoto, un tsunami o un huracán sean fenómenos puramente naturales. A través de la tecnología nuclear moderna, la producción de ojivas nucleares en miniatura o la abundancia de minas nucleares, uno es capaz de desencadenar explosiones subterráneas y submarinas, que a su vez pueden conducir a terremotos y tsunamis en condiciones especiales! ... Y ya en 1977, la Convención internacional ENMOD fue adoptada en Ginebra para prohibir la generación artificial de tsunamis, la apertura selectiva de agujeros de ozono, el control de tormentas y la alteración eléctrica de la ionosfera ... - ...pero ¿por qué prohibirías algo que supuestamente no existe?"*

Si se considera que las potencias que no tuvieron escrúpulos para desencadenar la guerra en Irak, con sus aproximadamente 0,5-1 millón de muertos, por lo tanto hay que suponer que estas potencias no tuvieron escrúpulos para desencadenar un "tsunami provocado por el hombre". Otras estimaciones asumen que alrededor de 2,4 millones de personas murieron en la guerra de Irak.[329]

Huracanes - ¿hecho por el ser humano?

Siguiendo con la sección *"Influencia artificial en el clima"*, ahora hacemos la pregunta: ¿es técnicamente posible hoy en día crear, controlar y amplificar artificialmente huracanes? El autor escribe en un artículo[330]: *"Estados Unidos y probablemente otros países ahora pueden influir significativamente en el clima con medidas de geoingeniería (ondas electromagnéticas / HAARP, chemtrails). Esto también se aplica a los huracanes, incluso puede controlar la dirección que toman dentro de ciertos límites y reforzarlos si es necesario. Probablemente incluso puedas crearlos ... "*

Los huracanes que azotaron a los Estados Unidos en los últimos diez, veinte años superaron con creces a los conocidos huracanes anteriores en términos de fuerza y destrucción. ¿Ayudaron los militares? Por ejemplo, Mary W Maxwell, PhD, LLB, en su artículo *"El huracán artificial Harvey: los militares pueden dirigir un huracán"*[††††††††††,331]. ¿Puede ser eso cierto? Sí, por ejemplo,

[††††††††††] „ Huracán artificial Harvey: los militares pueden controlar un huracán“

otro autor, Dane Wigington, ve esto en geoengineeringwatch.org, quien dijo en un artículo de 2010 sobre el huracán Katrina, que comenzó el 29 de agosto de 2005 y duró 11 días: 2005 La NASA realizó un experimento en el Golfo de México, llamado proyecto GRIP (Génesis y procesos de intensificación rápida), donde la NASA, utilizando HAARP, transformó una tormenta tropical (la llamaron EARL) en un huracán de categoría 4, un gran huracán que luego condujeron con éxito en el Golfo de México durante 11 días y se dirigieron directamente a Nueva Orleans. La ciudad fue destruida. Esta catástrofe fue tan devastadora porque las represas que protegieron la ciudad del mar estallaron y la ciudad se inundó de agua y decenas de miles de personas tuvieron que ser evacuadas. Como dijeron los testigos, habían escuchado previamente explosiones, después de lo cual se rompieron las presas.[332]

Hay mucho que sugiere que esta catástrofe fue un "trabajo interno" porque un especulador, un cierto Judah Hertz (Hertz Investment Group), había realizado anteriormente propiedades o compras de propiedades en Nueva Orleans a precios bajos, especialmente en Zonas donde vivía la población más pobre y que habían sido evacuadas por completo después del desastre. Esto levanta la sospecha de que este especulador pudo haber tenido conocimiento previo de la inminente catástrofe, como también se sabe en el caso del 11 de septiembre:[‡‡‡‡‡‡‡‡‡‡‡] "*Al igual que Silverstein, las dos torres del World Trade Center en Nueva York seis semanas antes, Hertz compró muchos bienes inmuebles en Big Easy cuando sus precios eran bajos poco antes de Katrina."*[333]

Eva-Maria Griese escribe en un artículo[334]: *"Clima extremo como arma: el clima mundial como laboratorio de pruebas: ¿Harvey e Irma fueron creados artificialmente?". "Se supone que los huracanes 'Harvey' e 'Irma' son el resultado de la geoingeniería.*

---

‡‡‡‡‡‡‡‡‡‡‡ El 24 de julio de 2001, Silverstein había firmado un contrato de arrendamiento por 99 años para las dos torres gemelas WTC1 y WTC2 y para el WTC7, todo lo cual había sido destruido en el desastre del 11 de septiembre, y para el cual aseguró una suma de 4, Recaudó $ 6 mil millones. (Wikipedia)

Esta acusación ahora se plantea cada vez más ". Continúa:" Estos sistemas de tormenta masivos, posiblemente reforzados artificialmente, que se supone que prueban dramáticamente los peligros del cambio climático global, obviamente están directamente dirigidos al POTUS (Presidente de los Estados Unidos). El cambio climático supuestamente provocado por el hombre es más un modelo de negocio en forma de indulgencias. Los derechos de contaminación hacen negocios dudosos, pueden comprarse y venderse e incluso negociarse en la bolsa de valores. La cancelación de Trump del acuerdo climático ahora amenaza a estos negocios lucrativos, de los cuales las corporaciones en particular se han beneficiado a través del comercio y los países a través de los impuestos al CO2".

Agujero de ozono - ¿hecho por el ser humano?

El agujero de ozono sobre la Antártida, que se midió por primera vez en la década de 1970, se atribuyó oficialmente a los efectos de los hidrocarburos clorados con flúor.[335] Pero, ¿no podría ser que la contaminación ambiental en la estratosfera de los chemtrails[§§§§§§§§§§§] también jugó un papel aquí? Entonces podemos leer en la página *http://www.sauberer-himmel.de/untersuchungen/*: *"Así que al menos ahora sabemos que los chemtrails tienen una influencia sensible en la formación de ozono y que esta podría ser la razón por la cual por qué el sol tiene actualmente una radiación tan dura. Y quién sabe, tal vez los tecnócratas destruyeron la capa de ozono en sus muchas pruebas de campo anteriores, por lo que ahora tienen que rociar como locos para que la capa de plasma técnica detenga la fuerte radiación del sol."*

§§§§§§§§§§§ Incluso si la fumigación masiva (chemtrails) en los EE. UU. Solo comenzó en los años 90, y en Alemania solo desde 2003, hubo primeros experimentos como este en 1978 (ver sección "Chemtrails -*'La sopa química'* en el cielo").

Rosalie Bertell lo describe aún más específicamente en su libro "War Weapon Earth"[336]: *"El 25 de julio de 1990, el ejército de los EE. UU. Lanzó un satélite que contenía 16 grandes y 8 pequeños botes de productos químicos, especialmente bario y litio* (según 'Registro de las Naciones Unidas de Objetos Espaciales'). *Sus contenidos se liberaron a la atmósfera de la Tierra a intervalos de 32 kilómetros,* ***solo por encima de la capa de ozono.*** *Estas actividades se repitieron a mayor escala y a una altitud diferente en enero de 1991 ..."* (letra en negrita del autor)

"Durante un período de más de 50 años, se llevaron a cabo experimentos que influyeron en el clima en los que se liberaron sustancias químicas a la atmósfera y, por lo tanto, desencadenaron reacciones, ... Las sustancias químicas que se arrojaron a la atmósfera de la tierra incluyeron azida de bario, clorato de bario, nitrato de bario , Perclorato de bario y peróxido de bario. Todos ellos son inflamables y la mayoría tienen un efecto destructivo en la capa de ozono. Solo en 1980, alrededor de 2000 kilogramos de productos químicos fueron liberados a la atmósfera." (" BertellWreckingDeutsch.pdf ", ver también https://www.weather-modification-journal.de/dr-rosalie-bertell-2010-wie-unserer-planet-langsam-zum-wrack-gemacht-wird/).

Los autores del video *"Der OZON-SCHWINDEL - ..."*[337] tienen una visión ligeramente diferente del problema del agujero de ozono: el "agujero de ozono" sobre la Antártida no es nada nuevo, pero a veces retrocede, a veces aumenta, dependiendo de la temporada, que es el resultado de la redistribución del ozono en la estratosfera. La cantidad total de ozono prácticamente no cambiaría. Esto significa que el "agujero de ozono" no es causado principalmente por CFC, como se estableció oficialmente (protocolo Montreal), sino que se debe a una redistribución natural del ozono dentro de la estratosfera. Si este resultado, que los investigadores de la NASA y un grupo ruso de geofísicos han encontrado usando datos satelitales, es correcto, entonces la prohibición mundial de CFC establecida en el Protocolo de Montreal de 1987 fue un gran error. Esta prohibición resultó en el reemplazo global de equipos de refrigeración y condujo a un gran aumento de ganancias para esta industria. Cabe mencionar aquí que incluso antes de que se firmara el protocolo Montreal, había datos satelitales disponibles que correspondían a los hallazgos anteriores, pero que no se tuvieron en cuenta. La industria de la protección solar también se beneficia del Protocolo de Montreal. *"Durante años, hemos creído que el sol es una de las principales razones del cáncer de piel, mientras que en realidad son estas cremas las que pueden causarlo porque contienen sustancias poco saludables con muchos efectos secundarios. Algunos de ellos contribuyen al desarrollo del cáncer. No solo eso, también puede tener un grave impacto en el ADN. No hace mucho tiempo, la NASA anunció que la capa de ozono comenzaba a recuperarse lentamente. ¿Es posible que la NASA haya hecho esto porque muchos científicos han comenzado a descubrir la gran mentira del agujero de ozono? Pero lo peor es que el miedo a tomar el sol se ha quedado en nuestras mentes debido a la supuesta desaparición de la capa de ozono. Se espera que algún día volvamos a ver los grandes beneficios del sol, que la gente siempre ha tratado de ocultarnos."*[338] Con respecto al daño a la salud mencionado en esta cita que es causado por tales cremas, se hace referencia al libro educativo de M. Schimmelpfennig[339]. Sin olvidar, la reducción de la radiación solar en la Tierra causada por la pulverización generalizada de productos químicos sobre nuestras cabezas, así como la exposición reducida de la radiación solar a nuestra piel a través de cremas de protección solar, disminuye la influencia positiva de la radiación solar en nuestra salud y bienestar, psicológicamente y físicamente. Psicológicamente, porque el brillo y los rayos del sol son los mejores remedios para la depresión, físicamente porque los rayos del sol son el medio natural crucial para producir la vitamina D vital. *"El sol también hace maravillas para prevenir la osteoporosis, el ablandamiento óseo, la diabetes, la hipertensión, la demencia, la esclerosis múltiple, la susceptibilidad a las infecciones o los trastornos inmunes". Con la ayuda del sol, muchas personas supuestamente con enfermedades terminales pueden recuperarse."*[340]

Incendios forestales - provocados por el ser humano

California y Atenas:

Bajo el título "Experimentos de población: un segundo 11-S", en mi libro anterior "2025 - El penúltimo acto"... (páginas 204 y siguientes), me había ocupado de los "incendios forestales" que tuvieron lugar en California en octubre de 2017 y noviembre de 2018 y en Atenas el 26 de julio de 2018. Los resultados de estos incendios forestales se muestran de manera ejemplar en las figuras 23 a 26. Estos tres desastres, descritos en los medios de comunicación públicos como incendios forestales, fueron probablemente causados por aviones especiales. El bosque no se quemó realmente en estos "incendios forestales", pero las paredes y los edificios se atomizaron y los coches se fundieron, mientras que otros edificios de los alrededores no mostraron ningún daño. Había corredores de destrucción, lo que es completamente atípico para los incendios forestales. La figura 38 muestra cuatro edificios, tres de los cuales han sido destruidos hasta las paredes de los cimientos, pero el cuarto está todavía completamente intacto.

El video[341] cita al servicio de inteligencia militar diciendo que probaron armas de rayos láser y de partículas, llamadas DEW, que fueron montadas en aviones.

La figura 39 muestra un cañón láser montado en la nariz de un Boeing para objetivos en la dirección de vuelo y en todas las direcciones arriba, abajo y a los lados de la aeronave, la figura 40 un cañón láser montado **debajo** de un Boeing. Las pistolas láser también pueden ser montadas en, drones.

Figura 38: Destrucción de Santa Rosa, octubre de 2017: Se ven claramente tres edificios destruidos hasta las paredes de los cimientos, mientras que el cuarto, edificio adyacente, todavía parece completamente intacto. Y los árboles de alrededor están completamente intactos.[342]

Figura 39: Pistola láser montada en la nariz de un Boeing.[343] El cañón láser puede girar 360° alrededor del eje longitudinal de la aeronave y al menos 180° alrededor del eje perpendicular a la dirección de vuelo,[344] de modo que puede disparar a objetivos en la dirección de vuelo, así como hacia arriba, hacia abajo y hacia el lado de la aeronave.

Figura 40: Cañón láser, montado debajo[345] de la aeronave, para objetivos fijos y móviles en tierra. Lo que es especial: la activación del cañón láser se realiza sin emisión de luz o sonido, por lo que no se descubre cuando se usa.

América del Sur:

Fue diferente con los incendios forestales en América del Sur y África Central a fines de agosto de 2019, que ciertamente no fueron causados por armas de radiación. Es más probable que continúe la tala y quema de los últimos años, por un lado para obtener más superficie para combustibles agrícolas,[346] y por otro lado para dejar espacio para las plantaciones de palma aceitera.[347] También hay operaciones de tala y quema por parte de los agricultores para obtener tierras cultivables para la próxima siembra y fuego para quemar desechos.

Lo que sí está claro, sin embargo, es que los incendios forestales de América del Sur están siendo utilizados por los medios de comunicación públicos para hacer hincapié en el "cambio climático provocado por el hombre" y para mantener y aumentar el miedo en la mente de las personas. Estos incendios han sido el tema principal de las noticias de servicio público, y los comentarios han asumido repetidamente un vínculo con el cambio climático provocado por el hombre, enviando la escala de estos incendios forestales a las salas de estar de la gente con impresionantes imágenes de satélite. Las áreas donde los incendios estaban ardiendo se resaltaron en rojo brillante. El mensaje: debemos hacer algo al respecto y actuar con rapidez. Las enormes cantidades de CO2 producidas por estos incendios anularán todos nuestros esfuerzos por salvar el clima. Y no lograremos el objetivo climático (limitar el aumento de la temperatura global a un máximo de 1,5 grados). Esto alimentará aún más los temores del público sobre la inminente crisis climática. En focus.de el 24 de agosto de 2019, se podía leer: *"Este año Brasil tiene más incendios forestales que nunca."* Pero aparentemente esto no es cierto. En los años 2002 a 2010, el número de incendios contabilizados anualmente en el Brasil fue más o menos comparable (2002 y 2006) o incluso superior (2003, 2004, 2005, 2007 y 2010)[348]. Esta fuente citada también afirma que las imágenes de satélite proporcionadas por la NASA fueron procesadas de tal manera que las zonas visibles de fuego se intensifican ópticamente de manera desproporcionada y se marcan en rojo para dar la impresión de enormes incendios forestales que han encendido una gran parte del Brasil y sus países vecinos. Por ejemplo, toda la parte sur del vecino estado de Paraguay parece estar ardiendo en imágenes satelitales que se pueden ver en Internet, ver Figura 41. Sin embargo, las imágenes actuales de Paraguay contradicen un escenario de horror en el que no se ven grandes incendios en el centro de esta área marcada en rojo sobre Paraguay[349] en un radio de unos 200 km, sino principalmente pequeñas columnas de humo en las que los habitantes queman sus desechos.

Otro aspecto también es interesante. Estos incendios forestales están siendo utilizados para crear un ambiente en Brasil contra el Presidente Jair Bolsonaro, quien ha estado en el cargo desde principios de 2019. *"Como Trump, Jair Bolsonaro está en contra de la dictadura corporativa globalista. Ambos rechazan el acuerdo comercial neoliberal "Mercosur". También se han posicionado contra el pacto de migración y el acuerdo climático de París. Con esta política, se oponen al establecimiento y hacen enemigos poderosos. El hecho de que la red de ONG Soros, los medios de comunicación y la prominencia climática Bolsonaro lo eligieran inmediatamente como el gran chivo expiatorio es un golpe para eliminarlo políticamente."*[350] Es importante saber que las ONG son la vanguardia de la guerra, la violencia y el terror.[351]

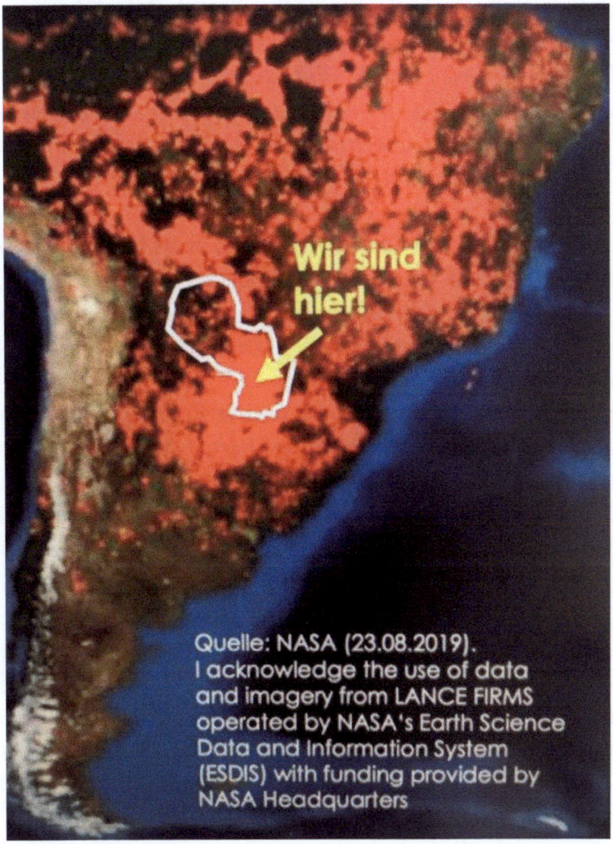

Figura 41: Mapa de América del Sur,[352] en el que los incendios registrados por los satélites han sido marcados con puntos rojos. El área rodeada por una línea blanca es Paraguay, donde todo parece arder en la mitad sur.

Australia:

Los incendios forestales también siguen causando estragos en Australia. La mayoría de estos incendios son causados por incendios provocados, y la sequía que prevalece allí cada verano favorece adicionalmente a los incendios. El informe de noticias de ZDFheute culpa a las sequías que han estado asolando muchas partes de Australia durante años y lo presenta como una consecuencia del **cambio climático.**[353] ¿Pero es realmente así? Australia es conocida por el hecho de que cada año durante la temporada de calor hay enormes incendios de arbustos. Pero en 2019/2020 los incendios de arbustos son de una nueva calidad. ¿Pero qué pasa con el cambio climático? Un rotundo NO. *"La línea oficial que se está implantando en la gente es que la razón (la peor sequía) se dice que es el cambio climático y el calentamiento global. Esto es lo que el gobierno ha estado presionando a través de los medios, pero no es cierto, amigos. En realidad, esta situación ha sido deliberadamente fabricada por el gobierno."*[354]

Estos incendios forestales son en su mayoría provocados por el hombre, especialmente los incendios provocados. En 2019/2020, estallaron **en tantos lugares desarticulados al mismo tiempo, lo que indica que estos incendios fueron planeados,**[355] deliberados y concertados. Se sabe de varias fuentes que 100 o casi 200[356] pirómanos fueron arrestados. Bueno, se podría decir que también ha habido pirómanos en los últimos años. Pero este año también hay una razón, quieren mostrar claramente a la gente que el calentamiento global es real y quieren profundizarlo a través del instinto de miedo en el cerebro de las personas. Pero no sólo eso, la pregunta "¿Quién se beneficiará de ello?" también ayuda aquí. También hay intereses económicos detrás de esto. Una gran parte de Australia oriental sufre una grave sequía, en la que los ríos se están secando en gran medida, causada por la construcción de muchas presas por parte de inversores privados/corporaciones, pero pagadas en gran parte por los contribuyentes[357] Esto ha llevado a la desecación de muchos de los ríos que solían suministrar agua al este de Australia. Esta entrada en el sitio web de MIMIKAMA[358] deja claro lo lejos que ha llegado la escasez de agua en estas partes de Australia: *"Según AFP, dos incendios más se han fusionado en un gran incendio. El Servicio de Bomberos de Australia estima que las tormentas secas y una fuerte tormenta también alimentaron el fuego. La situación en Australia es deprimente. Por el momento se está yendo tan lejos que los francotiradores dispararán 10.000 camellos compitiendo con la gente por la poca agua en las zonas secas".*

Las presas citadas anteriormente se utilizan principalmente para el suministro de agua a la industria del fracking,[359] que ha experimentado un gran auge en Australia en los últimos años. Otro punto es que gran parte de estos incendios ocurrieron principalmente en áreas donde se va a construir una línea ferroviaria de alta velocidad. Las personas que han vivido allí serán expulsadas por los incendios. Quieren trasladar a estas personas afectadas por los incendios a otras áreas, y quieren evitar que regresen a sus hogares para reconstruirlos. En Zeit.de, podría leer: *"240,000 personas pidieron evacuar, si usted debe, debe abandonar su hogar, las autoridades australianas están pidiendo la evacuación. Según el primer ministro Morrison, no hay perspectivas de que se ponga fin a la crisis de incendios."*[360] Otra razón para los incendios deliberados podría ser la línea de alta velocidad planificada en el suroeste de Australia.[361]

Este proyecto de reasentamiento planificado se descarta como una teoría de conspiración, como puede leerse en la ya mencionada página de hechos de MIMIKAMA: *"Los incendios en California desde 2018 así como los actuales incendios en Australia no tienen nada que ver con las respectivas líneas de alta velocidad. Las fotos conjuntas publicadas como supuestas pruebas (figura 42) son demasiado pequeñas y están demasiado comprimidas para hacer una declaración seria."*[362] La figura 43 muestra un mapa en el que las zonas de fuego y la línea de alta velocidad prevista están directamente alineadas. Después de esta comparación de mapas, MIMIKAMA afirma *"que casi no hay superposición entre las dos áreas."*[363] Forme su propia opinión, querido lector, que puede ser cierta, la afirmación de que los incendios fueron colocados deliberadamente para evitar la esperada resistencia de la población contra la línea de ferrocarril planeada. O que esta afirmación no tiene sentido.

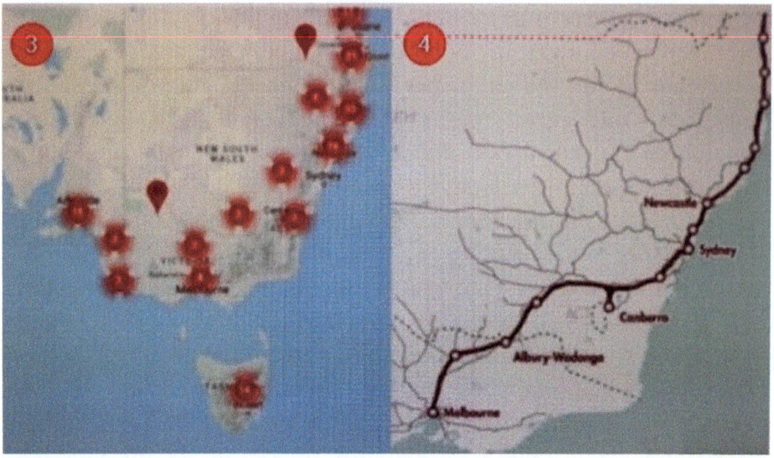

Figura 42: Comparación de los incendios forestales más grandes (imagen de la izquierda) con la línea ferroviaria de alta velocidad prevista (imagen de la derecha).

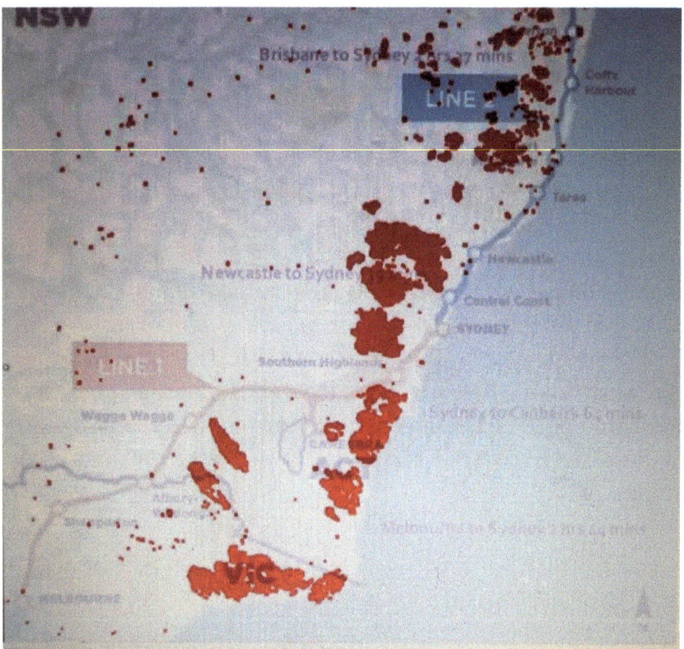

Figura 43: Línea ferroviaria de alta velocidad planificada y incendio forestal registrado (color rojo) superpuesto.

Estoy más inclinado a la afirmación original de que los incendios tienen algo que ver con la creación de hechos que deberían crearse condiciones, no solo para la línea de ferrocarril planificada de alta velocidad, sino que hay un proyecto mucho más grande detrás, AGENDA 21 y AGENDA 2030, es decir para sacar a las personas del país y acercarlas a las ciudades para un mejor control. (vea la Parte 1 de esta trilogía, sección „Bringt jeden in die Nähe der Städte“[364]).*"Utilizan el ejército para ocupar territorios e impedir que la gente regrese a sus hogares. Así que lo que están haciendo aquí con estos incendios es que están echando a todo el mundo fuera del país ... Y si usted hace problemas, la policía federal australiana simplemente los eliminará porque usted está en un lugar que es peligroso para su salud debido al* ***cambio climático****. Los militares ocuparán el área e impedirán que la gente regrese a sus hogares. Eso es lo que están planeando, gente. Y están mostrando al mundo cómo hacerlo. Y eso es lo que se puede esperar en la mayoría de los países. Los gobiernos locales de Australia siempre reciben sus órdenes de la asociación comunitaria, que recibe sus instrucciones directamente de las Naciones Unidas. Esta es la AGENDA 21. Esto es lo que está pasando aquí, gente, y lo que está planeado."*[365] (Impresión en negrita del autor)

5. Control mental y transhumanismo

"Parece que usted (la cábala) necesita la IA (Inteligencia Artificial) y el transhumanismo para mantener un ciclo de vida, para trabajar con seres draconianos y modificar genéticamente a la humanidad para convertirse en esclavos del trabajo."[366] (Laura Eisenhower, bisnieta del 34° Presidente de los EE.UU.)

Deprimido por la comunicación

"Nunca antes la gente ha sido informada de manera errónea y engañosa sobre un tema de política de salud y medio ambiente a través de una estrecha cooperación entre la economía, la política y los medios de comunicación como en el caso de la radio móvil ... Y todos aquellos que afirman que los límites legitimados por la pseudociencia protegen nuestra naturaleza y salud son inexpertos o mienten. Sólo hay estas dos posibilidades. Y si unas cuantas personas más no se despiertan ahora y nos ayudan a cambiar la marea, pronto estaremos todos sentados juntos en la jaula de radiación mortal de una prisión digital, por supuesto sin dinero..."[367]

Anke Kern expresó estas dramáticas palabras en su presentación en la 16ª Conferencia Anti-Cirugía (AZK): ¿Es eso exagerado? Vayamos al fondo del asunto. En los últimos decenios se han creado los requisitos técnicos para una comunicación ilimitada, visible para todos en las antenas de radiación instaladas en todo el país. Nos han dado las bendiciones de una comunicación ilimitada en forma de recepción de teléfonos móviles y uso de Internet inalámbrico, pero al mismo tiempo, lo que explicaremos a continuación, la maldición del declive inicial de nuestras capacidades mentales y psicológicas y la destrucción de nuestra salud física. Incluso en condiciones normales de funcionamiento, sin más manipulación, representan un peligro para la salud. Lo que tampoco solemos saber es que la exposición a la radiación de los teléfonos móviles es extremadamente alta; la densidad de flujo de potencia en el oído es en promedio de 2000 μW/m², a veces mucho más alta. Por lo tanto, representa un peligro potencial para la salud si se utilizan frecuentemente los teléfonos móviles; la Asociación Médica Alemana recomienda una densidad de flujo de potencia máxima permitida de 1000 μW/m².[368] Tampoco se sabe que hay un gran número de patentes que permitirían reducir significativamente la radiación de los teléfonos móviles (!) sin afectar a la telefonía. Estas patentes están en el cajón de los operadores de telefonía móvil y surge la pregunta: *"¿No es posible que los mismos inversores estén activos en la industria de la telefonía móvil que en la industria farmacéutica?"*[369]

También es digno de mención que los valores límite superiores permitidos en Alemania son varias potencias de diez más altas que el valor máximo recomendado por la Asociación Médica Alemana:[370]

Asociación Médica Federal: 1,000 μW / m²
UMTS: 10,000,000 μW / m²
Red D: 4,500,000 μW / m²
Red eléctrica: 9,000,000 μW / m²

En un estudio científico realizado entre 2006 y 2016 se investigó la conexión entre los daños inusuales en los árboles y la radiación de los teléfonos móviles en dos ciudades alemanas (Bamberg y Hallstadt).[371] *"Particularmente llamativo es el daño unilateral a las copas de los árboles que no es causado por sequías, heladas, ataques bacterianos o virales, hongos, contaminación del aire o del suelo, etc. 60 árboles dañados mostraron una clara diferencia entre los valores medidos de la radiación de los teléfonos móviles en el lado del transmisor y el lado opuesto. En la dirección del transmisor del teléfono móvil, los valores medidos estaban entre 80 y 13.000 μW / m2 , en el lado opuesto entre 8 y 720 μW / m2 . En todos los casos hubo contacto visual directo con un radiotransmisor móvil desde el lado dañado."* Esto significa que exposiciones a la radiación de 80 y 13.000 µW / m2 han causado daños duraderos en las copas de los árboles, valores que están tres órdenes de magnitud por debajo de los límites superiores permitidos en Alemania (véase más arriba). Esto es *"una prueba más de que los límites legales protegen la arbitrariedad de la industria y no la salud de la población y la naturaleza y, por lo tanto, son un claro engaño a la población."*[372]

Y ahora se está poniendo realmente feo; porque los dispositivos técnicos de radio móvil se pueden usar directamente como las llamadas armas de radiación mediante la modulación de las llamadas ranuras de baja frecuencia, p. Pulsos de 8,34 Hz y 2 Hz. Estas frecuencias están en el llamado "rango de Schumann", *"que es la frecuencia de resonancia de la tierra, y también del cerebro humano. Cierta información ahora puede ser modulada en esta frecuencia de Schumann; si utiliza el patrón de frecuencia cerebral de las personas deprimidas, por ejemplo, el cerebro de la persona irradiada resonará y la persona afectada se pondrá deprimida."*[373]

Varias bandas de ondas cerebrales en el llamado rango ELF, que se extiende de 1 a 100 Hz, son características de la forma en que funciona el cerebro humano:[374]
Ondas delta (1-3 Hz): sueño profundo, coma
Ondas theta (4-7 Hz): hipnosis, trance, sueño
Ondas alfa (8-12 Hz): meditación, relajación
Ondas beta (13-40 Hz): vigilia a la máxima excitación.

La radiación en estos rangos de frecuencia puede desencadenar cambios psicológicos en las personas. La energía pulsada, es decir, los pulsos que ocurren a intervalos regulares, en particular en el rango de 1 Hz a 50 Hz, representan un peligro para los humanos. Para el corazón humano, es pulsos de 1 Hz. Los pulsos de 1-3 Hz influyen en el patrón de sueño, los pulsos de 3-5 Hz desencadenan paranoia y alucinaciones, pulsos de 6-7 Hz, depresión, confusión y pensamientos suicidas.[375]

El conocimiento preciso de estas relaciones permite el acceso a los complejos procesos neurocognitivos que están conectados con el ser humano, la conciencia y la memoria. Cuando las frecuencias correspondientes se irradian al cerebro, los cambios en los patrones de ondas cerebrales por encima de cierta intensidad son forzados y la función cerebral se interrumpe, lo que puede conducir a trastornos graves. Esta manipulación de la función mental interrumpe las funciones neurológicas y físicas. Los efectos sobre la salud pueden ser considerables, ya que el cerebro humano y varios otros órganos trabajan con ondas electromagnéticas en el rango ELF.

Otro tipo de armas de rayos son las llamadas armas de microondas, con las que la policía también debería estar equipada o ya lo está. Estos cañones de microondas funcionan de manera similar a nuestro microondas doméstico, calentando sustancias orgánicas desde el interior, pero con mucha más energía. Como objetivo, se siente un calor insoportable que parece salir de la "nada"; es inodoro, silencioso e invisible. El alcance es de 1000 m.[376] Calienta las moléculas en la piel humana a 55 ° C. Se dice que esta arma incluso causa cáncer.[377] ¿Desencadenar el cáncer? ¿Cómo funciona? La melatonina es parte de la "policía del cáncer". Y a través del efecto de la radiación electromagnética generada técnicamente, la producción de melatonina en el cuerpo humano puede ser reducida.[378] La melatonina es también el precursor de la serotonina, la hormona de la felicidad. La reducción de la melatonina por los CEM (campos electromagnéticos) puede por lo tanto ser también la causa de la apatía, el estrés y el agotamiento, que está muy extendido en nuestros tiempos modernos.[379] Otro efecto es la apertura de la barrera hematoencefálica por los CEM pulsados generados técnicamente, lo que limita su función protectora natural y permite así que entren más toxinas ambientales en el cerebro, dando lugar a largo plazo a trastornos neurológicos, a la enfermedad de Alzheimer y a la demencia.[380]

Estas armas de microondas incluso penetran en la mampostería y se pueden usar contra manifestantes en la calle si aparecen en grandes cantidades y ya no se pueden combatir con medios convencionales de violencia.[381]

Hay una patente de EE. UU. (PATENTE DE EE. UU. 6506148 B2) "PARA MANIPULAR EL SISTEMA NERVIOSO A TRAVÉS DE LOS CAMPOS ELECTROMAGNÉTICOS DE LOS MONITORES"[382], lo que significa que, como ciudadano ordinario, desprevenido, sentado frente al televisor, en su pantalla recibe una cierta dosis de radiación en un cierto rango de frecuencia, lo cual no es bueno para usted.

"5G" y transhumanismo (agenda transhumana)

*"La batalla global por el cerebro humano ha comenzado ... Cuanto más nos alejemos del último programa MK Ultra************, más cerca estará el próximo."*[383]

La próxima generación de telefonía móvil, la red 5G, está en preparación y ya se ha instalado en algunas ciudades. La red 5G traerá una exposición a la radiación aún más alta para los humanos que las anteriores generaciones de radio móviles. Como hay resistencia y protestas en la población contra la instalación de 5G, las antenas 5G han sido parcialmente camufladas y están escondidas en lugares donde el ciudadano común no sospecha que son antenas 5G, escondidas en chimeneas, farolas, en postes callejeros poco visibles. Los activistas han encontrado que tales antenas han sido colocadas cerca de escuelas, hospitales, campos de deportes, estacionamientos frente a grandes centros comerciales, y otros lugares céntricos donde muchas personas viven todos los días. 5G es la "Internet de las cosas", sobre cuya base se puede conectar realmente todo a la red, incluidos los automóviles autopropulsados que utilizan una computadora con control remoto para conducir hasta nuestro destino ingresado sin necesidad o capacidad de intervención humana/conductor. *"Los dispositivos*

************ MK Ultra: el programa de lavado de cerebro de la CIA de la década de 1950

pueden reaccionar casi instantáneamente a las instrucciones de la red. Esto permite que un coche frene lo suficientemente rápido cuando un vehículo de delante empieza a derrapar en una curva - y pasa esta información al tráfico de detrás."[384] Sin embargo, en el peor de los casos para el conductor, el coche también podría ser apagado desde el exterior, quizás incluso tener un accidente, si el conductor se ha convertido en una perturbación del sistema.

Un titular ,en Spiegel.de:[385] *"¿Es el 5G un peligro para la salud?"* Ya en las frases introductorias se minimizan los peligros de "5G". Así que se puede leer allí: *"Para algunas personas, sin embargo, el cambio a 5G es motivo de preocupación - hay también informes dudosos e histéricos que se extienden en la red.*" Y en los 10 comentarios del artículo, había sobre todo aquellos que minimizaban los peligros del 5G. Por ejemplo: *"Incluso el agua es peligrosa si cubre toda la cabeza. y demasiado chocolate también. Y Wi-Fi. Y la televisión. NO hay conocimiento sobre el cáncer inducido por la radiación, pero muchos muchos muchos estúpidos que simplemente rechazan todo lo que es nuevo o tiene que ver con la radiación."* Los peligros de '5G' se minimizan aquí, y debe preguntarse si Spiegel.de viajaba en nombre de los grupos de interés.

No es así en un artículo en *Junge Welt*:[386] W. Kühling es citado por la Universidad Martin Luther Halle-Wittenberg: *"Él llama '5G' un 'experimento sobre un objeto vivo'. El geocientífico cree que se ha demostrado que las ondas cerebrales se ven afectadas por la radiación de alta frecuencia de las comunicaciones móviles, la información genética se desestabiliza y los espermatozoides están dañados. ... La Agencia Internacional de Investigación del Cáncer (IARC) de la Organización Mundial de la Salud (OMS) clasificó la radiación electromagnética de teléfonos celulares en 2011 como "posiblemente cancerígena". Y hay varios investigadores que aconsejan aumentar el nivel de riesgo a "probablemente cancerígeno", como en el caso del glifosato."*

El principal peligro de "5G" es que interviene de manera especial en la biosfera de nuestro cuerpo. El viejo sistema "4G" puede hacer lo mismo, pero no tan específicamente para el individuo. Con "4G" todavía era posible para los humanos evitar esta influencia de la radiación, por ejemplo apagando el WiFi o cambiando el entorno de vida; con "5G" esto ya no es posible. Lo peligroso es que estas ondas electromagnéticas interfieren directamente con la comunicación de las células humanas y pueden afectarlas a nivel del ADN. Se trata de un grave peligro, pero oficialmente se le resta importancia al hecho de que nuestro cerebro y sistema nervioso también utiliza *"pequeños impulsos eléctricos"*, pero hasta ahora no se ha demostrado que exista ningún peligro: *"'Estudios anteriores han encontrado efectos leves pero relativamente constantes en la actividad cerebral de los campos electromagnéticos de alta frecuencia relevantes para la radio móvil', dice el experto Drießen. Sin embargo, no hay suficientes pruebas de los efectos pertinentes para la salud.*[387]

Sin embargo, hay una patente de 2002[388] que sugiere que este sistema de 5G puede ser utilizado para crear ciertos estados de conciencia en una persona que están predeterminados desde el exterior. A través de esta vía (influencia a través del nivel de ADN) el pensamiento y el sentimiento humano puede ser manipulado e incluso se pueden desencadenar depresiones. Es posible causar alteraciones del ritmo cardíaco con graves consecuencias para una persona específica y seleccionada a través de la frecuencia cardíaca. "5G" es un importante paso tecnológico hacia la **"Agenda Transhumana"**, que se espera que se complete en 2045,[389] según los planes de la élite. El objetivo es lograr el control completo de las personas y los pensamientos, pretender tener la voluntad de las personas y disolver su propia identidad.

Cómo funciona el control mental se explica de manera muy impresionante en el video[390] con referencia a esta patente. La invención que subyace a esta patente se refiere a *"dispositivos y métodos para transmitir información a grandes distancias mediante radiación electromagnética sin necesidad de medios electrónicos por parte del receptor... Según la invención, la radiación electromagnética modulada agrupada se envía al organismo del receptor de tal manera que se desencadenan en él reacciones que corresponden a una transmisión de pensamiento prevista."*

En esta patente dice en la página 3: "... *Sin embargo, a diferencia de la radio direccional convencional, el rayo electromagnético (rayo de pensamiento) se acopla directamente al organismo del receptor, por ejemplo, a la cabeza, la corteza cerebral, el oído interno, los nervios auditivos o los nervios ópticos. Dependiendo de las señales específicas introducidas en el haz electromagnético (por ejemplo, mediante la modulación de la amplitud), este acoplamiento provoca un cambio previsto en los pensamientos del receptor. ... por ejemplo, en una versión simple de un dispositivo de transmisión de pensamiento, el operador del dispositivo (observador) habla el pensamiento a transmitir en un micrófono, la señal eléctrica del micrófono se convierte por medio de la electrónica en una secuencia de pulsos (...), la secuencia de pulsos se modula (dein) en el haz de microondas que se transmite al receptor y tiene una intensidad tan baja que éste no tiene una percepción consciente de la transmisión, sino sólo un efecto subliminal. ... por ejemplo, en una versión más complicada de un dispositivo de transmisión de pensamiento, el operador (observador) del dispositivo introduce el pensamiento a transmitir en una computadora (...) que, con la ayuda de tablas o redes neuronales, traduce el pensamiento a transmitir en una secuencia de señales que se modula en el haz de microondas enviado al receptor. Así que aquí siempre hablamos del rayo de microondas. "El rayo de microondas es lo que tenemos ahora y lo que podemos esperar en el futuro."*[391] En la página 10 de este documento, puntos 24 a 27, puede leer sobre lo que es posible con este "sistema de retransmisión por radio":

Punto 24: "... *que la radiación electromagnética modulada enfocada actúa sobre el organismo del receptor de tal manera que se produce un cambio intencionado en los pensamientos o acciones del receptor con más del 95% de probabilidad."*

Punto 25: "... *que la influencia emocional basada en el efecto de la energía de microondas modulada está involucrada."*

Párrafo 26: *"...que la transmisión del pensamiento a una persona objetivo se produce a través de objetos de hormigón, piedra, plástico o madera."*
Punto 27: "...que las transmisiones de pensamiento a un objetivo se hacen a una distancia de más de 10 km."
Por lo tanto, con este sistema de radio direccional, es posible tomar el control completo del pensamiento, sentimiento y voluntad de la persona objetivo desde el exterior, incluso desde una gran distancia y a través de la mampostería.

"Y estos relojes rígidos de esta tecnología de microondas con densidades de flujo de potencia muy altas... ...ahora rodean toda la tierra, porque ya tenemos miles de satélites alrededor de la tierra. Ahora, con 5G, vamos a tener decenas de miles más. ...y por supuesto todas las antenas de radio, por supuesto. Tienen una fuerza de radiación tan fuerte que imponen a todos los organismos vivos un tiempo rígido que es mil millones de veces mayor que la radiación natural de la Tierra."[392]

Los *fuertes niveles* de radiación, como se menciona en esta cita, no son el problema más serio de 5G, sino la **biorelevancia**; el momento de la radiación está en el mismo rango que el de comunicación a nivel celular, es decir "5G" se puede utilizar para transmitir de manera masiva las funciones biológicas de los seres vivos, incluidos los humanos, y para interrumpir la biocomunicación. Esta interferencia se amplifica particularmente por el efecto de polarización porque las ondas se polarizan en la comunicación 5G.[393] Las microondas, incluso a muy bajas intensidades, pueden utilizarse para controlar los canales de iones de las células humanas, lo que tiene efectos directos en nuestro sistema inmunológico. *"Los canales de iones sensibles al voltaje actúan como esclusas: dependiendo del voltaje de la membrana, controlan el flujo de iones entre el interior y el exterior de la célula: cuando la esclusa está abierta, los iones fluyen desde el lugar de la concentración más alta al de la más baja por sí solos, es decir, sin ninguna otra entrada de energía. Una apertura o cierre irregular de estos canales, forzada por los efectos de la radiación externa, desequilibra el equilibrio electroquímico natu-*

ral entre el interior de la célula y su entorno y puede, por tanto, poner en marcha una multitud de reacciones químicas posteriores en el interior de la célula que son perjudiciales para ésta e incluso pueden causar daños. El resultado predominante es el estrés celular oxidativo."[394]

La radiación electromagnética polarizada es aún más peligrosa para el organismo humano: *"Las ondas electromagnéticas polarizadas (!)* (como la '5G') *...son capaces de activar irregularmente los canales de iones sensibles al voltaje (proteínas ka-nales) en la membrana celular sin necesidad biológica, incluso a bajas intensidades. Las ondas no polarizadas -como la luz solar y muchas otras ondas electromagnéticas naturales- no pueden hacer esto ni siquiera a intensidades significativamente más altas y tiempos de exposición comparables, sino que sólo causan calentamiento, lo que sólo es biológicamente peligroso a intensidades o tiempos de exposición mucho más altos.*[395]

Otro peligro de la radiación 5G es el siguiente: Un video[396] afirma: *"La verdadera razón de 5G es 1000 veces peor que la radiación".* Específicamente, se trata de implantar nanorobots en el cerebro de las personas para tomar el control de la actividad neuronal y controlarlos de forma remota a través de una nube "5G". *"Los nanochips y el polvo inteligente son los nuevos medios tecnológicos para avanzar en la agenda de los microchips humanos. Debido a su tamaño increíblemente pequeño, tanto los nanochips como el polvo inteligente pueden penetrar en el cuerpo humano, establecerse allí y construir una red sintética en el interior que se puede controlar de forma remota desde el exterior."* Estamos hablando de "partículas de polvo inteligentes" ("Smartdust"), que están incrustados en el cerebro y forman una forma completamente nueva de la interfaz entre el cerebro y la máquina. Este es el cuarto aspecto que sirven los chemtrails (ver sección "Chemtrails - *'La sopa de química'* en el cielo"), es decir, la pulverización de los llamados nanorobots. Estos están vinculados a una nube ("cloud") después de haber sido absorbidos inadvertidamente por los humanos a través del tracto respiratorio y pueden ser controlados remotamente desde un centro de control.

Este complejo pretende influir tanto en el pensamiento como en las acciones de las personas. El tamaño de estos microchips es del orden de un cuarto del tamaño de un cabello humano (a partir de 2016), es decir, prácticamente indetectable ópticamente.[397] *"Esta es la última esclavitud, de la que no habrá escapatoria, al menos no por tu propio poder."*[398] Esta última esclavitud es parte de la agenda EUGENIK de las cábalas, conocida como la **Agenda Transhumana**[399]. Que esto no es sólo una quimera o una fantasía ha sido demostrado por el exitoso experimento con el escarabajo a control remoto, que ha sido elevado al rango de las 10 mejores tecnologías de 2009. [400] *"En el minuto 1:18 en el video (se desvanece) se demuestra cómo un escarabajo es controlado a distancia con un teléfono inteligente, y el objetivo de la investigación es hacer lo mismo con los humanos!"*[401]

*"**Conclusión:** (Lo que está sucediendo es una pesadilla). Irónicamente, la mayoría de ellos están mirando a sus teléfonos inteligentes sin sospechar, mientras la radiación está corroyendo su ADN. Cualquiera que se pregunte por qué el gobierno está agitando la expansión de la **nube 5G** de manera tan negligente y prácticamente a puerta cerrada debe saber que el riesgo para la salud de la tecnología 5G se interpone en el camino de un plan más importante. La televisión suiza ha publicado la **agenda transhumanista** en la transmisión política "Arena" del 8 de marzo ´¿Quién teme a 5G?´ Un poco burlón pero sorprendentemente honesto. Se trata de conectar a todas las personas a una nube global 5G a través de implantes de micro rochip, similar a lo que ya es el caso con los teléfonos inteligentes en la actualidad. Los microchips implantados son el desarrollo posterior de los teléfonos inteligentes, que la mayoría de las personas ya usan permanentemente en sus cuerpos. Moverlos al cuerpo está a solo un pequeño paso y, desafortunadamente, para muchos, casi es algo natural. Los pioneros del movimiento de la verdad, como Alex Jones o David Icke, han estado advirtiendo sobre este desarrollo durante décadas. Lo que se consideraba impactante e inimaginable en ese momento ahora es percibido como normal por grandes sectores de la población porque la agenda se impulsó en **pequeños pasos**."*[402] (Impresión en negrita del autor)

El 12 de abril de 2019, t-online.de informó:[403] *"El gobierno belga ha detenido el proyecto 5G en Bruselas. Teme que no se cumplan los valores de protección radiológica. ...* " La pregunta surge de inmediato: ¿por qué en Bruselas? El Parlamento de la UE y la Comisión de la UE se encuentran en Bruselas. Este último es el brazo extendido de los protagonistas de NWO, que están impulsando la globalización con todas sus fuerzas; representan los intereses de los globalistas, la élite. ¿Quizás se trata solo de protegerlos de las consecuencias de la radiación? *"La Comisión Europea pidió a cada estado miembro que equipara una ciudad con 5G. En Bélgica la elección fue Bruselas. Aquí, tres proveedores se habían reunido e hicieron un acuerdo con la ciudad para relajar las estrictas regulaciones de radiación de la ciudad, según Fierce Wireless. Las regulaciones de radiación más estrictas del mundo se aplican en la ciudad."*[404]

Desde una zona de pruebas en Inglaterra, donde se ha puesto en funcionamiento el "5G" para realizar pruebas, se informó que no hay más insectos y aves en los parques de allí.[405] Y durante un expe-rimento con "5G" en La Haya se dice que cientos de aves cayeron muertas de los árboles. Allí *"grandes bandadas de aves migratorias se habían reunido y estaban sentadas en los árboles de alrededor para dirigirse juntas hacia el sur. De repente, cientos de ellos fueron encontrados muertos en el suelo. Todos los animales murieron de insuficiencia cardíaca, aunque estaban físicamente sanos. No había signos de enfermedad, ni virus, ni infección bacteriana, sangre sana, ni evidencia de envenenamiento, etc. La única explicación razonable que quedaba era la exposición a las microondas. Porque estos han sabido tener un efecto de los corazones de los pájaros!"*[406]

Sin embargo, en el artículo mencionado de tagesschau.de[407], esta muerte de las aves se atribuyó a otra causa, a saber, "envenenamiento por corte de tejo". En otra fuente, la muerte de los pájaros se atribuye a "... que murieron por componentes venenosos del tejo". ¿Qué es verdad?

Incorporación de la perspectiva de género y el Transhumanismo

"Dentro de 30 años tendremos la tecnología para la inteligencia sobrehumana. Poco después, la era humana terminará".
(Vernor Vinge, transhumanista, matemático e informático en su ensayo, 1993, "The Coming Technological Singularity"[408])

Las personas mayores somos la última generación que no tenemos que ir hasta el final. La pesadilla está esperando a nuestros hijos y su descendencia.

¿Qué es la transversalización de género? *"Muchas personas creen que la incorporación de la perspectiva de género es solo un nuevo término para la emancipación y la igualdad de derechos para las mujeres. Un error fundamental: ¡tan deseado querido por los creadores de este término! Muchas personas piensan que el género, ya sea niño o niña, hombre o mujer, se ha decidido claramente por naturaleza, así como quién es la madre o el padre. Eso fue cierto durante los últimos 5,000 años, pero ya no en este día y edad. Hay personas que quieren cambiar esto activamente. Y tienen mucho éxito en esto."*[409] Los representantes de esta ideología afirman que el género biológico, masculino o femenino, es solo una construcción sociológica.[410]

La base de este proyecto es la documentación titulada *"Cuddle, Feel, Doctor Games"*[411] para la conferencia *"Educación sexual en la primera infancia en la guardería"*. Sobre esta base, los gobiernos estatales ya han aprobado legalmente el llamado "plan de género", según el cual, además de la educación sexual existente, que se complementa con la introducción de la ideología de género, comenzando con el primer grado e incluso en edad preescolar. *"En sus 'Estándares para la educación sexual en Europa', la OMS sugiere que los bebés de 0 a 4 años de edad deben ser informados sobre la masturbación y tener oportunidades para explorar su identidad de género. A la edad de 4 a 6 años, se debe enseñar a los niños sobre las relaciones entre personas del mismo sexo y respetar las diversas normas relacionadas con la sexualidad.* "[412] Detrás de estos esfuerzos hacia la sexualidad temprana de nuestros niños está la ONU con sus organizaciones especializadas UNICEF, IPPF[††††††††††††], UNFPA[‡‡‡‡‡‡‡‡‡‡‡‡].[413] En varios estados federales alemanes, los niños en el jardín de infantes enfrentan a libros y materiales de juego sobre diversos modelos familiares y diversidad de género (LGBT-TI[§§§§§§§§§§§§]).[414] A los niños a partir de los tres años se les enseña que no importa qué género elijan y cómo se compone una familia.

Por lo tanto, el proyecto de incorporación de la perspectiva de género no sólo se refiere a la igualdad de derechos entre hombres y mujeres o a las diferentes alianzas entre diferentes personas, hombre-mujer, hombre-hombre o mujer-mujer. De hecho, la incorporación de la perspectiva de género es un ataque a la bisexualidad de las personas, al matrimonio entre hombres y mujeres y a la familia tradicional.[415] *"El resultado, sin embargo, no es el ser humano libre, sino el ser humano mentalmente lisiado, que tiene poca confianza en sí mismo, es incapaz de crear vínculos, no puede crear una familia, no puede practicar la solidaridad y se ve reducido a los más bajos instintos - el sujeto perfecto."*[416]

Pero hay mucho más en el proyecto "Transversalización de género". El objetivo final es disolver **físicamente** las diferencias entre hombres y mujeres. Pero uno tras otro; A largo plazo, la integración de la perspectiva de género persigue cuatro objetivos:
1) transferir cada vez más la influencia educativa de la familia o de los padres al Estado
2) Destrucción de la familia,
3) la disolución de los sexos y por lo tanto la creación de condiciones para reemplazar el proceso de reproducción natural por la réplica de la vida humana, y

†††††††††††† International Planned Parenthood Federation

‡‡‡‡‡‡‡‡‡‡‡‡ United Nations Population Fund

§§§§§§§§§§§§ Lesbianas, gays, bisexuales, transgénero, transexuales e inter-malas personas.

4) Eliminación del incontrolable proceso natural del "amor entre hombre y mujer", porque se trata de una esfera privada de la vida que está fuera del control e influencia directa de la élite.[417]

La pesadilla

El ser humano niega su humanidad.
El ser humano juega a ser Dios.

La incorporación de la perspectiva de género, tal como se enseña y practica en nuestras escuelas hoy en día, tal como se propaga y promueve por el Ministerio de Educación y los organismos gubernamentales correspondientes, es sólo una inofensiva etapa preliminar a lo que el futuro podría hacernos temer.

La incorporación de la perspectiva de género se creó originalmente como una estrategia para promover la igualdad de género, según el punto de vista oficial. Sin embargo, hay mucho más.

Prepara el camino para una variante que, si nos fijamos en el objetivo final, debe ciertamente contarse como parte del tema del transhumanismo. El objetivo final del proyecto "Gender mainstreaming" es la "disolución del género", es decir, la disolución física[418] de la diferencia de género entre el hombre y la mujer y la sustitución del acto de nacimiento por el nacimiento de réplica, si la élite se sale con la suya. El diseño de las generaciones futuras, de las personas nacidas después del nacimiento de un niño, virtualmente de un tubo de ensayo, será entonces la tarea de los "científicos" que implementarán de buena gana los deseos de la élite. Forma parte de la "Agenda Transhumana" (véase la sección "'5G' y el Transhumanismo"). Por supuesto que esto es sólo para la gente común, no para los representantes de la élite.

No hace falta mucha fantasía para imaginar cómo continuará el desarrollo una vez que los Nwo se establezcan y la élite comience a implementar sus planes, para lo cual crearon originalmente el proyecto.

Así será el futuro de la humanidad si no es posible evitar que la élite tome el poder. Debido a las posibilidades técnicas del nacimiento en la retorta, uno gradualmente comenzará a ingeniería inversa sistemáticamente las características sexuales de las personas creadas en la retorta (clones), a través de la manipulación genética y la manipulación hormonal. Después de que esto se realice técnicamente, solo los clones con características de género masculino podrán seguir viviendo, o alternativamente, solo aquellos con características de género femenino. Se prohibirán las relaciones sexuales entre nacidos naturalmente. El nacimiento natural es castigado. Se seleccionan las personas clonadas i se decide qué clones pueden vivir, hombres o mujeres. La elección que se haga depende de cuál, hombre o mujer, es el más fácil y efectivo de mantener como esclavo. Estos futuros esclavos de trabajo tendrán mucho en común con el Engorde de animales de hoy. Son el ganado del futuro. La selección podría proceder de manera similar a la selección de pollitos en el engorde de animales hoy en día: los pollitos machos se trituran poco después del nacimiento, de manera bastante legal porque tienen un valor de utilidad más bajo que los pollitos hembras. También cambiará el equilibrio hormonal de las personas con el objetivo de prevenir el sexo entre hombres y mujeres. La pubertad y la menopausia serán suprimidas. Los descendientes de los esclavos trabajadores serán sólo clones. Los huevos y el esperma se producirán biotecnológicamente.

¿Pero cómo se puede controlar la masa de esclavos, mantenerlos a raya, prevenir posibles revueltas? Esto se hace, por ejemplo, a través de 5G, enviando sobre él ranuras especiales de baja frecuencia, que influyen en sus cerebros (véase la sección: "Deprimido por la comunicación").

La muerte de los esclavos se regulará en términos de cálculos de costo-beneficio. Mientras el esclavo sea útil, puede vivir. Cuando ya no es útil, se elimina. Esta clasificación o muerte tiene lugar entonces al "apretar un botón", por ejemplo vía 5G, a través de ranuras de firma relacionadas con la identidad, que pueden desencadenar la autodestrucción del individuo (véase la sección: "Armas biológicas de alta tecnología - atrio al infierno").

La visión general de si un esclavo sigue siendo útil y se le permite seguir viviendo será proporcionada por los llamados certificados digitales, que se crearán para todos los esclavos, asignables sin ambigüedades por medio de astillas, tal como es común en la ganadería de hoy en día. Se han hecho preparativos durante mucho tiempo para introducir esto también para los humanos. El país de Suecia es pionero: En Suecia, muchas personas ya se han implantado voluntariamente un RFID bajo su piel. Esto va acompañado de la publicidad pública para que se implante un chip de RFID bajo la piel: "*Después de todo, más de 4.000 suecos ya tienen un chip del tamaño de un grano de arroz (2 x 12 mm) implantado bajo su piel por el líder del mercado Biohax. No es una intervención importante y, como hemos oído, tampoco muy dolorosa. Pero una vez que tienes este chip bajo la piel, puede hacer tu vida mucho más relajada.*"[419] Sin embargo, el desarrollo técnico no se ha detenido; los chips son cada vez más pequeños (una cuarta parte del cabello humano - estado 2016[420]) y también pueden administrarse con una jeringa normal, por ejemplo, al mismo tiempo que el suero de la vacuna. Como resultado del pánico "corónico", alimentado por los medios de comunicación, un gran número de personas anhelan vacunarse contra el virus de la gripe Covid 19. El globalista Bill Gates dice abiertamente lo que está planeado: *"En algún momento tendremos algunos certificados digitales que muestren quién se ha recuperado, quién ha sido probado recientemente o cuándo tenemos una vacuna que se les ha administrado."* (Propuesta de Bill Gates sobre la vacunación contra el virus Covid 19[421]) Es el control absoluto sobre la gente. *"Esta es la última esclavitud de la que no habrá escapatoria, al menos no por su propio poder."*[422]

La joven generación espera un destino peor que la generación de la guerra de 1939-45, si dejamos que ocurra. El destino tiene un nombre: Transhumanismo y 5G.

Estimado lector, si cree que esto es exagerado o en otras palabras, teoría de la conspiración, entonces deme otra razón por la que se ha introducido la incorporación de la perspectiva de género. ¿Sólo para promover el pensamiento y el comportamiento decadente? ¿Para debilitar o destruir la cohesión familiar? Esto también es cierto. Pero lo crucial, en mi opinión, es el objetivo de hacer que la gente sea dependiente para siempre y no correr riesgos en la manipulación de la gente. Se hace lo que es técnicamente, o en este caso más precisamente, biotecnológicamente posible.

6. Guerra biológica

*"El bombo de Covid 19 es como una cortina, así que no podemos ver lo que pasa detrás de la cortina. Detrás de la cortina, dos poderes luchan: El Estado Profundo en todo el mundo y las fuerzas de la luz. Para el Estado Profundo /Illuminati************* ... es la última oportunidad de introducir el Nuevo Orden Mundial; de ahí la Corona, y al mismo tiempo el intento de implantar a toda la humanidad a través de vacunaciones masivas, abolir el dinero en efectivo, eliminar a Trump, etc."*[423]

Desarrollo de armas biológicas.

La Convención sobre Armas Biológicas,[424] que fue firmada por casi todos los países en 1972, entró en vigencia el 26 de marzo de 1975. El artículo I establece: *"Cada Estado contratante de esta Convención se compromete a ... nunca (bajo ninguna circunstancia) desarrollar, fabricar, almacenar o adquirir o conservar (tales armas biológicas)". "Ya sean virus, bacterias o insectos aliados Todos caen bajo la Convención de Armas Biológicas, que fue firmada por casi todos los países del mundo en 1972, incluidos los estadounidenses.*"[425] Pero las armas biológicas todavía se están desarrollando, probando y utilizando en la actualidad. Las enfermedades infecciosas como el Ébola, el SIDA, el SARS, la enfermedad de Lyme, el EHEC, la enfermedad de Morgellons, que se han producido en todo el mundo en las últimas décadas, probablemente se han desarrollado como armas biológicas en laboratorios militares secretos. De eso se trata este capítulo.

Sobre la base de un tratado entre los Estados Unidos y Georgia, se estableció en Tbilisi, la capital de Georgia, un laboratorio de armas biológicas, el Centro Lugar, también conocido como el "Laboratorio de la Muerte", que se inauguró en 2011. Mientras

---

************* Para más detalles ver el capítulo "Epílogo - Elite y Deep State (Estado Profundo)".

tanto, la publicación de documentos (por un "desertor") ha hecho público lo que se hace en el Centro Lugar. Estos documentos se refieren a las bacterias y virus que son adecuados para el desarrollo de armas biológicas: Peste, peste de los conejos, ántrax, brucela, hepatitis C, hanta, EHEC y fiebre de Crimea-Congo, Figura 45.[426]

"En Georgia, las epidemias han aumentado en los últimos años entre las personas con enfermedades exóticas, donde el patógeno es completamente desconocido, y se cree que estas epidemias están relacionadas con estos laboratorios".[427] La Figura 44 muestra en qué partes de Georgia se ha producido la fiebre de Crimea-Congo en los últimos años.

El Lugar Center no solo experimenta con bacterias y virus mortales, sino también con sus portadores potenciales, los llamados "insectos aliados", cuyo desarrollo está expresamente prohibido por la Convención de Armas Biológicas. Pero en el Centro Lugar, se está investigando exactamente estos "insectos aliados": garrapatas, moscas de arena, insectos de árbol y mosquitos tigre asiáticos (Figura 46). Y aparte del insecto del árbol, todos estos son chupasangres y, por lo tanto, insectos, que pueden infectar a humanos y mamíferos con bacterias y virus. Desde noviembre de 2016, el Pentágono ha tenido un programa llamado "Aliados de los insectos" (Figura 47). *"Y aparentemente estas chupasangres ya han sido liberadas en Georgia con fines de prueba. Desde noviembre de 2017, los habitantes de Tbilisi han informado que los mosquitos de arena que salen del sistema de alcantarillado a sus baños y los pican mientras están desnudos en el baño. Las moscas de arena se encuentran generalmente en Filipinas, pero no en Georgia. ... Aunque el mosquito de la arena solo puede volar unos 100 m, también se encontró en la república rusa de Daguestán, a 100 km de distancia, en el mismo mes en que se vio por primera vez en Tbilisi. La aparición del mosquito de la arena en Daguestán podría estar relacionada con esta patente US 8,967,029 B1* [††††††††††††] *estadounidense, que hasta hace poco estaba disponible públicamente en el sitio web de Lugar Center.*"[428] Este video

[††††††††††††] Patente no. : US 8,967,029 B1, Mar.3, 2015: TOXIC MOSQUITO AERIAL RELEASE SYSTEM

también informa sobre otra patente que describe la propagación de insectos contaminados sobre territorio hostil utilizando drones.

Figura 44: Goergies: La fiebre de Crimea-Congo fue de tipo epidémico en las zonas resaltadas en color; se supone que la fuente fue el laboratorio de armas biológicas del Centro Lugar, que se inauguró en 2011.[429]

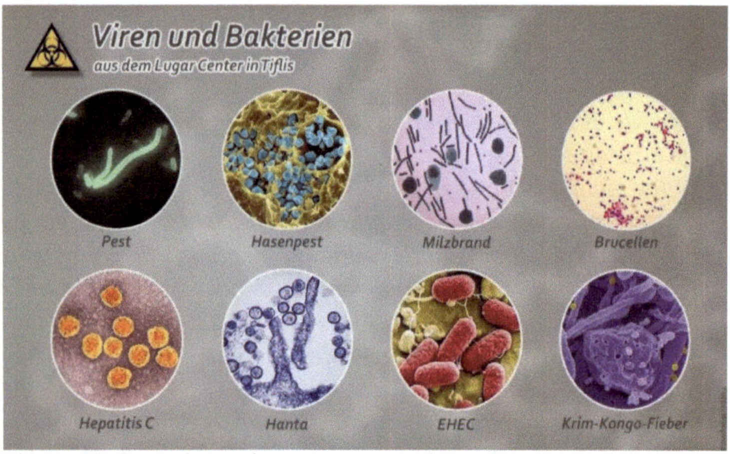

Figura 45: Bacterias y virus que se están investigando en el Centro Lugar: peste, fiebre del conejo, ántrax, brucella, hepatitis C, Hanta, EHEC y la fiebre de Crimea-Congo.[430]

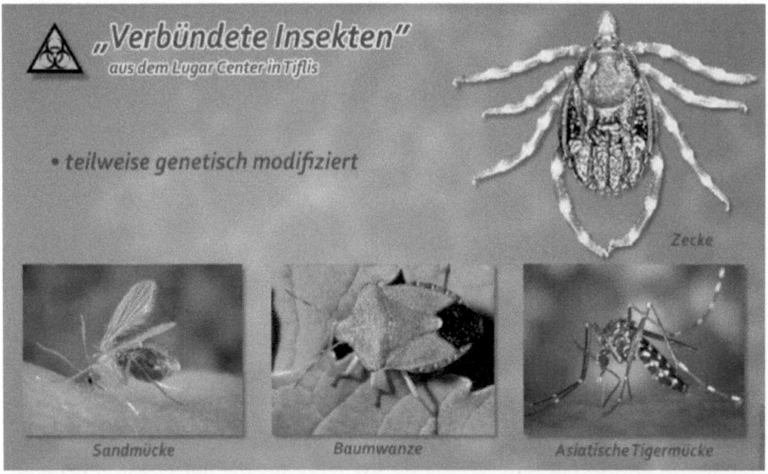

Figura 46: "insectos aliados" con los que se está experimentando en el Centro Lugar en Tbilisi: garrapatas (arriba a la derecha), moscas de arena, chinches y mosquitos tigres asiáticos (abajo de izquierda a derecha).[431]

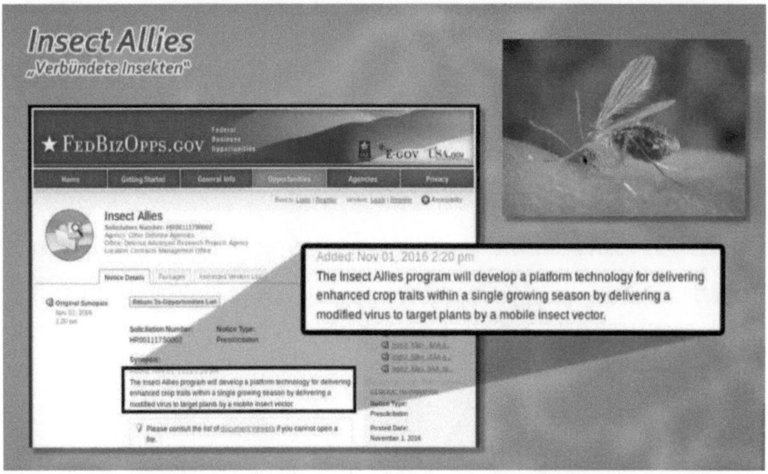

Figura 47: Desde noviembre de 2016, el Pentágono ha tenido un programa llamado "insectos aliados".[432]

Figura 48: En Ucrania se han creado laboratorios de biotecnología del Pentágono en todo el país. Cerca de los laboratorios del Ucrania oriental, ha habido una epidemia de hepatitis en los últimos años con cientos de pacientes (resaltados por círculos oscuros).[433]

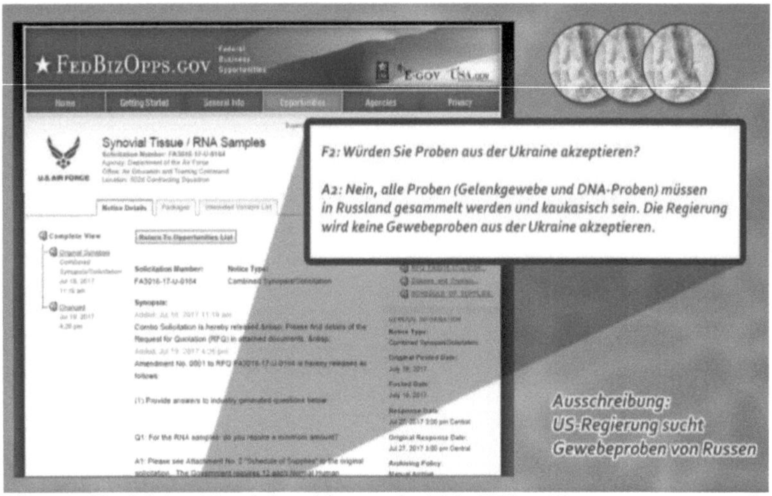

Figura 49: Licitación del gobierno de EE. UU .: Busque muestras de tejido y ADN de personas rusas de origen caucásico.[434]

Los laboratorios de biotecnología del Pentágono también se han establecido en Ucrania, Figura 48. *"En julio de 2017, el gobierno de EE. UU. Publicó una orden para buscar muestras de tejido y ADN de personas rusas de origen caucásico. La licitación también dejó en claro que las muestras solo deben tomarse de personas rusas* (ver Figura 49) ... *Al mismo tiempo, se puede leer en la base de datos de genes estadounidense NCBI que el Pentágono está investigando patógenos de plagas, que también son de Región del Cáucaso ruso."*[435]

Porque en los documentos publicados mencionados anteriormente, entre otros dice que además del ántrax y el proceles, el Centro Lugar también debería estar experimentando con los patógenos que causan la peste, *"... existe una sospecha razonable de que se están realizando investigaciones en el Centro Lugar en Tbilisi sobre los patógenos de plagas que están destinados específicamente a destruir razas individuales. Y tiene una dimensión tan grande que incluso eclipsa la limpieza étnica de Adolf Hitler y Josef Stalin."*[436]

Otra fuente que muestra que realmente hay interés en las armas biológicas raciales en los Estados Unidos: *"Publicado en septiembre de 2000 el Proyecto para un grupo del Nuevo Siglo Americano, un documento en el que Dick Cheney calificó las armas biológicas específicas de la raza como una herramienta políticamente útil."*[437]

Las cosas que se muestran aquí han sido descubiertas en gran parte por el trabajo de investigación del equipo de MarkMobil. Sin embargo, también hay críticas de que la ilustración anterior ha elegido una visión demasiado unilateral porque otros países, en particular la antigua URSS, también han investigado intensamente las armas biológicas y han sido *"de lejos los más culpables"*[438] (Haber incumplido el contrato: el Convenio sobre armas biológicas). En un artículo más extenso, el autor escribe: *"Sobre este tema, la investigación sobre virus, bacterias y toxinas, para obtener una imagen diferenciada, uno debe tratar la historia en general. Hay muchos en la Tierra que ya han investigado tales cosas. Instituciones estatales, civiles y militares, pero también centros privados de investigación. Y son, con mucho, no solo los estadounidenses quienes hacen esto. Hay razones importantes para hacer esta investigación, sobre todo para la prevención y defensa contra enfermedades que realmente amenazan a la humanidad ".* Sin embargo, cabe preguntarse: ¿mejoraría las cosas si otros países también realizaran o hubieran realizado investigaciones intensivas sobre las armas biológicas?

En las cirugías de médicos, a menudo se encontrará con carteles publicitarios que anuncian vacunas contra las enfermedades infecciosas peligrosas transmitidas por las garrapatas. En el pasado, las pequeñas garrapatas (conocidas popularmente como "cabra de madera") en realidad solo eran molestas, pero no transmitían ninguna enfermedad peligrosa. Esto ha cambiado en los últimos 10 años, y surge la pregunta de cuál es la causa del hecho de que la garrapata se haya convertido en un portador de enfermedades tan peligroso. ¿Es este el resultado de experimentos en laboratorios militares, como se describe para el Centro Lugar en Tbilisi? Las enfermedades transmitidas por garrapatas, como la enfermedad de Lyme y la meningoencefalitis de principios de verano, o TBE para abreviar, están en aumento en Europa.

Armas biológicas de alta tecnología: atrio al infierno

"La sociedad está gobernada por una élite ... que no duda en perseguir sus objetivos políticos con la ayuda de los últimos métodos modernos que se pueden utilizar para controlar el comportamiento de la población y mantener a la sociedad bajo estricta vigilancia y control".
(Z. Brzezinski[439])

Estimado lector, en la cita citada en la sección "Chemtrails - *'La sopa de química'* en el cielo", nuestros colegas en la televisión pública nos informaron que nuestros alimentos contienen partículas plásticas microscópicas, polvo de aluminio y sales de bario y que estos materiales probablemente provienen de la *"sopa química de chemtrails"* y son la causa del hecho de que en nuestras latitudes *"hoy en día prácticamente todas las personas ya tienen una intoxicación notablemente alta por el aluminio y el bario"*.[440]

Que una noticia así sea hablada por un comentarista de la televisión pública (!) es bastante sorprendente, porque en los últimos años se ha negado con vehemencia la existencia de las estelas químicas. También es sorprendente que en esta emisión se admita que la gente se envenena por las estelas químicas. ¿Por qué nos dicen la verdad ahora? ¿Quizás esta honestidad del comentarista no estaba planeada en absoluto? ¿O hay demasiada evidencia (que Internet también ayuda a difundir), para que hayan comenzado el "vuelo al frente"? Al convertir el tema en un tema de la televisión pública, es posible canalizar la ira y la indignación de quienes han protestado contra las estelas químicas durante años y han podido mostrar cada vez más pruebas de su existencia y cada vez más personas han tomado conciencia de ellos. Y con esta apertura se puede incluso señalar que estas acciones de rociado fueron necesarias para evitar la "catástrofe climática" y que uno no era consciente de estos efectos secundarios.[441]

Sin embargo, los responsables eran muy conscientes de estos "efectos secundarios". No sólo fueron aceptadas, sino que formaban parte de un programa para instalar un arma biológica en los seres humanos, que ahora circula en el cuerpo de todos aquellos que *"muestran un nivel notoriamente alto de envenenamiento por aluminio y bario."*[442] Esta es una afirmación que vamos a fundamentar en lo siguiente:

Aquellos que aún pudieron soportar los comentarios anteriores sobre las estelas químicas y quieren seguir leyendo, serán llevados ahora a un viaje de horror, donde se tematiza la más pérfida lucha del hombre contra el hombre. Es la llamada enfermedad de Morgellons. Aún en 2012 se publicó un artículo en SPIEGELONLINE[443] con el título *"Enfermedad de Morgellons - El sufrimiento de la piel se basa probablemente en la imaginación."* Y el término "locura dermatozoica" se utilizó para expresar que los afectados sólo imaginaban esta enfermedad. La conclusión de un artículo de WELT.DE es similar: bajo el subtítulo "Nueva forma de locura" se aprende en este artículo que incluso se ha realizado un estudio con el resultado de que *"lo más probable es que la enfermedad de Morgellon sea simplemente una nueva variante de la llamada locura dermatozoica en la que las personas afectadas están firmemente convencidas de estar afectadas por patógenos, parásitos u otros pequeños seres vivos."*[444]

Hoy, sin embargo, sabemos que esto no es de ninguna manera una imaginación. Recomiendo ver el video[445] de YouTube con DOMIAN y la entrevista con el operador del sitio web *http://www.morgellons-research.org/.*[446] En esta página se documenta una gran cantidad de imágenes microscópicas y análisis de Morgellons. La afirmación de que estas fibras son "fibras ópticas vivas" también está respaldada por estudios microscópicos de autores independientes.[447,448]

"No hay una persona que no tenga esta cosa en su corriente sanguínea. Lo que se conoce como el Síndrome de Morgellon es que las pocas personas que han desarrollado un mecanismo de defensa y secretan estas fibras a través de la piel; ahí es donde se nota."[449] Todos llevamos estas fibras dentro de nosotros ahora. Las fibras de Morgellon son una especie de híbrido entre material inorgánico y orgánico, y si usted sufre del síndrome de Morgellon, estas fibras crecen fuera de su cuerpo, de su piel, boca, nariz, globo ocular, orejas, genitales, en todo su cuerpo, y también se encuentran en su esperma.[450] *"Se retuercen de la piel así, y pican como el infierno. Y hemos tenido pacientes con el síndrome de Morgellon completamente pronunciado; se han vuelto casi locos con la picazón"*,[451] dice el Dr. Manfred Doepp, uno de los pocos médicos en Alemania que ha investigado a fondo esta enfermedad.

Los Morgellons son parásitos producidos artificialmente en el cuerpo humano que penetran en todo el cuerpo y pueden anidar en muchos, si no en todos los órganos. Si tiene un sistema inmunológico fuerte, por el momento no tiene que preocuparse (!) Porque esto obviamente puede mantener el crecimiento de las fibras en el cuerpo bajo control. Dado que el cuerpo humano está acostumbrado a tratar con parásitos y en un estado saludable, existe prácticamente un equilibrio dinámico entre los parásitos y su huésped, el cuerpo, se podría suponer que también surge un statu quo en el caso especial de parásitos artificiales, siempre que El cuerpo está sano, pero solo entonces.

Morgellons pertenece al grupo de armas biológicas.[452] Estas "fibras ópticas vivas" pueden crecer como seres vivos reales. Hay una serie de videos en los que las fibras de Morgellon muy pequeñas a muy grandes se muestran vivas, cómo son viables fuera de su huésped y pueden moverse con relativa libertad, y también son relativamente resistentes a las rasgaduras.[453,454,455,456,457] Debido a esta capacidad de sobrevivir incluso fuera de su host, también debe temer un potencial de contagio no desaparecido de persona a persona. Esto queda claro en una entrevista titulada "Morgellons: Pandora's Box is Open".[458] Allí, el entrevistado (que dirige su propio sitio web[459] como la persona interesada) responde a la pregunta: *"¿Entonces estas fibras vuelven a la piel?"*
"Sí, exactamente. Lo noté por primera vez cuando fui a la sauna para exudar las fibras. Pero tan pronto como sudé algunas fibras, las duché o las limpié, estas fibras se engancharon en mis pies e inmediatamente obtuve nuevas pústulas. Cuando una vez me puse una camiseta vieja y contaminada que no había usado en tres o cuatro años, me cubrieron con nuevas pústulas y ampollas después de solo dos horas, a pesar de haber lavado la camisa de antemano. Como resultado, noté que estas fibras son infecciosas, incluso después de años. Estos tiempos de supervivencia tan largos solo se conocen a partir de esporas de hongos o huevos de gusanos."

Los Morgellons también se discuten en el libro de Gabriele Schuster-Haslinger[460] *„Verraten verkauft verloren"*. En este libro, el síndrome de Morgellon, que no parece interesar a políticos o representantes de instituciones médicas en Alemania, está asociado con insecticidas biológicos[461] que se usan para controlar las plagas, que también penetran en el cuerpo humano como un efecto secundario. , si entra en contacto con estos insecticidas y si las fibras de algodón utilizadas originalmente como material de soporte han sido reemplazadas por los fabricantes de los insecticidas con fibras de polímero para garantizar una mayor vida útil de los microorganismos en estas fibras. Sin embargo, lo que realmente está detrás de estos Morgellons es mucho más pérfido de lo que parece a través de esta explicación aparentemente lógica de la "vida útil más larga". Porque estas fibras poliméricas, estas "nanofibras ópticas" sirven para manipular a las personas.[462,463] Este propósito sólo queda claro cuando se mira en los detalles y se considera que el bario, el estroncio, el titanio y el óxido de aluminio también se liberan al mismo tiempo que estas nanofibras se pulverizan en la atmósfera a través de las estelas químicas. Hasta ahora, la gente siempre se ha preguntado: ¿por qué estos materiales altamente tóxicos se rocían sobre nuestras cabezas? ¿Sólo para reducir la radiación solar en la Tierra? Para ello, también se podrían utilizar otros metales menos tóxicos para los seres humanos, los animales y las plantas. Pero estos materiales utilizados cumplen una cierta función. Son materiales adecuados para realizar técnicamente un determinado principio funcional óptico cuando se incorporan a las fibras. Estos son los compuestos de titanato de estroncio de bario y óxido de aluminio.

"Los morgelones son organismos artificiales que consisten en ADN, una mezcla de hongos multicelulares individuales que crecen como hongos y forman finos capilares. Y estos capilares fácilmente toman particular nanopartículas de una clase o dos clases. Y son precisamente estas clases las que se benefician de las actividades de rociado desde el cielo. Y el resultado es que me quedo pequeño, como lo llaman en inglés, 'nanomishings auto-ensamblados'. En principio, estas son fibras ópticas vivas que se llenan con diferentes nanopartículas desde el interior y actúan como pequeños láseres cuánticos que puedo activar y controlar electromagnéticamente desde el exterior. Y la cosa es tan aterradora porque esta tecnología láser, si la miras en biología, hace exactamente lo mismo, con fibras de carbono sintéticas, y no con fibras auto-reproductivas, sino realmente, es exactamente lo mismo. Puedo generar fotones individuales con estos láseres y puedo comunicarme completamente con la comunicación de luz a nivel celular con ADN, en ambas direcciones. Puedo generar luz y

así alimentar impulsos extraños al cuerpo como si fueran propios. Por el contrario, puedo recolectar impulsos de luz en la comunicación de luz y convertirlos en señales electromagnéticas, que luego salen de mi cuerpo como una señal de radio. Esto juega un papel en la vigilancia personal porque cada persona que está infectada con Morgellons y toda la naturaleza está infectada."[464]

Seguí preguntándome por qué los chemtrails contienen precisamente estos materiales: aluminio, estroncio, bario, titanio, fibras de plástico y ciertos materiales orgánicos. ¡¿Estas cosas, que son tan tóxicas para los humanos, no tu puedesrociar?! ¿No ven los responsables que esto debe tener consecuencias devastadoras para la salud humana y animal? ¿Y por qué las nanopartículas, cuya producción es muy costosa después de todo? Ahora sabemos: el estroncio, el bario, el titanio, las fibras de plástico y el material orgánico son exactamente los materiales necesarios para la realización de estas criaturas artificiales. Y el aluminio es un material que se sabe que causa una variedad de enfermedades degenerativas en el cerebro de las personas (ver la sección "Efectos de las estelas químicas en nuestra salud"). Y las nanopartículas porque esto aumenta extremadamente la reactividad de los materiales y, debido a su pequeño tamaño, también pueden atravesar la barrera hematoencefálica en los humanos. El objetivo de los responsables es controlar a las personas y enfermarlas a través de estos materiales.

Hasta ahora todo va mal. Pero lo peor está por venir. Al rociar estos materiales sobre nuestras cabezas durante muchos años, todos hemos entrado de alguna manera en contacto con estos materiales, y está contenido en nuestra sangre, absorbido a través del aire que respiramos, es decir, *"todos estamos infectados, en otras palabras, todos tenemos un sistema de nanofibras ópticas en nosotros que puede ser abordado a través de las ondas de radio, que en principio puede hacerse cargo de nuestro cuerpo de luz. En otras palabras, todo lo que se conoce de los chakras indios, la asignación de ciertas cualidades de luz, las frecuencias a las cualidades emocionales, la expresividad, la intuición, todos estos centros de conciencia en el cuerpo pueden ser controlados. Y lo peor es que si no les doy la luz a través de la señal electromagnética... Esto es simplemente un método para mantener a la gente abajo, y para reducir, destruir la capacidad de autoorganización. Es decir, la puerta del granero para las enfermedades autoinmunes y las enfermedades degenerativas está abierta de par en par."*[465]

Para que la manipulación funcione desde el exterior y para que los procesos bioquímicos sean controlados a nivel de la luz en nuestro cuerpo, se requiere una interfaz con la ayuda de la cual las señales de radio del exterior puedan entrar en comunicación con el proceso de intercambio de biofotones humanos dentro y entre las células humanas.[466] Y esta interfaz está realizada por estos láseres cuánticos microscópicos, que están formados por fibras ópticas vivas que pueden ser activadas y controladas electromagnéticamente desde el exterior. Al exponer las fibras ópticas vivas a la luz del exterior, ahora es posible activar varias señales en el cuerpo humano a través de estas nanofibras ópticas e iniciar programas a nivel del ADN. El exceso de luz roja o infrarroja a este nivel puede dar una señal, similar a una "señal de enfermedad a la biología"[467], que puede desencadenar el proceso de autodestrucción. Un exceso de luz azul a este nivel puede enviar una señal "donde los Morgellons empiezan a multiplicarse en pánico" (casi inundando el cuerpo). *"He visto fotos en las que pones 4 morgelones en una placa de petri, y después de 24 horas se hincha. Y eso es como un pelotón de fusilamiento al cuerpo, por así decirlo, cuando empieza a brillar desde el interior, los Morgellons empiezan a comerte por dentro. Los síntomas habituales son hemorragias nasales, hemorragias de oído,... (?), derrame cerebral o ataque al corazón. Y el procedimiento lleva unos 10 meses en su forma actual, así que es un proceso lento, así que probablemente no lo notará. Pero hay rumores de que en las aplicaciones militares se puede hacer en minutos. Y hubo una vez una fase en la que tantos animales cayeron del cielo, los pájaros, que luego cayeron por centenares en el mismo momento, muertes masivas en ballenas, en murciélagos; los síntomas son los mismos, en los cadáveres. Este es entonces, por así decirlo, el señal en forma concentrada."*[468] *"Si lo resumo, obtengo un sistema de control completo sobre la biología de la luz con esta técnica."*[469] *"Las fibras de Morgellons tienen las mismas propiedades que las fibras de chemtrail."*[470]

Sin embargo, también hay que mencionar en este punto que la muerte masiva de animales mencionada, que probablemente fue desencadenada por experiencias de choque de los animales, no puede atribuirse claramente al efecto de un arma biológica. No obstante, es casi seguro que las muertes masivas de animales no fueron causadas por causas naturales.[471]

Si el contenido de la cita anterior refleja correctamente la realidad, entonces esto significa que si se transmite tal "orden de comando kill", el cuerpo puede ser inducido a la autodestrucción y ciertas personas que trabajan contra el sistema pueden ser fácilmente apagadas. Hay varios otros videos en la red del autor que ha descubierto estas conexiones, y en estos videos también nombra las empresas e instituciones que llevan a cabo estos investigaciónes inhumanas, quién la financia, y también nombra las fuentes que cualquiera puede comprobar. También la física detrás de los fenómenos descritos se explica de forma plausible y comprensible.[472] ¿Podría ser que esta aplicación ya esté sucediendo hoy? ¿Cómo se explica el frecuente "morir" de los críticos impopulares? Por ejemplo, las muertes de Andreas Clauss, el Dr. Udo Ulfkotte y Friederike Beck, que en numerosos vídeos y libros habían revelado los objetivos e intenciones de las élites y advertido de sus maquinaciones, o los testigos, por ejemplo durante el juicio de la NSU, donde un total de cinco testigos murieron repentinamente antes de su testimonio en el tribunal.[473] Incluso antes de que se iniciaran los procedimientos judiciales, se sospechaba que la Oficina de Protección de la Constitución podría haber estado involucrada en los asesinatos de la NSU. Esta sospecha también fue alimentada por el hecho de que parte de los archivos de los asesinatos de la NSU habían sido destruidos por el Verfassungsschutz y el tribunal había ordenado que los archivos del juicio no pudieran ser vistos hasta 2134. ¿Qué sabían los 5 testigos? ¿Podrían haber presentado pruebas incriminatorias?

Buscando fuentes independientes que apoyen la afirmación de que las fibras de Morgellon actúan como "pequeños láseres cuánticos" y son controlables externamente,[474] me encontré con publicaciones que revelan paralelismos entre los Morgellons y los *"gusanos de cuerda relacionados con el autismo."*[475] *"A pesar de su diferente apariencia, los cuerpos fructíferos de Morgellons y los llamados gusanos de cuerda que se encuentran en los intestinos de los autistas tienen varias similitudes."*[‡‡‡‡‡‡‡‡‡‡‡‡‡]

Si bien el autismo era muy raro en el decenio de 1970, este trastorno de salud se encuentra ahora con mucha más frecuencia, especialmente entre los jóvenes.[476] Por consiguiente, es concebible que haya otros parásitos producidos artificialmente que hayan encontrado su camino hacia el cuerpo humano a través de las estelas químicas o las vacunas (véase también la sección "Efectos de las estelas químicas en nuestra salud").

Entonces, si es posible "apagar" o hacer que el cuerpo humano "se enferme" a través de estas criaturas artificiales que viven en el cuerpo humano, entonces hay razones para sospechar que esto realmente sucederá. "¿Quién se beneficia?" Utiliza a la élite para manipularnos, para mantenernos en el terreno, a través del mecanismo descrito anteriormente. Beneficia a los poderosos que quieren gobernarnos. Si el titanato de bario estroncio y los óxidos de aluminio no sirvieran para nada, no se rociarían.

Según el autor Harald Kautz Vella, hubo alrededor de 300,000 pacientes de Morgellon en todo el mundo que sufrieron síntomas graves en 2014.[477] También en Alemania hay ahora un número relativamente grande de personas afectadas que sufren de Morgellons que han perdido el control en sus cuerpos.[478] El cuerpo humano está tratando de deshacerse de estos Morgellons. Y esto ocurre, como se describe arriba, al crecer fuera del cuerpo.

---

‡‡‡‡‡‡‡‡‡‡‡‡‡ Se cree que el autismo también se transmite a través de ciertas vacunas, y que estas complicaciones de la vacunación también están relacionadas con los intestinos (kla.tv/14793, minuto 9:50. - kla.tv/14793 ya no está disponible en Youtube, pero se puede encontrar incrustado como un vídeo en *https://systematischgesund.de/gesundheit/impfen/kindersterblichkeit/*).

Ahora las buenas noticias:[479]

En una persona sana sin intoxicación por metales pesados y con un entorno básico en el cuerpo, las fibras de Morgellon tienen pocas posibilidades de propagarse en el cuerpo y desarrollar el "hongo Morgellon", porque en este caso el sistema inmunitario normal puede prevenir esto. Sin embargo, bajo ciertas condiciones, por ejemplo bajo la influencia de un gran estrés, y cuanto más ácido sea el cuerpo, mayor será el riesgo de que la enfermedad de Morgellon se desarrolle y penetre en el cuerpo. La propagación del hongo Morgellon en el cuerpo está respaldada por enfermedades previas o debilitamiento del sistema inmunitario, por ejemplo, como resultado de una intoxicación por metales pesados, que promueve la sobreacidificación.

Ahora las malas noticias:

Nuestro sistema inmunitario está debilitado, por ejemplo, por el glifosato, que inhibe la desintoxicación de metales pesados en el cuerpo. Se dice que las plantas genéticamente modificadas contienen algo que promueve el desarrollo de Morgellons.[480] Es digno de mención que a pesar de la amarga resistencia de la población, tanto el glifosato como las sustancias genéticamente modificadas no están prohibidas por la política, sino que cada vez más encuentran su camino en nuestra vida cotidiana. También es digno de mención "la firme negativa de los Estados Unidos y la Comisión del Codex a etiquetar organismos genéticamente modificados (OGM) como tales. Oficialmente, la Comisión del Codex[§§§§§§§§§§§§§] ve su tarea de proteger la salud del consumidor y garantizar el comercio justo de alimentos. En verdad, hace lo contrario: *"Controlada por la gran industria, la estipulación secreta del nuevo Codex ahora radica en aumentar las ganancias de los conglomerados corporativos globales y al mismo tiempo ganar el dominio mundial sobre los alimentos mediante el control de los alimentos."*[481]

[§§§§§§§§§§§§§] Codex Alimentarius

El hecho de que obviamente también es parte del proyecto "Control de la Población" puede verse en sus nuevas directrices del Codex, que incluyen: incluyen:[482] *"Todos los micronutrientes (como vitaminas y minerales) deben considerarse toxinas y eliminarse de todos los alimentos, ya que el Codex prohíbe el uso de nutrientes para la 'prevención, tratamiento o curación de dolencias o enfermedades' ... Todos Los alimentos (incluidos los alimentos orgánicos) deben irradiarse, lo que elimina todos los nutrientes 'tóxicos' ... Todos los nutrientes (por ejemplo, vitaminas A, B, C y D, así como zinc y magnesio) que tienen un efecto que promueve la salud, se consideran inadmisibles en cantidades terapéuticamente efectivas. Deben reducirse proporcionalmente para que sus efectos sobre la salud sean insignificantes".* Estos micronutrientes aún pueden obtenerse en la farmacia, aunque en casos especiales solo con receta médica,[**************] pero aquí también es desafortunadamente necesario tener en cuenta que a menudo tienen una sobredosis significativa, por lo que sus efectos terapéuticos son bajos o nada está presente, por ejemplo, algunos suplementos de vitamina C.

El mercurio, un metal pesado que se ha utilizado durante mucho tiempo como conservante en las vacunas pero que se ha eliminado debido a su toxicidad, sigue inyectándose en nuestros cuerpos mediante la desinfección de los jeringa de vacunas con una solución que contiene mercurio antes de su uso. El mercurio ya no está en la vacuna, pero sigue en la jeringa.[483]

Las personas que tienen empastes de amalgama en los dientes o que han inhalado vapores de mercurio al retirar estos empastes de amalgama corren un gran riesgo si se agrega aluminio. Y la amalgama, que es la única que todavía se usa en empastes dentales, por la cual las compañías de seguros de salud pagan los costos, libera mercurio en el cuerpo humano, durante todo el día. La presencia de mercurio aumenta los efectos tóxicos del aluminio.

[**************] Ejemplo: preparación de vitamina D Dekristol 20000 I.E.

Las lámparas halógenas liberan mercurio cuando se rompen. El alto consumo de azúcar, el abuso de antibióticos en la medicina y en el engorde de animales, pero también el uso intensivo de hormonas para acelerar el crecimiento en el engorde de animales también tienen una influencia negativa en el cuerpo humano, factores todos ellos que, además de las tres cosas: el **glifosato, las sustancias modificadas genéticamente** y los metales pesados en nuestra vida cotidiana, promueven el brote de la enfermedad de Morgellon. Por lo tanto, un estilo de vida saludable puede prevenir dicha enfermedad. Sin embargo, una gran parte de la población ya está dañada por las influencias mencionadas, que son difíciles de evitar en una vida cotidiana normal.

Un medio alcalino en el cuerpo es de extraordinaria importancia como prevención contra la enfermedad de Morgellon. Sin embargo, si hay un daño previo, es difícil mantener el medio alcalino. Como el conocido crítico Dr. Leonard Horowitz escribe:[484] *"El aluminio, el bario, el estroncio en compuestos químicos altamente peligrosos, se depositan en grandes partes de la humanidad cada día... De repente se desarrolla una infección bacteriana secundaria. Ahora bien, los antibióticos pueden tener un efecto negativo en usted y hacer que la química de su cuerpo se torne agria, de modo que usted obtiene erupciones y otras cosas, que su hígado está lleno de toxinas, y que su hígado atraviesa la piel, usted obtiene reacciones hipoalergénicas con los otros químicos."* Así que si se contrae una enfermedad bacteriana además de este envenenamiento por estelas químicas, por ejemplo, porque el sistema inmunológico ya está debilitado de todos modos, el cuerpo tiende a un entorno ácido, condiciones óptimas para el desarrollo de la enfermedad de Morgellon. Así que esto es un círculo vicioso.

¿Son Ebola, SIDA, SARS y EHEC armas biológicas?

Si los Morgellons representan un arma biológica desarrollada en laboratorios militares secretos, la pregunta surge automáticamente: ¿Podría ser que las nuevas enfermedades como el Ébola, el SIDA, el SARS y el EHEC sean también enfermedades desarrolladas en tales laboratorios militares secretos? El autor G. Schuster-Haslinger escribe:[485] "Interesante en este contexto es el hecho de que el Departamento de Salud y Servicios Humanos de los Estados Unidos tiene la patente del virus del Ébola. (Patente No. US20120251502)[486] Sin embargo, la patente del Ébola aún no se ha concedido y probablemente no se concederá, según MIMIKAMA.[††††††††††††††]

En cuanto a la enfermedad infecciosa EHEC, cuyos patógenos también se están investigando en el Centro Tbilisi Lugar, como se puede ver en los documentos citados anteriormente, nos gustaría recordarle el brote de EHEC en Alemania en mayo de 2011. Surge la pregunta: ¿Podría este brote de EHEC haber sido una operación de bandera falsa llevada a cabo por los servicios secretos como un castigo para Alemania? Anteriormente, el 18 de febrero de 2011, el FRG había votado contra Israel en las Naciones Unidas y poco después, cuando se aprobó la resolución de Libia sobre el establecimiento de una zona de exclusión aérea, se abstuvo. Por lo tanto, el FRG se había posicionado claramente en contra de los intereses de los Estados Unidos, lo que podría verse como una violación del Tratado del Estado Secreto del 21 de mayo de 1949 y del **Kanzlerakte**[487] (Canciller documento). Al menos esa es la interpretación en un video titulado **„Augenöffner! Die Unterwerfung der BRD-Kanzler“**[488] Probablemente nunca se descubrirá si esto es cierto; La epidemia de EHEC fue una de las epidemias más grandes en la República Federal, de la cual murieron 53

[††††††††††††††]MIMIKAMA es una asociación para la educación sobre el fraude en Internet, los informes falsos y la seguridad informática: *https://www.verein-mimikama.at/*

personas.[489] Y hay algunos indicios de que esta epidemia de ECEH ha sido organizada: el patógeno apareció repentinamente de la nada y la epidemia disminuyó con la misma rapidez, sin que en realidad fuera posible encontrar la causa real. Esta disminución a finales de junio de 2011 ocurrió después del viaje no anunciado de Merkel a los Estados Unidos el 7 de junio de 2011. En una "revisión", más de dos años después, puede leer en SPIEGEL ONLINE: *"El Gobierno Federal engañó al público en el escándalo Ehec 2011 ? Después de que más de 3800 personas enfermaron con el germen intestinal Ehec, las autoridades presentaron al presunto causante. De hecho, según Foodwatch, solo se le atribuyó una décima parte de los casos." "Un año después de que Foodwatch presentó su primer informe, el instituto (Instituto Robert Koch) admitió que hasta la fecha solo 350 de las 3842 enfermedades Ehec se puede explicar ... Sin embargo, dado que el número total fue significativamente mayor, se deduce que la mayoría de los pacientes no están conectados a un grupo de brotes conocido por el grupo de trabajo Ehec y / o que el número de pacientes por grupo debería ser significativamente mayor que eso RKI (Instituto Robert Koch) y la Task Force Ehec."*[490]

La sospecha de que el **SIDA es un arma biológica desarrollada en laboratorios militares secretos** no es tan descabellada; el colectivo de autores que rodea a Wolfgang Eggert proporciona pruebas sólidas de ello en su libro "Die geplanten Seuchen AIDS, SARS und die militärische Genforschung".[491] Y un crítico de Amazon.de escribió sobre este libro: *"El libro descubre la sospecha de que, como se ha sospechado durante mucho tiempo, estas son armas biológicas que se han descarrilado. ¿Por qué si no la industria farmacéutica no tendría interés en medicamentos que eliminan los virus del cuerpo en lugar de suprimirlos? Después de todo, es como una máquina de imprimir dinero si no hay ninguna vacuna o droga disponible en el mercado. Como la persona en cuestión, sé de lo que estoy hablando."*

Tal conclusión, *"máquina de imprimir dinero"* para la industria farma, escrita por una parte interesada, parece obvia. ¿Pero es verdad? ¿Es la industria farmacéutica, o sus gerentes son realmente tan inescrupulosos? ¿O estas enfermedades creadas artificialmente (siempre y cuando sean el resultado de investigaciones científicas, que aún no han sido probadas), de hecho no son curables? Una declaración de un científico muy respetado, Clifford Cranicom, que informa sobre una reunión entre un especialista en investigación y una fuente militar bien situada:[492] *"1. La operación es un proyecto conjunto entre el Pentágono y la industria farmacéutica. 2 El Pentágono quiere probar enfermedades biológicas con fines bélicos en poblaciones desprevenidas. Se ha afirmado que el SRAS es un error en el sentido de que la tasa de mortalidad esperada sería del 80%. La industria farmacéutica gana miles de millones de dólares en medicamentos desarrollados para tratar enfermedades mortales y no mortales que infectan a las poblaciones. 4. Las bacterias y los virus se secan por congelación y luego se unen a hilos finos para su liberación. 5. Los metales que se liberan junto con los patógenos son calentados por el sol, creando un ambiente perfecto para las bacterias y virus que se multiplican en el aire. 6. La mayoría de los países que son objeto de fumigación no conocen las actividades y no están de acuerdo con ellas. Explica que los aviones comerciales son uno de los sistemas de propagación. 7. la mayoría de los "actores" son viejos amigos y socios de negocios del presidente Bush padre. 8. el objetivo final es el control de todas las poblaciones a través de la fumigación precisa y dirigida de drogas, enfermedades, etc. 9. las personas que han tratado de revelar la verdad han sido encarceladas y asesinadas."* Los puntos 5 y 6 se refieren a las Chemtrails.

El hecho de que es muy probable que se trate de enfermedades creadas artificialmente parece ser cierto, al menos para la epidemia de SIDA (y probablemente también para el Ébola), como sugiere el colectivo automovilístico de Wolfgang Eggert. En una entrevista, Wolfgang Eggert analiza por qué es muy improbable que las explicaciones/conjuicios alternativos sobre el origen del SIDA que se discuten en los medios de comunicación públicos.[493]

En su libro "Ein Keim kommt selten allein" ("Un germen rara vez viene solo"), el autor Markus Egert describe una de las versiones/conjunciones oficiales sobre el origen del SIDA como una enfermedad generalizada:[494] *"Probablemente las variantes del virus SI (Virus de la Inmunodeficiencia de los Simios) que se encuentran en los simios se transmitieron a los humanos varias veces a principios del siglo XX. Alrededor del año 1920, el tipo de VIH que se propaga hoy en día en todo el mundo podría haberse originado en Kinshasa, que luego se propagó en la cuenca del Congo durante decenios antes de llegar al Caribe en el decenio de 1960 y a América del Norte en el decenio de 1970.* SpiegelOnline[495] también llegó a una conclusión similar: *"...con el SIDA había y hay tales teorías de conspiración. Por supuesto, no hay pruebas de esto. A partir de 1976 se produjeron importantes brotes de Ébola en la República Democrática del Congo (antes Zaire), la República del Congo, en el actual Sudán meridional, Uganda y Gabón. Los investigadores sospechan que los grandes simios y especialmente los zorros voladores eran los vectores. Es probable que los humanos se infecten con los virus cuando consumen la carne de animales salvajes."* Esta declaración refleja exactamente la versión oficial. El autor Wolfgang Eggert es diferente: responde a la pregunta formulada en una entrevista: *"¿Y cómo llegó el virus al dominio público?" "En este punto, varias explicaciones complementarias circulan entre los críticos del SIDA. Una y otra vez, una vacuna experimental contra la hepatitis B, que se llevó a cabo en noviembre de 1978 exclusivamente en jóvenes homosexuales sexualmente activos, juega un papel. Eso fue en Nueva York. Poco después, estas vacunas también se administraron en San Francisco y Los Ángeles. Y exactamente en estas ciudades, en los alrededores de estos grupos de personas de prueba, apareció el SIDA. Es casi asombroso cuando miras lo rápido que este campo experimental se contaminó pronto con el VIH. Curiosamente, el jefe del estudio sobre la hepatitis, que estaba a cargo del Centro de Sangre de la Ciudad de Nueva York, también entregó sueros y sangre a África Central en ese momento. Este fue el segundo epicentro del desarrollo del SIDA. No soy el único que se inclina a pensar que algunos de los supuestos preparados de inmunización fueron contaminados con el super virus que se planeó en 1969. Ya sea accidental o deliberado, queda por ver..."*[496]

Otro artículo adopta una postura muy clara sobre esta relativización *"ya sea inadvertida o intencional"*: *"El SIDA fue el primer gran experimento dirigido de bioguerra". "El doctor Dr. Robert Strecker descubrió que el virus del SIDA fue producido en la década de 1970 por la OMS en colaboración con el Instituto del Cáncer en Fort Detrick en Maryland (EE. UU.). Como muestran los documentos oficiales, la decisión política se tomó el 9 de junio de 1969."*[497]

Covid 19, ¿una arma biológica?

"Si la erradicación completa del virus no tiene éxito, la única opción que queda es hacer permanente el bloqueo, es decir, la paralización extensiva de la vida pública, hasta que se disponga de una vacuna.[498]

"No es de extrañar que los científicos de la OMS identificaran el virus del SARS/Corona tan rápidamente. ... Esta investigación no supervisada está produciendo peligrosos virus artificiales, muchos de los cuales tienen el potencial de ser un arma biológica".
(Dr. Alan Cantwell, virólogo[499])

Existe una patente para el virus de la corona, que se ha estado propagando por todo el mundo desde finales de 2019, concedida el 20 de noviembre de 2018 con el número EP3172319A1 en la Oficina Europea de Patentes.[500] *"Corona" es una gran familia de virus. Hay varias patentes de virus de Corona, que cualquiera puede buscar en 'Patentes de Google'."*[501]

Este nuevo virus corona 2019-nCoV (o Covid 19) "se propaga inicialmente sin ser detectado y con los síntomas de una gripe leve y más tarde conduce a las enfermedades graves y mortales como la neumonía. (CAPS). [502] Identificada por primera vez en la ciudad china de Wuhan en el solsticio de invierno de 2019, las autoridades chinas han puesto en cuarentena Wu-han y otras grandes ciudades chinas con una población total de unos 60 millones de habitantes.

Y el 30.01.2020 la OMS declaró una emergencia sanitaria internacional.[503]

El hecho de que este virus sea muy probablemente un virus desarrollado en un laboratorio de armas biológicas no sólo se debe a la patente concedida; los virus de origen natural no pueden ser patentados. También se desprende de un análisis genético: *"Se encontró material genético (del virus de la corona) de dos virus de murciélago diferentes en combinación con el viejo virus del SARS. Este patógeno parece ser artificial y por lo tanto un arma biológica, a menos que los murciélagos besen en secreto a los peces infectados con SARS por la noche. Los virus son altamente selectivos como patógenos; sin un huésped intermedio, los virus de murciélago no pueden simplemente recombinarse con ningún virus de peces. Sin embargo, 2019-nCoV parece hacer exactamente eso, lo cual es extraordinario y, en mi opinión, refuerza la sospecha de que fue criado en un laboratorio.*"[504] Sin embargo, el hecho de que el virus 2019-nCoV no sea de origen natural se clasifica como una afirmación falsa en un artículo de zeit.de.[505]

"Muchos chinos creen que el virus de la corona fue un ataque para debilitar la economía del país, por lo que las autoridades tuvieron que tomar medidas tan radicales para contener la propagación del virus. Porque, si la OMS clasificara el nuevo virus como una amenaza global, sería un pretexto para que los enemigos de China pusieran en cuarentena a todo el país con sus 1.400 millones de ciudadanos, lo que significaría el fin de China[506]

La pregunta de quién está detrás de esto se responde de nuevo con la pregunta, "¿Quién se beneficia?" Y el video que acabamos de citar da la siguiente respuesta: "Y los virus diseñados como armas biológicas no tienen que estallar inmediatamente. En una persona sana podrían cambiar al modo de sueño y esperar su activación, activación en forma de una ola normal de gripe, a la que luego se encenderían letalmente.[507] Esto significa que el brote de la enfermedad podría producirse al mismo tiempo que la siguiente ola estacional de gripe, lo que tendría entonces el potencial de una pandemia.

"Lo que una pandemia de la corona significaría para nosotros fue simulado el 18 de octubre de 2019." ‡‡‡‡‡‡‡‡‡‡‡‡‡‡ El resultado de esta simulación fue: 65 millones de muertes en los próximos 18 meses y una crisis económica mundial de proporciones inimaginables. *"El ejercicio pandémico, titulado 'Evento 201', puso a los participantes en medio de un brote incontrolado de virus corona que se propagó como un incendio forestal desde América del Sur y causó estragos en todo el mundo. En la simulación, el CAPS (el virus de la corona) causó la muerte de 65 millones de personas en 18 meses", dijo la Universidad John Hopkins."* El mismo día, 18 de octubre de 2019, comenzaron en Wuhan los Juegos Militares (una competición deportiva, un evento comparable a los Juegos Olímpicos), en los que participaron unos 9.000 soldados de 110 países de todo el mundo, sólo unas semanas antes de que comenzara la propagación del virus de la corona. Esto podría significar que una proporción significativa de los soldados que participaron en estos juegos de guerra fueron infectados con el virus de la corona, que luego podría propagarse a la población cuando regresaran a casa.

El hecho de que todo el asunto sea un proyecto de la NWO es sugerido por la lista de participantes e iniciadores de este ejercicio pandémico "Evento 201", que incluye a los fanáticos de la globalización Bill Gates y Tom Inglesby del Centro John Hopkins para la Seguridad de la Salud. Como resultado de la simulación, se hace un llamamiento para que se redoblen los esfuerzos en pro de la globalización: **"El evento 201 pide el globalismo como solución a las pandemias"**.[508] *"La intención que persiguen (los globalistas) con esto es que los gobiernos cedan su obligación social sobre la atención de la salud, su poder y su responsabilidad a un organismo internacional, a saber, la Organización Mundial de la Salud.*[509]

Otro paso hacia la NWO. Pero también parece desempeñar un papel otro aspecto, a saber, un enorme modelo de negocio para la

‡‡‡‡‡‡‡‡‡‡‡‡‡‡ Sin embargo, el hecho de que el virus 2019-nCoV no sea de origen natural se clasifica como una afirmación falsa en un artículo de zeit.de

industria farmacéutica, que obtendría miles de millones de dólares de beneficios si una vacuna contra el virus de Coroana entrara ahora en el mercado. *"El Banco Mundial ha creado por primera vez (a mediados de 2017) un fondo para pandemias con el fin de proporcionar financiación de emergencia para un brote pandémico por valor de 500 millones de dólares ... Fondo de capital para una pandemia. La razón por la que lo hacen es porque creen que se puede ganar mucho dinero en un futuro próximo con una pandemia". Y he aquí que ya después de menos de 2 años estalla una pandemia, causada exactamente por este virus, que fue objeto de este ejercicio pandémico "Evento 201".*[510]

"Los mismos globalistas que poseen la patente del virus y que primero predijeron e iniciaron el surgimiento y la propagación del virus, ahora anunciaron que desarrollarían vacunas para el mortal virus Corona. Según los conocedores del negocio, "una coalición apoyada por Bill Gates está financiando a las empresas de biotecnología" para tratar de desarrollar una vacuna contra el virus de la corona. ¿Qué opinas? ¿Es todo esto una gran coincidencia?" [511] Y, quién sabe si tal vacuna volverá a tener "efectos secundarios" como en 1919/20 con las vacunas contra la gripe española.
"Más contagioso que cualquier virus es el miedo a ser infectado."[512] Y el miedo llevaría a muchas personas a vacunarse contra el virus de la corona.

En Italia, donde se ha registrado un número superior a la media de muertes por la pandemia de la corona, se sugiere una comparación con la "gripe española" de 1918 a 1920, que causó unos 20 millones de muertes. Sin embargo, la "gripe española" fue aparentemente desencadenada por las vacunaciones masivas (para más detalles véase la sección "Vacunado con glifosato"). Desde entonces ha quedado claro que las vacunaciones masivas se han llevado a cabo en algunas partes de Italia. *"De acuerdo con bergamonews.it, se ordenaron 185.000 vacunas contra la gripe en Bérgamo en octubre de 2019. ... Además, según bsnews.it, en enero de 2020, es decir, poco antes de la supuesta masacre de Corona,*

34.000 personas fueron vacunadas debido a una emergencia de meningitis en Brescia y Bérgamo no bene".[513]

El que las tasas de mortalidad causadas por el virus de la corona aumenten realmente tan drásticamente como ha demostrado la simulación anterior (ejercicio pandémico "Evento 201"), dependerá decisivamente de la cantidad de personas que ya han sido dañadas por los venenos del aire y los alimentos (véase la sección "Armas biológicas de alta tecnología - de la aurícula al infierno", subsección "Ahora las malas noticias") y del temor difundido por los medios de comunicación, que aumenta el nivel de estrés de las personas. El aislamiento y la ansiedad de larga duración conducen finalmente a un aumento de la depresión y al debilitamiento de la salud.

"El repetido y desastroso manejo de las estadísticas médicas, especialmente por parte del jefe del "Instituto Robert Koch" ("RKI"), el profesor Wieler, ha causado un tsunami de miedo y pánico en las mentes y almas de la población, que en esencia no ha sido corregido por el segundo asesor médico decisivo del Gobierno Federal, el profesor Drosten, y que difícilmente puede ser detenido ni siquiera con la más fundamentada y persistente educación médica. "[514]

"Pero la crisis es en gran medida una conclusión anticipada. Las cifras blancas indican (y esta no es mi opinión ahora, pero lo que los médicos están diciendo - sólo las estoy citando porque no se les ocurre una palabra) que esta pandemia de la corona se desarrollará más o menos como una grave epidemia de gripe, pero en Alemania será considerablemente más ligera que una epidemia de gripe. Así que no hay ninguna razón para este encierro. ...no hay sobrecarga del sistema de salud. ... Mi demanda es que todas las medidas de cierre se levanten ahora y que no haya nuevas medidas como máscaras obligatorias y vacunas obligatorias y cualquier otra cosa que pueda venir.[515] El estado de emergencia de la Corona es una puesta en escena.

¿La OMS mata?

"Una no validada y no diagnosticada
La prueba aprobada proporciona el pretexto para la aplicación
medicamentos que amenazan la vida - y todo esto con un
Enfermedad infecciosa de la que todavía no hay pruebas de que
están seriamente preocupados por el riesgo de la gripe anual
...que implicaría peligros más allá del llamado del deber". [516]

"Se sabe que los episodios normales de enfermedad a nivel mundial se han descrito de manera inflacionaria y centrándose en patógenos individuales con el término 'pandemia' desde la gripe porcina de 2009. En este contexto, se ha pedido desde hace mucho tiempo vigilancia y desconfianza históricamente justificada. Porque si nuestros huéspedes virales invernales normales, cambiantes y que circulan por todo el mundo, como los virus H1N1 en 2009 (gripe porcina), ya cumplen los criterios de una pandemia, entonces el término ha perdido su sentido... Desde el punto de vista médico, y considerando los datos disponibles, las precauciones especiales son ahora superfluas, incluso si el gobierno dice lo contrario".[517] El especialista en pulmones y epidemiólogo Dr. Wolfgang Wodarg descubrió en su investigación: *"Las pruebas en toda la zona, la fijación en estaciones respiratorias, el vaciado de clínicas para la anunciada inundación de víctimas del Covid-19 y los ejercicios de triaje causaron pánico e hicieron posible que una población altamente intimidada obedeciera. ¿Pero por qué? ¿Qué hace que el gobierno esté tan seguro de que considera necesario anular la Ley Fundamental en partes esenciales, para llevar a la clase media a la quiebra y dejar que los trabajadores y empleados caigan en el desempleo? ¿Qué más nos amenaza?"*[518]

¿La OMS mata? ... Una pregunta descarada, que desafortunadamente debe ser respondida SÍ, si el Dr. Wolfgang Wodarg, internista, neumólogo y especialista en higiene y medicina ambiental, está en lo cierto con su informe sobre los antecedentes de las numerosas muertes de Corvid 19 en Italia,

España y Nueva York. El resultado de su investigación es que la OMS recomienda un fármaco (el fármaco antipalúdico hidroxicloroquina (HCQ)) para el tratamiento de las personas que padecen Covid-19, que puede matarlas si carecen de cierta enzima ("deficiencia de G6PD"[§§§§§§§§§§§§§§]). Pero esto es exactamente lo que le pasó a muchas de las víctimas del Covid-19 en Italia, España y Nueva York. "*Cabe señalar que también se ha descrito una alta prevalencia de la deficiencia de G6PD en algunas regiones de Italia, y que en Italia hasta el 71% de las personas que dieron positivo en la prueba de PCR, así como el personal, tenían un alto nivel profiláctico de HCQ. Lo mismo se aplica a España."*[519]

"No se sabe cuántas veces esta combinación letal ha causado víctimas. No ha habido ningún debate sobre el tema entre los responsables de la OMS y los gobiernos. También hay una espantosa falta de conocimiento y responsabilidad entre los médicos responsables del tratamiento de los pacientes de Covid-19 o del personal que los trata.
Una vez más, esta conexión se aplica no sólo a África, sino también a grandes partes de Asia, América del Sur y Central, Arabia y la región del Mediterráneo.[520] *Y en el curso de la migración mundial de los últimos años, una alta proporción de la población de Europa, los Estados Unidos y Australia también procede de países en los que la escasez de G6PD es generalizada.* ***"Estos casos no tienen nada que ver con la enfermedad de Covid-19. El resultado de una prueba de PCR que conduzca a la prescripción profiláctica de HCQ es suficiente para causar una enfermedad grave en hasta un tercio de las personas de poblaciones de alto riesgo tratadas de esta manera."***[521] El Dr. Wodarg va aún más lejos al decir:[522] *"...y creo que esto es un homicidio por negligencia grave, lo que está sucediendo aquí. Y si la OMS lo programa de*

---

§§§§§§§§§§§§§§ *"Es algo llamado glucosa-6 deshidrogenasa o 'deficiencia de G6PD', una de las peculiaridades genéticas más comunes, que puede conducir a una hemólisis amenazante (disolución de los glóbulos rojos) en la mayoría de los hombres cuando se toman ciertas drogas o productos químicos". ... como la hidroxicloroquina (HCQ) recomendada por la OMS para el tratamiento del Covid-19.*

esa manera, lo ignora, incluso lo recomienda como un medicamento excepcional, que ahora se está tomando por necesidad; para mí no es más que matar a mucha gente de manera selectiva, para que nos asustemos, para que se cree miedo en África, en Brasil, para que nos tomemos en serio esta enfermedad y digamos, sí, es tan mala, y necesitamos urgentemente la vacunación. Eso es pérfido, es diabólico, es algo para el fiscal. Ya no es para el epidemiólogo. Es tan obvio."

El Pánico del Corona es una puesta en escena

"El Pánico de la Corona es una puesta en escena, es una estafa. Ya es hora de que entendamos que estamos en medio de un crimen mundial y mafioso.“
(Conferencia de prensa de „Wir Ärzte für Aufklärung“[**************] am 7.5.2020)

„Este año, el Premio de la Televisión Alemana honra a los reportajes de Corona con un premio especial. Los ganadores del premio en la primera categoría son: ...: Redactores jefe de ARD y WDR, responsables de ARD extra: La situación de la Corona.“[523,††††††††††††††]

Al igual que con la histeria climática, el miedo y la inseguridad se generan en la población y están firmemente plantados en sus cerebros. Este "miedo a la corona" está ahora firmemente anclado en la mente de muchas personas y ha desarrollado tal impulso que muchos están convencidos de que morirán en agonía si se infectan con el "peligroso" virus. En las noticias de los medios de

[**************] „Nosotros doctores para la Ilustración“

[††††††††††††††] Texto original: *„Der deutsche Fernsehpreis würdigt die Corona-Berichterstattung in diesem Jahr mit einem Sonderpreis. Die Preisträger im Ersten sind: ...: Chefredakteure von ARD und WDR, zuständig für ARD extra: Die Corona-Lage.“*

comunicación públicos, se muestran imágenes de gente cayendo en las calles, ataúdes apilados, hospitales abarrotados en Wuhan, Italia, España, Nueva York, ... Se difunden historias estremecedoras sobre cómo el virus está haciendo estragos en todo el mundo, y se falsifican las cifras para mostrar cuántas personas han muerto a causa del virus de la corona. ***"Muerte por el virus del corona. COVID-19 en la etapa final es como ahogarse, sólo que más lento".*** Este es el impactante titular de "EL MUNDO LIBRE": *"Los que mueren por las consecuencias de COVID-19 experimentan su final en plena conciencia". Los informes de Italia corresponden exactamente a los de China. Los afectados tienen la sensación de ahogarse lentamente y sin ayuda.*[524] La gente se despierta a los temores primarios de asfixia como resultado de una infección de la corona. El patrón es exactamente el mismo que ya hemos experimentado con la histeria climática. El hecho de que la gente tenga miedo y entre en pánico conduce a personas sin voluntad, con las que se puede hacer cualquier cosa, incluso privarlas de sus derechos fundamentales, como hemos visto en el contexto de la crisis de la corona.

Tras la retirada de las libertades civiles durante tres meses, a partir de junio de 2020 comenzó a surgir un efecto de habituación y condicionamiento de la población, donde aprendieron a aceptar las restricciones. Un símbolo obvio de esta nueva "normalidad" es el uso de máscaras de protección bucal y nasal en lugares públicos, no sólo en los supermercados prescritos, gasolineras, tiendas de bricolaje, transporte público y en los locales de las autoridades públicas. No, también en la calle, también en coches privados, incluso cuando la gente viaja sola. Las personas que se nieguen a aceptar esta "normalidad" y no lleven una máscara en el supermercado, por ejemplo, serán atacadas, en el peor de los casos serán expulsadas y/o se llamará a la oficina de orden público, donde se enfrentarán a fuertes multas. Y como anunciaron varios políticos y sus expertos, habrá una "segunda ola", que debería asegurar una mayor continuación de la privación de derechos de la población. La ley Covid-19, aprobada por el Bundestag el 16 de junio de 2020, sirve exactamente para este propósito. Junto con la Ley de Protección de Infecciones, esto asegura una posible continuación de las medidas de co-rona hasta el 31 de marzo de 2022 (!). Se puede suponer que esta segunda ola está segura de llegar, a saber, la próxima ola estacional de gripe, que puede ser fácilmente re-etiquetada como la segunda ola.

Un componente esencial de la nueva "normalidad" es el requisito de que las personas en los espacios públicos mantengan una distancia de 1,5 ... 2 m entre sí. Este requisito garantiza que las personas puedan ser identificadas claramente por los nuevos sistemas de reconocimiento de la visión, un requisito previo básico para el control y el seguimiento sin fisuras de los movimientos de las personas. Esta nueva "normalidad" incluye también la restricción de la libertad de viajar, no sólo en dirección a otros países, no, también dentro del país. Esto ya lo indican las "pruebas positivas" masivas realizadas por los empleados del matadero de “Tönnies”, y posteriormente también por el criador de aves "Wiesenhof".[‡‡‡‡‡‡‡‡‡‡‡‡‡‡‡] La consecuencia, restricciones también en la libertad de viajar entre distritos vecinos. Estas restricciones de viaje son un objetivo importante de la élite, porque pueden mantener a la gente bajo control de manera más efectiva. Esto puede clasificarse como parte de la demanda **"Acercar a todos a las ciudades"** (como una sección de la Parte 1 de esta serie de libros dice: "2025 - El penúltimo acto"). Estas restricciones de

---

[‡‡‡‡‡‡‡‡‡‡‡‡‡‡‡] *"Casi todos los animales de abasto han sido vacunados contra la corona durante años... una vacuna ejemplar para el ganado es: "Rotavec® Corona". También existen vacunas similares para los cerdos y las aves de corral. Por el contrario, esto significa que en casi todos los mataderos, los fragmentos de corona en los aerosoles fantasmas a través de la granja. Estos son regularmente inhalados por los empleados y pueden conducir a las llamadas "reacciones cruzadas". ¿Por qué no se examina esto en un contexto más amplio?*
Si los expertos ya están señalando que tales reacciones cruzadas pueden ocurrir en los mataderos, ¿por qué no miramos más de cerca esto? Si no hay discurso, se levantará la sospecha de que ya no se trata de la medicina y la salud, sino de una agenda política menos intencionada.
Seguramente tal pregunta debe ser permitida. Otro aspecto interesante sería el grado de contagio científicamente comprobable entre los empleados de producción, en contraposición a los de la administración. Si hubiera una diferencia significativa allí, esto hablaría de la reacción cruzada mencionada en el manual, es decir, el procesamiento de la carne, área de la empresa. (encontrado en internet)

viaje también impiden la resistencia pública efectiva de la población. Las demostraciones ya no pueden tener lugar a gran escala. La experiencia nos ha enseñado que las manifestaciones dirigidas contra la restricción de la libertad son detenidas por la policía a escala masiva y con fuerza bruta. Por otra parte, se toleran las demostraciones que son beneficiosas para el sistema o, al menos, no pueden ser peligrosas para él (ejemplos: "Frydays for Future" y "BlackLivesMatter"). En estas manifestaciones las restricciones a las libertades civiles prácticamente no se aplican.

Sin embargo, hay esperanza, con verdaderos expertos en el campo de la salud alzando sus voces y exponiendo el Pánico de la Corona por lo que es, una puesta en escena, un crimen mundial, detrás del cual está la OMS, un tentáculo del Estado Profundo, el próximo Nuevo Orden Mundial NWO. Estos expertos son silenciados por los medios de comunicación públicos, o se les niega su competencia:

"Nosotros, 'los doctores de la reconstrucción', criticamos las medidas tomadas a raíz de Covid 19 como excesivas. Las medidas que todos estamos experimentando no tienen nada que ver con la adecuada supresión de un virus. Entonces, ¿quién está siendo suprimido aquí? No tenemos la plaga. Y el virus corona de este año, SARS-Cov2, se comporta de la misma manera que los virus de la gripe estacional, que en realidad tenemos todos los años. Eso son básicamente buenas noticias. La mala noticia es que todos estamos experimentando un pánico."[525]
"Actualmente se argumenta que las medidas deben mantenerse más o menos hasta que toda la población pueda ser salvada por la vacunación. Se exige un año y medio de una "nueva normalidad" sin vacaciones, festivales, eventos culturales y deportivos y se prometen vacunas obligatorias, pruebas obligatorias, aplicaciones de rastreo e inmunidad."[526]
Sin embargo: "La mayoría de los expertos ya no pueden negar que el peligro de infección en Alemania y sus países vecinos ha pasado, sin avergonzarse por el resto de sus carreras. Y sin embargo, hay gente en los gobiernos, oficinas gubernamentales y la

comunidad científica que quiere encerrarnos con miedo y continuar con sus actividades.[527]

"Estamos acostumbrados a ver a las autoridades fallar colectivamente de forma regular, ... Pero parece haber una cualidad en ello... donde los puntos neurálgicos están obviamente ocupados por gente ***que tiene un trabajo que hacer****. Porque eso es lo que hay detrás, ... Eso significa que la cuestión está abierta, por supuesto, si se trata de una* ***acción criminal*** *que se desarrolla en segundo plano, que simplemente no se discute con nadie."*[528] Esta es la evaluación de Andreas Popp de www.wissensmanufaktur.net en respuesta al análisis[§§§§§§§§§§§§§§§],[529] de casi 200 páginas sobre el cierre por un conferenciante del departamento KM4 (protección de infraestructuras críticas) del Ministerio del Interior. La reacción del Ministerio del Interior y de los medios de comunicación (Tagesschau) fue oportuna: colocaron este análisis y su contenido en el ámbito de las teorías de la conspiración.

Un fraude sistemático:

"Después de que el gobierno ha demonizado el CO2 en la interacción con la prensa de mentiras debido a un fraude científico, sigue el ataque al aire que respiramos (O2). Según la nueva narración, el aire está contaminado con un patógeno invisible y la respiración libre es, en consecuencia, altamente peligrosa para los mortales.[***************]

---

§§§§§§§§§§§§§§§ *"Un orador de la Unidad KM4, es decir, 'Protección de Infraestructuras Críticas del Ministerio Federal del Interior para la Construcción y Asuntos Internos' ha enviado, después de intentos infructuosos de hablar con los superiores sobre su alarmante y extenso análisis y los efectos del cierre, esto al equipo de gestión de crisis y sus grupos de trabajo especializados a nivel federal en todos los resorts así como con los estados de todos los estados federales, es decir, una enorme lista de distribución. Su solicitud de presentar la alerta al ministro fue rechazada sin examinar el contenido. Un informante del círculo de los contactados proporcionó el análisis del explosivo."*

*************** *"No existe una correlación entre los niveles de CO2 atmosférico y el cambio climático, ni un experimento científico que pruebe tal conexión. Similar a la estafa de Corona, la teoría se basa única y exclusivamente en modelos que pueden ser calibrados a voluntad por los "científicos" para decir*

"El punto más importante aquí es entender que 'Corona' en ese sentido no existe. Es un resfriado facil que se produce todos los años y causa la muerte de aquellos con un sistema inmunológico débil. Las muertes en Wuhan, que Merkel visitó en septiembre de 2019 (extraño), se remontan a 5G. La emisión de la firma[††††††††††††††††] *de la enfermedad electromagnética por microondas pulsadas fue (¿intencionadamente?) demasiado fuerte; los alvéolos pulmonares estallaron y los pacientes escupieron sangre. Para ocultar esto, fueron cremados directamente. La atención de Covid-19 es como una cortina, así que no podemos ver lo que está pasando detrás de la cortina. Detrás de la cortina hay dos poderes que luchan: El Estado Profundo mundial y las fuerzas de la luz. Para los DS/Illuminati (en lenguaje de brujas "Moreya" - El Viento Conquistador) es la última oportunidad de introducir el Nuevo Orden Mundial; de ahí la Corona, y al mismo tiempo el intento de implantar a toda la humanidad a través de vacunaciones masivas, abolir el dinero en efectivo, eliminar a Trump, etc."*[530]

Tanto la estafa del clima como la estafa de la corona son un ataque a la libertad y la prosperidad de la gente. Mientras la humanidad sangra, la élite del poder se frota las manos. El fraude de la Corona es un ejemplo de cómo el Estado no nos protege de las actividades criminales. En la práctica, el estado sirve como vehículo para que los criminales se den cuenta de su reclamo de dominación mundial. Así que cualquiera que quiera resolver el problema con nuevas leyes y regulaciones está simplemente alimentando a la bestia.

Así como las plantas no pueden prosperar sin CO2, los humanos sufren sin oxígeno. Según el Efecto Warburg, la falta de oxígeno provoca hiperacidez, lo que convierte al organismo en un entorno óptimo para los parásitos y las infecciones. Así que si usas una máscara respiratoria y no puedes recibir la luz UV porque tienes

---

lo que el cliente quiere que digan". (Correlación en el sentido de que el contenido de CO2 tiene un gran impacto en el cambio climático)

†††††††††††††††† Para más detalles, véase la sección "´5G´ y transhumanismo (agenda transhumana)".

miedo de salir al exterior por la histeria de la corona, aumentas el riesgo de enfermedad.‡‡‡‡‡‡‡‡‡‡‡‡‡‡‡‡"[531]

Corona - El golpe desde arriba

El programa NWO:
Crisis de los refugiados,
Crisis del CO2,
Crisis de la corona,
La crisis económica
... Choque
TOMAR DE PODER

"Estamos al borde de una transformación global, todo lo que necesitamos es la crisis global correcta y las naciones estarán de acuerdo con el nuevo orden mundial".(David Rockefeller)

"¿Qué daño causa este encierro? Y no es sólo el daño que es a corto plazo o que se ha dejado en barbecho por un corto tiempo. Es la destrucción de toda la economía. Si se mira todo el asunto en relación con los últimos años, en los que la economía ya ha sido destruida sin esta argumentación china, obviamente podría ser ... casi un ***final de una acción concertada que fue planeada durante muchos años."*** [532] Y exactamente esta evaluación da en el blanco; en mi libro anterior "Alemania en Caída Libre" ya había descrito cómo la política del gobierno alemán estaba dirigida contra la economía alemana y obviamente tenía el objetivo de desestabilizar el país. Y esta es exactamente la evaluación que da en el blanco; en mi libro anterior "Alemania en Caída Libre" ya había descrito cómo la política del gobierno alemán estaba dirigida contra la economía alemana y obviamente dirigida a desestabilizar el país.

‡‡‡‡‡‡‡‡‡‡‡‡‡‡‡‡ *"La luz ultravioleta convierte el oxígeno (O2) en ozono (O3). La radiación ultravioleta se utiliza para tratar el agua, el aire y las superficies. Debido a la velocidad de la reacción - los microbios se inactivan en fracciones de segundo si se aplica una dosis suficiente - las lámparas UV pueden utilizarse no sólo para desinfectar las superficies sino también para desinfectar el agua, el aire o incluso los flujos de aire guiados en los conductos de aire acondicionado. (ver Wikipedia)".*

En realidad, el "Acuerdo Verde Europeo", anunciado por el Presidente de la Comisión de la UE el 11 de diciembre de 2019, tenía por objeto desencadenar el choque previsto por muchos expertos económicos (véase la sección "Emergencia climática"). Con el bombo de la corona, las cosas están sucediendo ahora incluso más rápido, y la culpa del choque puede recaer en la "pandemia" de la corona. *"... porque este leve frío, inflado a una (pseudo) pandemia, se supone que creará un caos global en el último momento, ¡si la élite satánica se sale con la suya! El ANGST,*[§§§§§§§§§§§§§§§§] *lo que puede llamarse "datos erróneos que parecen reales", es exactamente lo que se ha utilizado con éxito durante siglos para la hipnosis de masas y se supone que funciona esta vez también y, como podemos ver por todo el pánico, ¡lo hace! "*[533] *"...Estas medidas son autodestructivas. Y, si la sociedad los acepta y los realiza, es como un suicidio colectivo."* (Prof. Dr. Sucharit Bhakdi [534])

Las medidas adoptadas por los políticos para contener el virus tienen un impacto negativo no sólo en la salud pública, sino también en la economía nacional, especialmente en las pequeñas y medianas empresas, que ya no pueden cubrir sus gastos de funcionamiento. Conducirá a miles de abandonos de negocios por parte de pequeñas y medianas empresas. La ayuda financiera prometida por los políticos a estas empresas no detendrá este proceso de destrucción; al contrario, los préstamos prometidos deberán ser devueltos en algún momento, y las ayudas puntuales pagadas serán recuperadas por el Estado a través de la oficina de impuestos.

Pero las medidas tomadas por los políticos también sirven para abolir los derechos de libertad de los ciudadanos:[535]

• *"La histeria de la corona es perfecta para restringir o abolir completamente los derechos civiles.*

---

§§§§§§§§§§§§§§§§ El ***caos*** como la gran crisis, como un prerrequisito para que la gente acepte el Nuevo Orden Mundial (Rockefeller), de hecho, para anhelar la redención de la gran crisis. La ***"élite satanista"*** está estrechamente ligada al Estado Profundo (más sobre esto en el "Epílogo - Elite y Estado Profundo").

• *Corona hace posible que las personas se pongan voluntariamente en cuarentena, que no es más que otra forma de detención.*
• *Corona hace posible que nos acostumbremos a una mayor presencia policial y militar en nuestras calles.*
• *¡Corona hace posible que la gente ya no pueda o quiera reunirse! Restricción de la libertad de reunión (¡Los chalecos amarillos de Francia se están debilitando!)*
• *Corona hace posible que la gente pueda ser vacunada contra su voluntad y al mismo tiempo ser astillada. La "integridad física de una vida humana" constitucional está entonces pasada de moda.*
• *Corona permite abolir el dinero en efectivo, con el pretexto del contagio.*
• *Corona hace posible la vigilancia total para mantener el orden público.*
• *Corona es la coartada perfecta para el colapso del sistema financiero. Mantiene las verdaderas razones y los verdaderos culpables en el fondo.*
• *Corona puede distraer del hecho de que la gente de Wuhan ha enfermado y muerto por la radiación 5G, pero no por el virus. ¡Porque en Wuhan 5G ha sido completamente desplegado y en funcionamiento desde el otoño de 2019! ¿Se inventó Corona para desviarse de la exposición a 5G?*
• *El virus de la Corona crea miedo. Este miedo es más contagioso que el virus. ¡Y parece deliberado! Porque una vez que una persona tiene miedo, deja que le pase todo.* (hallazgo neto)

Y siempre puedes extender el toque de queda.

Figura 50: Un cuadro para los libros de historia - I: El Parlamento Austriaco hace un balance después de 5 semanas de circunstancias excepcionales.[536]

Figura 51: Un cuadro para los libros de historia - II: Los manifestantes se manifiestan en contra de la progresiva anulación de la Ley Fundamental.[537]

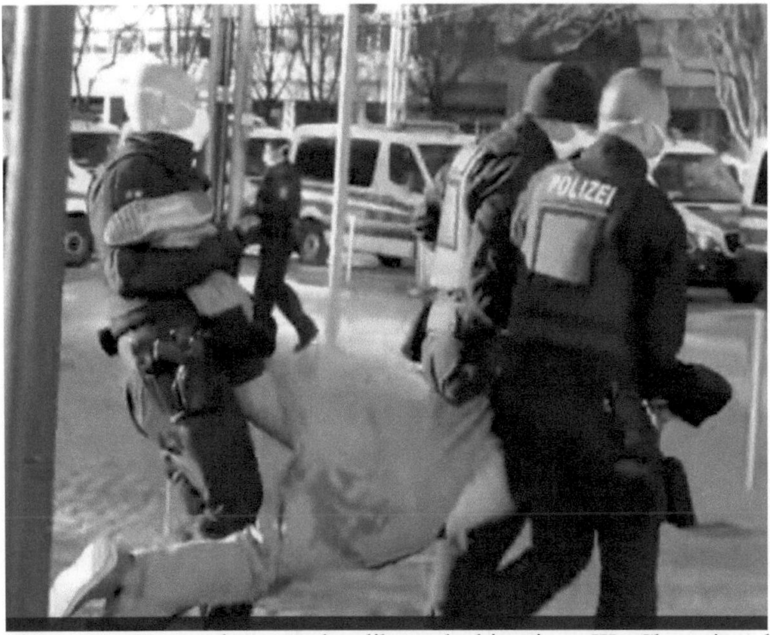

Figura 52: Un cuadro para los libros de historia - III: Chemnitz el 18.04.20, arrestos de manifestantes que se manifiestan contra la progresiva anulación de la Ley Fundamental.[538]

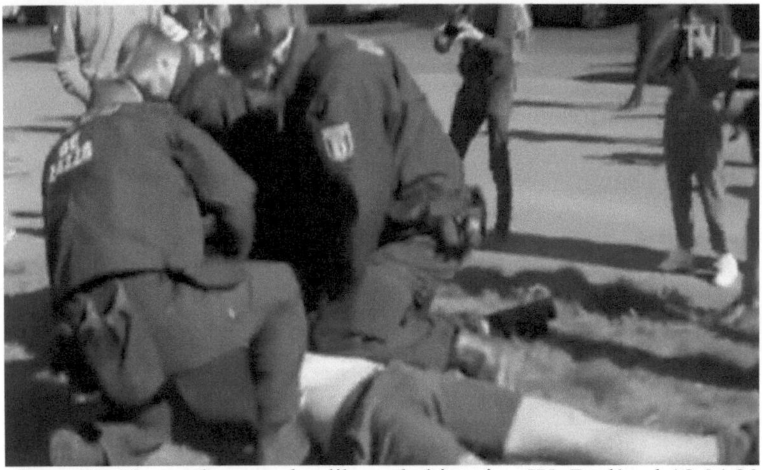

Figura 53: Un cuadro para los libros de historia - IV: Berlín el 18.04.20, arrestos de manifestantes que se manifiestan contra la progresiva anulación de la Ley Fundamental.[539]

Figura 54: Un cuadro para los libros de historia - V.

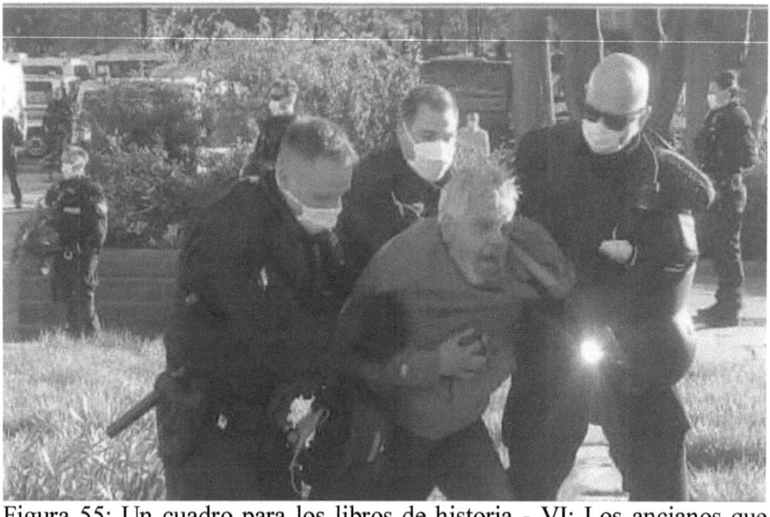

Figura 55: Un cuadro para los libros de historia - VI: Los ancianos que salen a la calle para defender sus derechos son llevados como criminales graves.

Figura 56: Un cuadro para los libros de historia - VII:

Figura 57: Un cuadro para los libros de historia - VIII:

El 8 de abril de 2020, la abogada Beate Bahner presentó un recurso de emergencia contra este **golpe desde arriba** ante el Tribunal Constitucional Federal. En esta petición de emergencia, se quejó de

que las Ordenanzas de la Corona emitidas por el gobierno federal y estatal eran "flagrantemente inconstitucionales".
"El motivo de la petición de emergencia se confirma, según el abogado, por el hecho de que la República Federal de Alemania está en vías de convertirse en un 'estado policial dictatorial' al ***'restringir casi todos los derechos básicos'****. Bahner también teme por su libertad mediante el* ***arresto y la custodia policial,*** *ya que ha recibido una visita de la policía de Heidelberg. "*[540]
Esta solicitud urgente fue rechazada el 10 de abril de 2020. En consecuencia, había devuelto su admisión al Colegio de Abogados con la siguiente justificación: *"Lamentablemente, no logré salvar al Estado constitucional y al orden básico democrático libre de Alemania, especialmente nuestros derechos básicos constitucionalmente anclados y los derechos humanos inviolables del peor ataque mundial y del establecimiento a la velocidad del rayo de la tiranía más inhumana que el mundo haya visto jamás". Hoy en día, el estado de derecho está muerto. ... "*[541]
Pero lo que no esperaba era que la llevaran al pabellón psiquiátrico de la Prisión de Alta Seguridad de Heidelberg con violencia policial y que la trataran como a un peligroso delincuente cuando la arrestaran.[542]

Pronóstico - ¿Qué va a siguir?

¿"Ensayo general para la emergencia"? - Paso a paso, nos deslizamos a donde no queremos ir". (Henryk M. Broder [543])

"Esta constitución está en grave peligro. - Palabra clave Corona. Y me gustaría aprovechar esta oportunidad para mostrar que lo que está sucediendo en este país es extremadamente peligroso para este país, y que los números 33, 89 y 20, es decir, 2020, pueden ser mencionados en una frase. Porque lo que está ocurriendo aquí ante nuestros ojos en este momento es un escándalo y una catástrofe mediana si no damos un abrazo a los que lo están embolsando. ...
Cualquiera que muestre abiertamente la Ley Básica en Merkel Alemania en una manifestación, será fichado por la policía."[544]

"Estamos al borde de una transformación global, ...", desencadenada e iniciada por la OMS, el largo brazo de los donantes privados, financiada principalmente por la Fundación Bill Gates. Que hay un plan estratégico detrás, elaborado en los grupos de reflexión, se puede ver, por ejemplo, en el hecho de que los políticos en relación con la reunificación han tomado una serie de medidas que hacen que la transición de la RFA a la NWO sea muy simple. Desde 1990, la RFA no es un estado, sino una sociedad de responsabilidad limitada. Los políticos responsables habían dado de baja a la RFA el 3.10.1990 en la ONU como Estado y habían derogado legalmente la Ley Fundamental alemana el 17.07.1990 suprimiendo su ámbito de aplicación, artículo 23, el 17.07.1990. Sin alcance una ley es nula. La objeción de que esto está ahora en el preámbulo es irrelevante, porque el preámbulo no es parte de la ley. La República Federal de Alemania, el Bundestag y todas sus autoridades, ciudades y municipios son empresas inscritas en registros comerciales.

Durante as últimas décadas muchas instituciones estatales se han transformado en empresas privadas, en el sector de la salud i los Ferrocarriles Federales Alemanes. En Frankfurt se fundó la "BRD-Finanz-GmbH". El Tratado de Unificación[*****************] y el Tratado 2+4 no son válidos o no han sido ratificados. Estas privatizaciones, así como el hecho de que todavía no hay un tratado de paz con Alemania, también simplifica la transición de la RFA a la NWO. El hecho de que un tratado de paz ni siquiera fuera deseado se desprende del acta de las negociaciones del presidente francés sobre el tratado 2+4 del 17.07.1990: *"La RFA está de acuerdo con la declaración de las cuatro potencias y subraya que los acontecimientos o circunstancias mencionados en esta declaración no se producirán, es decir, que no se pretende un tratado de paz o un acuerdo de paz. La RDA está de acuerdo con la declaración hecha por la RFA".*[545] Este protocolo demuestra

[*****************] El Tribunal Social de Berlín, en una sentencia de una acción de negación del 19.05.1992 (número de expediente S 56 Ar 239/92), consideró que el llamado "Ei-nigungsvertrag" del 31.08.1990 (BGBl.1990, Parte II, página 890) es inválido, ya que no se puede adherir a algo que ya fue disuelto el 17.07.1990.

claramente que los alemanes, representados por el entonces Ministro de Asuntos Exteriores, Genscher, y el representante de la RDA, Meckel, impidieron el tratado de paz.

Todo esto significa que desde el punto de vista jurídico, la piedra angular y los requisitos legales para la transición planificada de la RFA a la NWO ya se crearon en los años noventa. Y, como ya se ha mencionado, los alemanes ya no pueden referirse a su Ley Fundamental, como lo hicieron durante las numerosas manifestaciones durante la crisis de la Corona (ver Figuras 51-57).

Continuará como se describe en la "cita de Weizsäcker": "...Para mantener el poder, la población mundial se reducirá al mínimo. Esto se hará por medio de enfermedades creadas artificialmente. En este proceso, las armas biológicas se declaran como epidemias" (véase la página 9). Covid 19 es sólo el comienzo.[†††††††††††††††††] Seguirán más olas "pandémicas", olas reales y aquellas de las que se habla en los medios de comunicación. En la próxima oleada "pandémica" se culpará a las personas que se manifestaron contra la anulación progresiva de la Ley fundamental y que, por lo tanto, socavaron descuidadamente las "medidas de protección" de los gobiernos (véanse las figuras 51 a 57). Y vendrá la "segunda ola", que en previsión profética ha sido anunciada varias veces por algunos políticos, por ejemplo Söder, con el amenazante dedo índice, para apaciguar las críticas; será más peligrosa que la "primera ola", para la que se emitieron las normas de exención a finales de marzo de 2020. La "segunda ola" coincidirá con la siguiente ola de gripe estacional, como muy tarde. Sin embargo, lo más probable es que llegue antes, impulsado por el despliegue generalizado del 5G, para el que se han instalado mástiles de transmisión de 5G en muchas conurbaciones desde 2020 y se han lanzado cientos de satélites de comunicaciones al espacio cercano a la Tierra. Dado que las frecuencias de las bandas de 5G están en el mismo rango de frecuencias que las frecuencias en las que las células humanas se comunican entre sí, 5G interferirá masivamente

---

[†††††††††††††††††] Para ser más precisos, el comienzo es en realidad mucho más temprano (véase la sección "¿Son Ébola, SIDA, SARS y EHEC armas biológicas?)

con nuestras defensas inmunológicas. El sistema inmunológico, que también está formado por células, puede verse perturbado por esta radiación de 5G y, como resultado, ya no puede combatir óptimamente los virus invasores cuando la intensidad de la radiación es suficientemente alta. Así que si los responsables de la red 5G empiezan a utilizarla en toda la zona, la gente se volverá más susceptible a todo tipo de gérmenes, bacterias y virus, incluyendo el virus Covid-19. Todos los infectados tendrán problemas una vez que el 5G esté funcionando. Cuanto más alto sea el nivel de radiación, más dramática será su enfermedad. La consecuencia será que la tasa de morbilidad y mortalidad de la población aumentará en comparación con la "primera ola". Y entonces la gente dirá: "Te hemos advertido. No lo has oído. Tenemos que hacer más estrictas las reglas de excepción de nuevo para salvar a la población". Pero el hecho de que 5G es lo que hace al virus tan peligroso será ignorado.

Con el tiempo, se lanzará al mercado un suero de vacuna que se supone que protegerá a las personas de Covid 19 y que, por lo tanto, ofrecerá la posibilidad de volver a la normalidad. Este suero contendrá sustancias que no son buenas para las personas (véase la sección "Glifosato - causa de 'daños genéticos'"), e incluso puede mantenerlas enfermas o hacerlas enfermar. También es posible que se añada a este suero una nueva cepa del virus del SARS covid...", también producida en el laboratorio, lo que provocaría un nuevo brote de gripe. Esta nueva vacuna tendrá una nueva calidad al intervenir directamente en el genoma humano, lo que no es el caso de las vacunas clásicas utilizadas hasta ahora. Por primera vez en la historia de la vacunación, estas denominadas *"vacunas de ARNm de última generación" intervienen directamente en el material genético, en la composición genética de la persona/paciente, alterando así el material genético individual en el sentido de una manipulación genética que ha sido prohibida, incluso criminal hasta ahora. Esta intervención puede compararse con la de los alimentos manipulados genéticamente, que también es muy controvertida. Aunque los medios de comunicación y los políticos hablan actualmente de ello de manera trivial, e incluso piden irreflexivamente una nueva vacunación para poder volver a la normalidad, dicha vacunación es igual de problemática en términos de salud, moral y ética, y también en términos de daños genéticos, que, a diferencia de los daños causados por las vacunas anteriores, serán ahora irreversibles, irreversibles e irreparables.*“[546]

Esta nueva vacuna podría tener consecuencias devastadoras similares para los humanos a las de la "gripe española" de 1918 (véase la sección "Vacunado con glifosato"). Y este nuevo brote de gripe sirve en última instancia para endurecer aún más las normas de emergencia. Habrá de nuevo una vacuna de dos clases, una para la gente común y otra para el gobierno, los miembros del Bundestag y los parlamentos de los estados, exactamente como se hizo en 2009 con la gripe porcina.[547] (ver capítulo 7. "¿Cómo se protege la élite de sus propias armas?").

Mucha gente rechazará esta vacuna. Estos negadores de la vacunación también pueden ser acusados de nuevo de ser responsables del próximo brote "pandémico". Para los que han sido vacunados, el estado de emergencia se aliviará, recuperarán condiciones de vida relativamente normales y podrán viajar de nuevo. Aquellos que se nieguen a ser vacunados se les negará esto. Para aquellos que se nieguen a ser vacunados, las condiciones más estrictas del estado de emergencia continuarán. La nueva "aplicación corona" se instalará automáticamente en los teléfonos móviles para comprobar si el propietario del teléfono móvil está vacunado o no. Esto hace, que sea muy fácil seguir la pista de los que no han sido vacunados, ya sea que se reúnan, asistan a eventos sociales, etc. Incluso sin esta aplicación, ya es posible hoy en día, a saber, mediante un chip de identificación incorporado en cada tarjeta de identidad, que puede ser controlado por radio.

Así, otro componente de **"divide y vencerás"** se aplicará en este "campo de batalla pandémico" (véase la página 5): **personas que han sido vacunadas - personas que no han sido vacunadas.** De esta manera, la gente estará ocupada consigo misma y no reconocerá y responsabilizará a los verdaderos causantes de las condiciones. Muchas personas morirán, algunas como resultado de las armas biológicas creadas artificialmente, otras como resultado de la guerra de psicotrición que las acompaña, otras como resultado de la catástrofe económica que se ha producido. Todo esto conducirá a la gran catástrofe de la mera supervivencia, en la lucha por el pan de cada día. Esta es entonces "la verdadera crisis global" que Rockefeller había predicho como requisito previo para el establecimiento del "nuevo orden mundial". Como resultado de ello, se producirá inevitablemente una fuerte reducción de la población (véase el capítulo "1. Programa 2025").

Los toques de queda prescritos tambien tienen otro propósito. A la sombra de estas medidas, pocas personas notarán lo secreto, silencioso y silencioso que son las antenas 5G que se colocan en todo el país, a veces escondidas en chimeneas, farolas, en postes callejeros poco visibles, cerca de escuelas, hospitales, campos deportivos, estacionamientos frente a grandes centros comerciales y otros lugares céntricos poblados por muchas personas todos los días. Pocas personas se darán cuenta de esto, no sólo por las restricciones de salida, sino porque están distraídas y centradas en "corona", que seguirá siendo el tema número uno en los medios de comunicación. Prácticamente todo el contenido de las noticias de la hora, los programas de entrevistas y los programas de entretenimiento giran en torno a este tema. Paralelamente a la instalación generalizada de los mástiles 5G, cientos de satélites serán lanzados por la compañía espacial privada del multimillonario Elon Musk, SpaceX, para asegurar las comunicaciones 5G en todo el mundo. Una vez que el 5G esté plenamente operativo, las personas se encontrarán en un microondas gigante, lo que debilitará aún más su salud (véase la sección "'5G' y el transhumanismo").
Y luego continuará como se describe en la sección. "La Pesadilla".
El año 2020 es un año importante que marcará el rumbo, ya sea en una dirección como la descrita aquí, es decir, hacia la NWO y por lo tanto la esclavitud de la humanidad, o hacia la destrucción del Estado Profundo, la fuerza motriz de la Agenda 2025 (ver el final del capítulo "8. El final - Conclusión").

La muerte de las abejas y los insectos

"Una vez que la abeja desaparece de la tierra, los humanos solo tienen cuatro años de vida".
(Albert Einstein[‡‡‡‡‡‡‡‡‡‡‡‡‡‡‡‡‡])

La muerte masiva de abejas e insectos se ha registrado durante varios años. En Alemania, los apicultores *"pierden entre 10 y 30 por ciento de sus colonias cada año. Se dejan llevar por enfermedades y por humanos. Si las abejas mueren, la mayoría de los otros rastreadores y rastreadores mueren en el campo y en el pasillo ... Entonces, ¿quiénes son los asesinos de abejas, ...?"*[548]

Se discuten varias causas en los medios, por ejemplo, los ácaros (ácaros Varroa) que han sido traídos a Alemania desde Asia y afectan a las abejas, pero también el uso masivo de insecticidas, herbicidas, fungicidas, reguladores del crecimiento. Algunos son sospechosos de desorientar a las abejas y, por lo tanto, ya no encontrarían el camino de regreso a su gente. Esta puede ser una posible causa, pero no se puede explicar que los apicultores siempre encuentran una gran cantidad de abejas muertas en sus colmenas. Otras causas que se discuten son el cultivo de monocultivos y el estrés del transporte de los pueblos,[549] pero una y otra vez venenos que son utilizados como pesticidas por los agricultores, como el veneno para hormigas fipronil y los neonicotinoides recientemente utilizados.[550] Incluso la *"pérdida de diversidad en nuestros paisajes"*[551] se identificó como una causa de muerte de las abejas. Sin embargo, el hecho de que la pulverización masiva de sustancias tóxicas a través de chemtrails

---

[‡‡‡‡‡‡‡‡‡‡‡‡‡‡‡‡‡]Esta muy citada declaración de Einstein es ciertamente exagerada, y no es seguro que Albert Einstein realmente lo haya dicho. Sin embargo, un verdadero núcleo está contenido en el hecho de que una gran proporción de nuestros alimentos ya no podría ofrecerse en el supermercado si las abejas ya no fueran polinizadores de las plantas con flores.

también podría ser una causa importante apenas se discute en los medios públicos.

Me atrevo a decir que la muerte de las abejas y los insectos es un indicador de cuán intensamente se rocían las sustancias tóxicas a través de Chemtrails. Dado que la caída de las partículas microscópicamente finas de los chemtrails puede extenderse durante largos períodos de tiempo, a veces hasta un año, también se debe tener en cuenta un efecto desplazado en el tiempo en los insectos que viven cerca del suelo, por lo que debería ser difícil para demostrar claramente esta conexión entre chemtrails y la muerte de insectos. Pero si estas sustancias tóxicas son en realidad la principal causa de muerte de abejas e insectos, debería quedar claro que esto también debería tener efectos devastadores en los humanos.

La fuerte exposición a la radiación electromagnética también puede tener un impacto negativo en las abejas. Por ejemplo, la extinción masiva de abejas se documentó en tiempo real, que había estado en las inmediaciones de dos antenas 5G colocadas a 10 m de distancia antes de su muerte repentina.[552]

El glifosato - la causa del "daño genético"

" Cualquiera que todavía tenga la idea de que los gobiernos no hacen esto, ni siquiera con su propia gente, está equivocado."[553]

"La introducción del glifosato en los Estados Unidos se correlaciona con un coeficiente de Pearson[§§§§§§§§§§§§§§§§§§] *de 0,997 con la aparición del autismo en niños menores de 5 años, y por lo tanto parece desempeñar un papel importante en el desarrollo del*

[§§§§§§§§§§§§§§§§§§] El coeficiente de correlación de Pearson (PCC) es una medida que refleja la correlación entre dos variables medidas; tiene el valor +1 en el caso de correlación lineal completa, pero el valor 0 en el caso de no correlación.

autismo. "[554] *"Se sabe que el glifosato mata todas las formas patógenas de bacterias coliformes, excepto una, que afecta a la capacidad del entorno intestinal para excretar toxinas y absorber nutrientes. El glifosato también bloquea la colina antes de que pueda ser absorbida por las paredes del estómago. La colina es importante para el transporte de nutrientes, toxinas y como unidad de transporte para los neurotransmisores."*[555]

Al experimentar con el glifosato, el procedimiento fue el siguiente:[556] *"A dos políticos importantes en Ecuador se les pagó con relativamente poco dinero y (ellos) permitieron que áreas enteras de la ciudad en Ecuador fueran rociadas desde el aire con este agente, el glifosato. Y luego se tomaron muestras de la población para ver si podía causar daño genético permanente. Y la respuesta fue sí.* [557] *¿Y cuál fue el siguiente paso? Que encontramos evidencia bioquímica clara en las ciudades más grandes de los Estados Unidos de que esta mezcla de lo que se rocía allí en el cielo, que se agregó el glifosato. Pequeño experimento en Ecuador, luego la aplicación en las propias personas en los Estados Unidos. Los Estados Unidos tienen el mayor porcentaje de enfermedades neurológicas en el mundo de hoy".*

En un artículo científico de la revista "Journal of Organic Systems" de 2014 titulado "Stock de plantas genéticamente modificadas, glifosato y la destrucción (decadencia) de la salud en los Estados Unidos de América":[558] *"En los últimos 20 años, se ha informado un tremendo aumento en la propagación y prevalencia de enfermedades crónicas en los Estados Unidos. Se han observado aumentos similares a nivel mundial. El herbicida glifosato se introdujo en 1974 y su uso se está acelerando con la introducción de cultivos genéticamente modificados (GE) tolerantes a herbicidas. Todo indica que el glifosato interfiere con los procesos metabólicos en plantas y animales, y los residuos de glifosato se han medido en ambos. El glifosato altera el sistema endocrino y el equilibrio de las bacterias intestinales, daña el ADN y es un factor que influye en las mutaciones que conducen al cáncer ... "* Según las estadísticas publicadas por el gobierno de los EE. UU., Los autores de este artículo tienen una correlación pronunciada entre el uso de glifosato y 22 enfermedades crónicas graves. Los coeficientes de Pearson determinados para esto están muy cerca del valor máximo R = +1.[559] Las enfermedades crónicas incluyen accidente cerebrovascular, prediabetes, diabetes, obesidad, Alzheimer, demencia senil, Parkinson, esclerosis múltiple, autismo, inflamación intestinal e infecciones, enfermedad renal en etapa terminal, insuficiencia renal aguda, cáncer de tiroides, cáncer de vejiga, cáncer de páncreas, cáncer de riñón y cáncer de sangre. Los autores del video de YouTube llegan a una conclusión similar.[560]

Un hallazgo interesante es que el número de muertes por cáncer de pulmón también ha aumentado considerablemente en los Estados Unidos, a pesar de la introducción de una prohibición general de fumar en los lugares públicos.[561] Por lo tanto, debe haber otra causa, independiente del tabaquismo, que favorezca el desarrollo del cáncer de pulmón.

Vacunado con glifosato

"Por la vacuna contra el sarampón los infantiles no tienen autismo. "
(Th. Schmitz und S. Siebert[562])

„Las vacunas tienen efectos secundarios patógenos, como las enfermedades autoinmunes, la muerte súbita infantil y el autismo. "
(Andreas Moritz[563])

"Si naciste antes de 1989, el riesgo de una enfermedad crónica, como enfermedades autoinmunes como la diabetes, la artritis o el lupus, o enfermedades neurológicas como el TDAH, el TDAH, los tics, el síndrome de Tourette, los retrasos en el habla, la necolepsia y el autismo, y las enfermedades alérgicas como las alergias alimentarias, la anafilaxis, el asma, el eczema... es del 12%. Y después de 1989, con el régimen de la vacuna, el riesgo de

enfermedades crónicas aumentó al 54%. Y sabemos que eso es por las vacunas. ¿Cómo sabemos eso? Porque hay una lista de dos lugares de todas estas enfermedades Una de ellas es la lista de enfermedades crónicas de tipo epidémico de esta generación de vacunas. Y el segundo lugar está en los prospectos de las vacunas, en los que los fabricantes tienen que enumerar los efectos secundarios de estas vacunas. Estas empresas ganan 50.000 millones de dólares al año con la venta de vacunas, pero ganan 500.000 millones de dólares al año con la venta de los medicamentos para tratar esta epidemia de enfermedades crónicas. Medicamentos para la diabetes, la artritis, epinefrina para las alergias alimentarias, inhaladores para el asma, medicamentos para los trastornos convulsivos y muchos más. Y quieren mantener este mercado. Así que están convirtiendo a nuestros niños en mercancías, han tomado el control de nuestras agencias gubernamentales. Han secuestrado las agencias reguladoras. Conquistaron las cortes, y conquistaron la prensa. Lo único que nos queda contra ellos es nuestro poder democrático. Para unirnos con otros y exigir que no nos arrojen al abismo de los cárteles farmacéuticos". (Robert F. Kennedy Jr, 18.09.2019[564])

En 2015, la Organización Mundial de la Salud clasificó el glifosato como probablemente cancerígeno para los humanos *"y el gobierno alemán decidió no reaccionar ante él."*[565] Y, en consecuencia, el 27 de noviembre de 2017, la aprobación del glifosato en Bruselas se convirtió en extendido por otros cinco años en la UE.

En un artículo titulado *"El CDC confirma: glifosato y células de riñón de mono en las vacunas":*[566] *"Algunos ingredientes de las vacunas están protegidos como 'secretos comerciales', quizás mejor, porque ¿quién querría usar vacunas que contienen células renales de mono verde africano, células fetales abortadas o rastros de glifosato? Las vacunas pueden contener no sólo glifosato, sino también formaldehído, aluminio, tiomersal o poligelina.*" En un artículo de PRAVDA TV[567] se puede leer: *"Pero es diferente con los componentes de las vacunas que tenemos a nuestro alcance - hay: El aluminio, el mercurio, el formaldehído y muchas otras sustancias de gran preocupación, que son cancerígenas y conducen a otras enfermedades graves... Imaginen que el formaldehído está prohibido como esmalte para muebles, pero puede ser inyectado en el torrente sanguíneo. O el TDAH es causado por compuestos de vacunas - y qué dijo el descubridor (en nuestro tiempo) de la supuesta nueva enfermedad en su lecho de muerte: "La enfermedad (TDAH) ha sido inventada ... Está claro, amigos - esto no es sólo un efecto secundario de las vacunas, no, esto es un efecto deseado, por favor, lea en Lügewiki (Pharma: Creación de opinión en Wikipedia - información en el sector de la salud deliberadamente errónea (video)), lo extenso de la supuesta enfermedad, y verá cuánto dinero se hace con ella."*

La mayoría de estos ingredientes son tóxicos y pueden causar efectos secundarios graves e incluso enfermedades.[568,569] Puede causar ataques autoinmunes.

El aluminio, que se usa para aumentar los efectos, es un veneno nervioso, cuyas sales se sospecha que causan cáncer. Bajo el título *"Choque global: el cáncer se transmite en las vacunas ..."*, el aumento en la incidencia de tumores en los últimos 50 años se ha relacionado con el hecho de que se ha agregado un virus de cáncer a las vacunas: "La compañía ha admitido que es El virus del cáncer ha sido inoculado por vacunas".[*****************,570]

El tiomersal, un compuesto de mercurio, se usa como conservante. Es un alérgeno de contacto y se sospecha que causa autismo en niños. Se sospecha que la poligelina causa alergias. El formaldehído interfiere con los procesos dentro de la célula y puede provocar cáncer de mama y próstata, pero también daño cerebral.

El glifosato podría ser el factor más importante en el desarrollo de diversas enfermedades crónicas que se están extendiendo cada vez más en las sociedades occidentalizadas.[571]

[*****************] La inoculación es la adición de un objeto capaz de replicarse (por ejemplo, un cultivo celular o patógenos como virus o priones) a un cultivo celular. (Wikipedia)

La campaña de vacunación contra la gripe dos veces al año es un ejemplo típico del miedo a la gripe implantada en la medicina convencional y, por lo tanto, la voluntad de un adulto de recibir un cóctel de vacunación regularmente, aunque esto puede dañar a las personas y los beneficios de esta vacuna se cuestionan debería. No olvidemos que la gripe es un método del cuerpo para eliminar los gérmenes patógenos, mediante el cual el aumento paralelo de la temperatura corporal (llamada fiebre) sirve para este proceso de limpieza, que ya no se produce cuando la vacuna lo impide. Esta vacuna contra la gripe regular también puede verse como un modelo comercial para la industria farmacéutica.[572]

Incluso antes de haber tratado los problemas de la vacunación con más detalle, me vacuné contra la gripe porcina en 2009 y tres días después contraje una gripe grave, y todo indica que la vacunación sólo había desencadenado esta "gripe". Lo que no sabía en ese momento era que se sospechaba que el brote de gripe porcina de 2009 se debía a un virus genéticamente modificado y creado por el hombre.[573,574] En consonancia con esto, mi experiencia personal, un artículo titulado **"Vacunación - diezmado de la humanidad"**[575] decía: *"En 2009/2010 se llevó a cabo la mayor campaña de vacunación del mundo. Vacunas cuya eficiencia y seguridad eran más que cuestionables estaban empujando en el mercado. Además, no fue necesario realizar algunas de las pruebas de seguridad requeridas para la aprobación. Además, los fabricantes de estas vacunas están excluidos de toda responsabilidad por ley, ya que la Organización Mundial de la Salud ha declarado una* ***pandemia*** *de nivel 6. Y esto a pesar del hecho y la evidencia de que la llamada "gripe porcina" no es más peligrosa que una gripe estacional normal. Las cifras de víctimas en todo el mundo no justifican de ninguna manera la clasificación como una pandemia de nivel 6.*

Aunque una ola de gripe no es nada inusual, ya que se repite todos los años y nunca ha sido clasificada como pandemia antes de la aparición de la gripe porcina, la OMS cambió los criterios de lo que es una pandemia inmediatamente antes de la aparición de la gripe porcina. La definición más antigua implicaba que había un gran peligro para la vida y que se esperaban muchas muertes. *"Esta definición ha sido descaradamente diluida. Y así este virus pandémico de gripe porcina relativamente normal e inofensivo podría convertirse en un pánico mundial y se podrían poner en marcha todas las medidas para una pandemia.*"[576]

En este ejemplo, la **Organización Mundial de la Salud** ha eliminado el último obstáculo a la búsqueda de beneficios de las empresas farmacéuticas para maximizar sus ganancias simplemente declarando una "pandemia de nivel 6". Y eliminando así la responsabilidad de las empresas farmacéuticas. Una verdadera pandemia, por otra parte, fue la **gripe española**, que mató a unos 20 millones de personas entre 1918 y 1920. Pero, contrariamente a la versión oficial, la "gripe española" fue obviamente causada por las **vacunaciones masivas**. *"Por lo que se sabe, sólo las personas vacunadas contrajeron la gripe española. Los que rechazaron las inyecciones escaparon de la gripe. Al igual que Eleanora McBean: "Mi familia rechazó todas las vacunas, así que nos mantuvimos bien todo el tiempo. Sabíamos por las enseñanzas de salud de Graham, Trail, Tilden y otros que no se puede contaminar el cuerpo con toxinas sin causar enfermedades. En el punto álgido de la epidemia, todas las tiendas, escuelas, negocios e incluso el hospital estaban cerrados, incluso los médicos y enfermeras se habían vacunado y estaban enfermos de gripe. Era como un pueblo fantasma. Parecía que éramos la única familia sin gripe... ¡no nos habíamos vacunado! Así que mis padres iban de casa en casa para cuidar de los enfermos. (...) Pero no contrajeron la gripe y no trajeron a casa los microbios que nos atacaron a los niños. Nadie en nuestra familia tuvo la gripe. Se afirmó que la epidemia mató a 20 millones de personas en todo el mundo en 1918. Pero en realidad fueron asesinados por los médicos a través de sus tratamientos y medicinas. Esta acusación es dura, pero cierta - y está atestiguada por el éxito de los médicos naturópatas".*[577]

En el artículo[578] mencionado anteriormente, se leyó además que "*el único peligro potencial de la gripe porcina es que el virus sea un virus desarrollado por humanos. Fue hecho en un laboratorio de **armas biológicas**. ... Entonces, ¿por qué las compañías* *farmacéuticas internacionales y las agencias gubernamentales se coordinaron para generar una posible campaña de vacunación de proporciones históricas? El pasado ya había demostrado que siempre había élites globales que tenían como objetivo reducir la población humana ". Y la cita anterior no dice nada más: "Para mantener el poder, la población mundial se reduce al mínimo. Esto se hace mediante el uso de enfermedades generadas artificialmente, pero también por medio de hambrunas y guerras dirigidas. Armas biológicas se declaran como epidemias. ..."* (ver sección" Reducción de la población mundial").

Así que si el virus de la gripe porcina fue desarrollado en un laboratorio de armas biológicas, es parte de la práctica inhumana de desarrollar armas biológicas contra los seres humanos. Al igual que el proyecto de la gripe porcina, es posible que el virus de la corona vuelva a ser objeto de una campaña mundial de vacunación contra este virus, con enormes beneficios para la industria farmacéutica. *"Los mismos globalistas que poseen la patente del virus y que primero predijeron e iniciaron el surgimiento y la propagación del virus, ahora anunciaron que desarrollarían vacunas para el mortal virus corona. Según los conocedores del negocio, 'una coalición apoyada por Bill Gates está financiando a las compañías de biotecnología' que están tratando de desarrollar una vacuna contra el virus de la corona. ¿Qué opinas? ¿Es todo esto una gran coincidencia?"* [579] Sin embargo, en el caso del más peligroso corona virus, hay una elección concreta entre "plaga y colera", es decir, la elección entre las sustancias que causan la enfermedad en la vacuna y la mortal gripe corona. (véase la sección "¿Son el Ébola, el SIDA, el SARS y el EHEC armas biológicas?")

Y en lo que respecta a la "campaña de vacunación forzosa", ahora se está tratando de hacer cumplir la vacunación en general por ley. En este sentido, una campaña oficial para introducir **la obligación legal de vacunar** a todas las personas se está llevando a cabo en los medios de comunicación públicos una y otra vez, lo que por lo tanto sirve exactamente a este objetivo.[580]

En 2019, el Ministro de Salud Jens Spahn preparó un proyecto de ley sobre la vacunación obligatoria contra el sarampión, que prevé penas severas para quienes se nieguen a vacunar.[581,582] Esta ley de protección contra el sarampión ha sido aprobada por el Bundestag y confirmada por el Bundesrat el 20.12.2019. Entre otras cosas, prevé la imposición de una multa de 2500 euros a quienes se nieguen a vacunarse y la exclusión de sus hijos de las guarderías. Ignora el hecho de que hay serios indicios de que la vacuna de Merck contra el sarampión, las paperas y la rubéola (vacuna triple viral) (así como la varicela, el Pentacel y todas las vacunas que contienen Hep-A) se produce utilizando líneas celulares de fetos humanos y que, por lo tanto, existe el riesgo de que estas vacunas puedan causar ataques autoinmunes.[583] La razón de esta obligación legal de vacunación es el alto riesgo de infección de sarampión, paperas y rubéola.[584]

En 1987 hubo una vacuna MMR con el nombre comercial TRIVIRIX[585] que se utilizó en Canadá. Y esta vacuna causó meningitis (meningitis). La vacuna se retiró del mercado pero se autorizó en el Reino Unido en el mismo mes, cambiando el nombre a PLUSERIX. La vacuna también causó meningitis en el Reino Unido, pero se usó durante cuatro años. Después de las protestas, la vacuna tampoco se utilizó más en Gran Bretaña, sino en países en desarrollo como el Brasil, donde una campaña de vacunación masiva dio lugar a una epidemia de meningitis. En investigaciones posteriores, los científicos descubrieron que cuanto más jóvenes son las personas vacunadas, mayor es el riesgo de meningitis.

El 28.11.19 apareció un artículo en el "Ärzteblatt": *"Ya hay más de 5.000 muertes por sarampión en el Congo,"*[586] *"Kinshasa - Desde principios de año la epidemia de sarampión en el Congo se ha cobrado más de 5.000 vidas. Como anunció ayer la organización de ayuda a los niños Unicef, cerca del 90 por ciento de las víctimas eran niños menores de cinco años. Y Welt.de escribió: "La República Democrática del Congo está luchando actualmente contra dos epidemias: el segundo mayor brote de Ébola de la historia y el sarampión. La enfermedad infantil ha matado a más personas que el temido Ébola.*[587] Un comentario en systematischgesund.de complementa estos informes de la siguiente manera:[588] *"¿Qué pasó antes del brote de sarampión? Con el fiable motor de búsqueda se puede obtener rápidamente la información de que la 3ª campaña de vacunación ya ha tenido lugar. Sólo una de las organizaciones participantes, "Médicos sin Fronteras", ha vacunado contra el sarampión a más de 361.000 niños en un plazo de 5 meses. Por cierto, también nos enteramos de que 223.000 personas han sido vacunadas contra el Ébola. Con una* ***"vacuna experimental"*** *cuyo uso es controvertido. ¡Así que se están llevando a cabo* ***experimentos con gente en África****! Un granuja que piensa en Ucrania cuando ve el brote de sarampión. Estaban prácticamente libres de sarampión en 2010 y tenían una tasa de vacunación de sólo el 56%. El peor de Europa. Una importante campaña de vacunación de la OMS en 2017 elevó la tasa al 91% y aseguró que Ucrania tuviera el mayor número de casos de sarampión en Europa para 2018.* ***Pero cosas como los riesgos y efectos secundarios de las vacunas a menudo se ignoran y se ocultan****. ... Cualquier persona sensata esperaría que estos resultados condujeran a la suspensión inmediata de las campañas de vacunación. Lo contrario es el caso. Se están intensificando las actividades y se están recaudando fondos para apoyarlas. Con el conocimiento de las consecuencias y los daños, esto es al menos un daño corporal intencional, si no intento de asesinato!"*

Al contrario de estos informes negativos de los efectos de la vacuna, existen estudios científicos que certifican que las vacunas son inofensivas. Estos estudios también justifican la utilidad de las vacunas. Cual es la verdad Hay dos perspectivas diferentes. En el libro " Texto simple Inoculación - Un libro educativo para proteger nuestra salud"[589] de Th. Schmitz y S. Siebert, publicado en 2019, dice en letras grandes en el reverso de la portada: *"Los niños no se vuelven autistas por una vacuna contra el sarampión. ...hechos contra información errónea..."* Y en el capítulo cinco dice: *"... que Melinda y Bill Gates*[††††††††††††††††††] *están ayudando a reducir el*

[††††††††††††††††††] En cuanto a los depósitos, la **Fundación Bill y Melinda Gates** es, con mucho, la mayor fundación privada del mundo (por delante de las Fundaciones de Sociedad Abierta de George Soros). Ambas fundaciones tienen el objetivo común de hacer avanzar la globalización. Sobre las actividades de Bill

número de niños que mueren por enfermedades infecciosas evitables". ¿Así que vacunar no es tan peligroso como algunos escépticos de la vacunación nos quieren hacer creer? En contra de este punto de vista hay otro libro, "La nación vacunada: cómo la vacunación afecta a la población". Por qué el TDAH, el autismo, el asma y las alergias están aumentando dramáticamente", 2018, por A. Moritz. Algunos de sus mensajes clave son: *"Las vacunas, no los virus, causan enfermedades... Muchas vacunas son diseñadas genéticamente para causar enfermedades y luego inventan 'tratamientos preventivos' para salvar a grandes poblaciones de estas 'enfermedades mortales'. ... Las vacunas tienen efectos secundarios patógenos, incluyendo enfermedades autoinmunes, muerte súbita infantil y autismo.*[590] ¿Cuál es la verdad? Así que hay dos puntos de vista diferentes:[591]

"Perspectiva 1 - La industria farmacéutica y el monopolio de los medios de comunicación: ¡Los estudios científicos supuestamente prueban que no hay conexión entre la vacuna MMR y el autismo!

Perspectiva 2 - Documentación de Vaxxed[592]*: ¡Miles de testimonios creíbles prueban el vínculo entre la vacuna MMR y el autismo a través de la experiencia práctica!* Este punto de vista 2 es el resultado de las experiencias de 250000 padres que respondieron al llamado de una pareja de padres afectados.[593,594] *"La experiencia práctica de innumerables padres expone los estudios supuestamente científicos como defectuosos o incluso manipulados!"*

Con la introducción de la vacuna contra el sarampión, los esfuerzos de los políticos parecen equivaler no solo a la introducción de una vacuna obligatoria contra estas enfermedades, sino a un requisito **vacunación general obligatoria**. Por un lado, uno no reconoce que *"las vacunas pueden tener efectos secundarios peligrosos, p. Ej. Infecciones cerebrales, parálisis, ceguera, enfermedades crónicas."*[595,596] Una obligación general de vacunar abre la puerta a

---

Gates en relación con el virus de la corona s. sección "¿Son el Ébola, el SIDA, el SARS y el EHEC armas biológicas?"

su abuso, por lo que *" ... la población mundial puede reducirse al mínimo."*

"El ex Ministro de Salud de Finlandia, Rauni-Leena Luukanen-Kilde, declaró abiertamente que toda esta locura de vacunación sirve principalmente para reducir la población mundial y, por supuesto, para rentabilizar la mafia farmacéutica."[597,598]

¿Teoría de la conspiración? Sí, por supuesto. Pero con un grado de verdad muy alto: Bill Gates, a quien ya nos hemos referido en la sección "¿Son el Ébola, el SIDA, el SARS y el EHEC armas biológicas?", es uno de los principales defensores de la cobertura más amplia posible y de las tasas de vacunación más altas del mundo, en parte con el argumento de que esto permitiría ralentizar o invertir el crecimiento descontrolado de la población mundial. Propaga la tesis de que si todas las personas son vacunadas, son más saludables, y si son más saludables, tienen menos hijos.[599] Por el contrario, la población mundial, que ha crecido cada vez más rápido durante unos 50 años, y el aumento asociado de enfermedades como los ataques cardíacos, la diabetes, el cáncer, la hipertensión y la obesidad parecen confirmar la tesis de Bill Gates. Por esta razón, pide una amplia y extensa vacunación de todas las personas. Es uno de los principales patrocinadores de la OMS, que ya no es independiente y, por consiguiente, apoya una alta cobertura de vacunación de la población.

Me gustaría agregar aquí: esta vacunación obligatoria también sirve para debilitar la salud de las personas. Las personas débiles no se rebelan; están tratando con ellos mismos.

Todo esto es muy serio, y las élites harán cumplir la vacunación. Esto se hace paso a paso, lentamente, para que la población se acostumbre. Todo comienza con la obligación de vacunar, solo para una enfermedad específica, el sarampión. Gradualmente, otras vacunas también se aplicarán legalmente, y finalmente una obligación general de vacunar contra todas las enfermedades que la élite clasificará como peligrosas. Y esto abre la puerta a su mal uso, tal como se predijo en la cita anterior.

En este punto, también debe mencionarse que la industria farmacéutica tiene un gran interés en una vacunación obligatoria, ya que es otra forma de aumentar sus ganancias. El hecho de que no se trata solo de ganancias, sino también de la meta de "reducir la población mundial" se confirma en la sección del mismo nombre. Si no se frenan estas tendencias, existe el peligro de que el descubrimiento, otrora beneficioso, de la vacunación contra las enfermedades infecciosas graves se transforme en una de las armas más peligrosas contra la humanidad.

Por lo tanto, este objetivo de "reducir la población mundial" no sólo se logra mediante las sustancias químicas que causan enfermedades rociadas sobre nuestras cabezas (estelas químicas) y la irradiación con armas de rayos (incluidas las "5G"), sino también mediante campañas de vacunación selectiva. Como en la sección "¿Son Ebola, SIDA, SARS y EHEC armas biológicas?" discutido, el SIDA probablemente fue provocado por una campaña de vacunación.[600]

Las campañas de vacunación también están disfrazadas, comparables a un "caballo de Troya". El artículo "Impfung - Dezimierung der Menschheit"[601] presenta una multitud de ejemplos concretos de las últimas décadas: Aquí hay algunas palabras clave:
- ***"Esterilización secreta mediante vacunación"*** (Bajo el pretexto de que la vacunación es sólo una vacuna antitetánica, en el decenio de 1990 se esterilizó a millones de mujeres de Nicaragua, México y Filipinas de entre 15 y 45 años de edad)
- ***"Esterilidad a través del maíz manipulado genéticamente"*** ("El maíz con la designación MON 810 de Monsanto, una compañía de la Fundación Rockefeller, causa esterilidad y altera el sistema inmunológico")
- ***"Esterilización por vacunación oral contra la polio"*** ("Algunas de las sustancias que encontramos en las vacunas son peligrosamente tóxicas; y algunas también tienen un efecto directo sobre el sistema reproductivo humano").
- *Esterilización por vacunación contra el VPH: "En India, el Tribunal Supremo está investigando a Bill Gates: La Fundación Gates está financiando ensayos de vacunas contra el VPH que,*

según cifras oficiales, ya han costado la vida a docenas de personas. Las pruebas se llevaron a cabo principalmente en niñas de regiones indias particularmente pobres con un bajo nivel de educación..."[602] *"El principal efecto secundario de estas vacunas contra el VPH es la infertilidad."*[603]

"Pero bajar la tasa de natalidad ya no es el medio más perfecto para los oligarcas y las élites. Se utilizaron fondos adicionales para avanzar en los planes de despoblación. Y estos ya no están 'solo' dirigidos a personas en países del tercer mundo. Cada uno de nosotros podría haber sido víctima de estas medidas hoy."[604] Y estas medidas afectan nuestra ingesta diaria de alimentos. Actualmente estamos experimentando cómo las semillas genéticamente modificadas están en camino de extenderse por todo el mundo. Incluso si muchas personas creen que depende de ellos decidir si comer alimentos genéticamente modificados o no, ha sido durante mucho tiempo una ilusión; porque estas sustancias a menudo terminan en nuestros platos en formas difícil de verificar en alimentos producidos industrialmente. *"El glifosato llega a nuestros platos a través de los huevos, la leche y la carne, al igual que el aditivo seboamina polietoxilada (POEA) contenida en las mezclas de glifosato y el producto de degradación AMPA. Ambos son mucho más tóxicos que el glifosato en sí ... POEA solo y en combinación con glifosato pueden causar cáncer ... Los estudios actuales muestran serios riesgos para la salud del glifosato, POEA y AMPA incluso en las concentraciones más bajas. Las indicaciones de un efecto hormonal son particularmente preocupantes. El cáncer, la muerte celular, los problemas de fertilidad, el daño genético, el desarrollo embrionario, el hígado y los riñones también se encuentran entre las consecuencias."*[605]

En el sitio web de MONSANTO puedes leer:[606]

"Los OMG son organismos genéticamente modificados

Uno de los hechos más importantes sobre los OMG es que los OMG se desarrollan con rasgos beneficiosos que los ayudan a prosperar en su entorno. Piense en el maíz tolerante a la sequía o en la soya resistente a las plagas que necesitan menos fumigación. Eso ayuda a los agricultores y las mejores cosechas benefician a

todos, impactando lo que está disponible en la tienda ... y lo que podemos poner en nuestros platos."
Aquí se presenta y promueve una gama de productos (que incluye maíz y soya genéticamente modificados) como algo positivo. Pero lo contrario es el caso. En el artículo citado anteriormente, uno puede leer:[607] ***"Control de la comida:*** *Monsanto es el líder con OGM cuando se trata de controlar a la humanidad. El OMG solo podría propagar enfermedades y muertes en todo el mundo. Sin embargo, el programa de semillas de Monsanto es la semilla que ya se ha desarrollado para controlar la cadena alimentaria mundial."*

Otro ataque a nuestra salud es que se agrega flúor o flúor al agua potable en varias áreas, particularmente en los EE. UU., Debido a que hace que el esmalte dental sea más resistente a la caries. Pero el flúor es uno de los venenos más fuertes[608] para el organismo humano y prácticamente no se puede eliminar del cuerpo nuevamente. *"La adición de flúor al suministro de agua tiene una correlación directa con el número de muertes fetales, niños con síndrome de Down, dientes frágiles y estructuras de raíces dentales aumentadas, trastornos de la columna vertebral, osteomalacia ... y osteoporosis ... La fluoración es el mayor caso de fraude científico, no solo este siglo, sino tal vez en todos los tiempos."*[609] En los supermercados de Alemania hay una gran selección de pastas dentales, pero prácticamente todas contienen flúor extra; No pude encontrar pasta de dientes sin flúor en los supermercados normales. Es un ataque deliberado contra la salud pública.[610] Para obtener pasta de dientes sin flúor, debe ir a tiendas especializadas, por ejemplo, aquellas donde solo puede comprar productos orgánicos.

El agua potable en las ciudades también puede contener trazas de otras sustancias que no son buenas para nosotros, por example restos de antibióticos, antidepresivos y otros residuos de medicamentos, medicamentos que pueden haberse filtrado de manera incompleta,lo que según la fuente[611] indicada se supone que es particularmente el caso en los EE. UU.

En resumen, actualmente se está llevando a cabo un enorme programa para reducir la población mundial que, además de las guerras libradas por los Estados Unidos y la OTAN, implica también el envenenamiento de las personas mediante la vacunación, a través de la cadena alimentaria, la pulverización de venenos desde el aire y la irradiación. Parece que la mayoría de las epidemias y nuevas enfermedades infecciosas se han inventado en los últimos 100 años o tienen su origen en la propagación de enfermedades desarrolladas en laboratorios militares y difundidas por la vacunación masiva. Por un lado, para ganar dinero con la vacunación nacional y el posterior tratamiento de los pacientes, por otro lado, para crear miedo y detener el crecimiento de la población. "*Nos están despuntando, nos están enfermando y nos están volviendo infértiles.*"[612]

Vacuna Covid19 - efectos secundarios

El principal iniciador y patrocinador del desarrollo de la futura vacuna Covid19 es el multimillonario Bill Gates. La ONU estima el costo total en 40 mil millones de euros.[613] Una gran parte del dinero necesario también será aportado por la conferencia de donantes de los jefes de Estado y de Gobierno a principios de mayo de 2020: 7.400 millones de euros. Por lo tanto, el desarrollo de la vacuna Covid19 es un proyecto gigantesco que no debe fracasar bajo ninguna circunstancia. Las afirmaciones de que deben esperarse 700.000 víctimas (según la estimación del principal iniciador, Bill Gates[614]) debido a los efectos secundarios pueden desvanecerse rápidamente en el fondo. Sin embargo, si el número total de personas que Bill Gates quiere vacunar fuera de 7 mil millones,[615] esto sólo afectaría al 0,1% de los vacunados. ¿Cuáles son los efectos secundarios? Uno puede morir o quedar permanentemente discapacitado, por ejemplo por parálisis.

¿Qué tiene de especial esta novedosa vacuna? Es la llamada vacuna de ARN en la que se alteran los genes de la persona vacunada,[616] una especie de manipulación genética en la que se altera el material genético de las células de la persona vacunada. Por consiguiente, se trata de una nueva calidad en comparación con las vacunas utilizadas hasta ahora, en la que los virus debilitados son el principal componente de la vacuna contra la que se pretende que la vacunación sea eficaz.

En una carta, la doctora Christin Gramsch describe el modo de acción y las consecuencias de la nueva vacuna planeada contra el Covid19 de la siguiente manera:[617]
"A todos mis pacientes:
Ya ahora me gustaría llamar urgentemente su atención sobre cuestiones importantes relativas a una próxima vacuna contra el Covid19:
Durante los últimos 20 años, he tenido un número de pacientes que han desarrollado síntomas después de ser vacunados, que luego tuve que tratar. Por supuesto, esos síntomas/enfermedades producidos artificialmente siempre fueron un desafío especial en casos individuales y algo más difíciles de tratar que las enfermedades predominantes que surgen de la naturaleza del paciente, es decir, que son de origen natural.
Sin embargo, como las consecuencias de la vacunación se basaban principalmente en los adyuvantes ya mencionados con muchos efectos secundarios (potenciadores de la sustancia activa, también llamados potenciadores), con cuya excreción el cuerpo no podía hacer frente en casos individuales y, por lo tanto, desarrollaba un ligero correspondiente a la sintomatología grave, una terapia homeopática, en la que se estimulaba la fuerza vital individual para eliminar las toxinas del cuerpo, tuvo éxito al final y las consecuencias de la vacunación desaparecieron, aunque a menudo sólo después de muchos meses.
Sin embargo, debido al novedoso modo de acción de la futura vacuna contra el coronavirus, estos éxitos de curación ya no serán posibles en el futuro. Por primera vez en la historia de la vacunación, las llamadas vacunas de ARNm de última generación intervienen directamente en el material genético de la persona/paciente y, por lo tanto, modifican el material genético individual en el sentido de una manipulación genética hasta ahora

prohibida, incluso criminal. Esta intervención puede compararse con la de los alimentos manipulados genéticamente, que también es muy controvertida. Aunque los medios de comunicación y los políticos hablan actualmente de ello de manera trivializada, e incluso piden irreflexivamente este nuevo tipo de vacunación para poder volver a la normalidad, dicha vacunación es igual de problemática en términos de salud, moral y ética, y también en términos de daños genéticos, que, a diferencia de los daños causados por las vacunaciones anteriores, serán ahora irreversibles, irreversibles e irreparables.
Estimados pacientes, después de una vacunación con ARNm tan novedosa, ya no podrán tener los síntomas de la vacuna tratados de forma alternativa, tendrán que vivir con las consecuencias, porque ya no se pueden tratar simplemente drenando las toxinas del cuerpo humano, de la misma forma que no se puede tratar a una persona con un defecto genético (por ejemplo, un paciente con cáncer). por ejemplo, trisomía 18 o 21, síndrome de Klinefelter, síndrome de Turner, enfermedades genéticas del corazón, hemofilia, fibrosis quística, síndrome de Rett, etc.), ¡porque el defecto genético permanece una vez presente para siempre!
En lenguaje llano esto significa: Si usted desarrolla una sintomatología de vacunación después de una vacuna de ARNm, ni yo ni ningún otro terapeuta podrá ayudarle causalmente, porque el daño de la vacuna será genéticamente irreversible.
En mi opinión, estas novedosas vacunas representan un crimen contra la humanidad que nunca antes se había cometido de forma tan amplia en la historia."
Como el Dr. Wolfgang Wodarg, un médico experimentado, lo dijo: En realidad, esta para la gran mayoría de la gente "vacuna prometedora" es de hecho una manipulación genética prohibida!

7. ¿Cómo se protege la élite de sus propias armas?

Otoño de 2009: El Gobierno Federal, los funcionarios federales y los soldados de las Fuerzas Armadas Alemanas recibieron una vacuna contra la gripe porcina ***sin un potenciador****, pero la población recibió* ***una vacuna con un potenciador*** (adyuvante[‡‡‡‡‡‡‡‡‡‡‡‡‡‡‡‡‡‡‡]).[618]

En la sección "Psicópatas" ya habíamos señalado que los psicópatas también hacen cosas que pueden conducir a su propia destrucción. No obstante, podemos suponer que los representantes del Estado Profundo están tomando precauciones y ya han tomado medidas para protegerse de las consecuencias de sus acciones. En los tiempos en que la crisis global (Rockefeller) aún no ha estallado, viven en zonas en las que no se rocían productos químicos y tienen varios lugares en los que se pueden encontrar. Además, tienen sus propios canales de comunicación/facilidades no públicas para informarse mutuamente cuando, dónde, qué y cómo se planifica algo, una operación de falsa bandera de los servicios secretos por ejemplo. Y cuando comience la crisis global planeada (disturbios en todo el país, guerras civiles), no estarán "presentes". Han creado refugios para sí mismos en forma de enormes sistemas de túneles subterráneos, a los que pueden retirarse durante mucho tiempo para esperar a que terminen los disturbios. Estos sistemas de túneles están herméticamente sellados del mundo exterior, y su suministro autosuficiente (agua potable, alimentos) está garantizado durante mucho tiempo. Estos sistemas de túneles sólo son conocidos por los miembros del Estado

---

[‡‡‡‡‡‡‡‡‡‡‡‡‡‡‡‡‡‡‡] Los adyuvantes son sales de aluminio como el hidróxido de aluminio. El aluminio es la causa de muchas enfermedades, por ejemplo, la enfermedad de Alzheimer.

Profundo y sólo son accesibles para ellos. La realización y financiación de estos enormes sistemas de túneles está en marcha y tuvo lugar a la sombra y al amparo de otros grandes proyectos (por ejemplo, el Aeropuerto de Denver (EE.UU.), el Aeropuerto de Berlín, el proyecto ferroviario "Stuttgart21"), lo que significaba que su construcción podía tener lugar de forma relativamente oculta y que los residentes vecinos tenían poco conocimiento de los objetivos de construcción y de los trabajos reales. Los enormes recursos financieros que esos proyectos de túneles absorbieron en la República Federal de Alemania se pusieron a disposición y se facturaron a través de los grandes proyectos "Aeropuerto de Berlín" y "Stuttgart21". En lo que respecta al aeropuerto principal de Berlín, muchos ya habrán notado que algo anda mal. Desde 2012, la primera fecha de finalización oficialmente programada, ¿por qué los ingenieros alemanes no han sido capaces de resolver los problemas técnicos que obstaculizaron la apertura de BER, sobre todo porque BER era una empresa de renombre? El aeropuerto de Berlín no utilizado cuesta al contribuyente unos 1,3 millones de euros al día (!) (determinado en 2016).[619,620] ¿Cuál es el propósito de estos enormes recursos financieros?

En Denver, inversores privados financiaron y construyeron el aeropuerto, pero no son conocidos oficialmente.[621]

A la pregunta "¿Cómo se protege la élite de sus propias armas?" El informante Du-Deborah Tavares da la siguiente respuesta con un ejemplo: *"Parte de la información que encontramos es: por supuesto, tienen métodos muy superiores a los que tenemos, como la curación del cáncer; no contraen cáncer ... "* Para invalidar la protesta anticipada "esta es una teoría de la conspiración", las siguientes declaraciones:

Las estadísticas muestran que hoy en día uno de cada dos hombres y una de cada tres mujeres contraen cáncer durante su vida y que esta alta probabilidad de desarrollar cáncer está relacionada en gran medida con nuestro estilo de vida y las toxinas ambientales: toxinas ambientales como pesticidas, insecticidas y productos sintéticos,[622] como los utilizados en la agricultura para el control de malezas o en la industria alimentaria para una mayor vida útil de los alimentos. *"En 1850, solo uno de cada 2500 murió de cáncer." hoy cada tercio muere de cáncer."*[623] Y un estudio reciente encontró: *"El cáncer es 100 por ciento una enfermedad producida por el hombre ... después de la Revolución Industrial, los casos de cáncer se dispararon, especialmente en niños, donde está comprobado que este aumento en el cáncer no se debe solo a una mayor esperanza de vida ... No hay prácticamente nada en la naturaleza que pueda causar cáncer. Por lo tanto, tiene que ser hecho por el hombre, a través de la contaminación y los cambios en la dieta y el estilo de vida. Lo más importante de nuestro estudio es que nos muestra esta enfermedad desde una perspectiva histórica. Podemos dar información clara sobre las tasas de cáncer en diferentes épocas y sociedades porque tenemos una visión general completa. Hemos estudiado miles de años, no solo los últimos 100 años, y podemos acceder a innumerables datos."*[624]

Las élites súper ricas pueden escapar fácilmente de estas influencias, que son perjudiciales para nuestra salud debido a nuestra forma de vida y a las toxinas ambientales, al vivir en gran medida de forma independiente y eliminar estos factores negativos de sus vidas. Y si contraen cáncer, hay "medicamentos contra el cáncer probados", cuya distribución y conocimiento no cuentan con el respaldo de la industria farmacéutica, e incluso se suprimen y luchan porque estos medicamentos cuestan poco y, por lo tanto, no generan dinero. por el contrario, incluso si no son patentables, si estos medicamentos contra el cáncer circulan, esto provocaría una gran pérdida de ventas para los medicamentos contra el cáncer clásicos (quimioterapia, radiología, medicamentos muy caros). *"Las terapias contra el cáncer que cuestan poco o nada y no son patentables no tienen la más mínima posibilidad política de aprobación. Son silenciados, suprimidos, ridiculizados y desacreditados."*[625]

Un "medicamento contra el cáncer" es, por ejemplo, la ingesta diaria de dosis muy altas de vitamina C natural ("terapia de dosis alta"), complementada por un estilo de vida saludable y equilibrado que contrarresta la sobreacidificación de las células humanas. :

mucho ejercicio físico, nutrición correcta o variada (muchas verduras, si es posible "verduras orgánicas"), suficiente sueño, suficiente luz solar, suficiente bebida, actitud positiva ante la vida y un nivel de estrés no demasiado alto y permanente.[626]

"La falta de luz hace que los tumores crezcan. ¿Por qué nadie sabe que una buena dosis de vitamina D, que solo se produce en la piel por la luz solar, puede protegernos del cáncer? ¿Que las personas se han curado alternativamente con altas dosis de vitaminas, oxigenoterapia, desacidificación y muchos otros métodos naturales? Se suprimen para hacernos dependientes. *Todos los días, miles de víctimas más van a la red del infierno químico ...* "[627]

Los "medicamentos contra el cáncer" mencionados aquí no son solo las herramientas cruciales para prevenir el cáncer, sino que también pueden curarlo; Debido a que el cáncer no es solo una enfermedad de un solo órgano en el cuerpo, es una enfermedad de todo el cuerpo que primero se manifiesta en uno de los órganos del cuerpo. El autor del libro Lothar Hirneise[628] va más allá: dice: Si el nivel de estrés es demasiado alto durante años, esto conduce a una disminución permanente del nivel de adrenalina en las células, lo que a su vez hace que la célula sea hiperglucémica, lo que lleva a la destrucción de la célula a partir de un determinado nivel de azúcar. Para evitar esta destrucción, la evolución ha establecido el mecanismo de conversión a un llamado metabolismo de fermentación, que permite a la célula quemar 20 veces más azúcar que una célula normal. La célula así modificada es la célula cancerosa, que por lo tanto ya no está expuesta al peligro de la hiperglucemia y se hace pedazos. En otras palabras, el cáncer es en primer lugar algo bueno, porque permite la supervivencia al cambiar el metabolismo. Sin embargo, la desventaja es la división celular ilimitada, que en última instancia conduce a la muerte, si el metabolismo celular no logra volver a la producción normal de energía, lo que es posible mediante el suministro de un aumento del oxígeno, acompañado de un cambio de vida, hacia un estilo de vida saludable, es decir, la desintoxicación del cuerpo, el cambio de la dieta y la reducción del estrés.

"El cáncer es una enfermedad de deficiencia. El cáncer se desarrolla cuando falta una cierta sustancia en el cuerpo, que solía estar presente en la dieta, pero que ahora se ha eliminado en gran medida ... Al igual que el escorbuto (deficiencia de vitamina C) o la pelagra (deficiencia de vitamina B) o el raquitismo (deficiencia de vitamina D), el cáncer se produce cuando esta sustancia no se suministra con los alimentos. Esto se debe a que nuestro sistema inmunológico normalmente es capaz de hacer frente a las nuevas células cancerosas que se forman cada día. Sólo cuando el sistema inmunológico está sobrecargado debido a ciertos factores (radiación, malnutrición, estrés y otros factores cancerígenos) Y esta sustancia no está presente, las células cancerosas pueden tomar el control y crecer hasta convertirse en un tumor."[629]

Y aquí también nos encontramos con el hecho de que nos encontramos repetidamente en el discurso anterior, a saber, que el establecimiento, la élite, no sólo oculta tales ideas positivas, sino que también lucha contra ellas. Y el miedo se está agitando, un medio probado de manipular a la gente. *"Este mensaje, que programa la mente humana para 'diagnosticar el cáncer, me estoy muriendo', está teniendo un gran efecto a través de su efecto aterrador. Como nada hace a los humanos más vulnerables y manipulables que el miedo, este mensaje ya los pone en la espiral criminal de la industria farmacéutica."*[630]

El primero en poner la "terapia de alta dosis" con vitamina C natural en el corazón de la prevención y cura del cáncer fue el dos veces ganador del Premio Nobel Linus Pauling, que recibió el Premio Nobel de Química en 1954 y el Premio Nobel de la Paz ocho años después. Pauling creía que la mayoría de las investigaciones sobre el cáncer se basaban en el fraude y que las organizaciones más importantes de investigación sobre el cáncer están en deuda con quienes las financian.[631,632]

Pero como la élite no logró refutar los hallazgos de Linus Pauling sobre la prevención y el tratamiento del cáncer, lo denigraron e intentaron ridiculizarlo como "papa de la vitamina."[633] Linus Pauling refutó esta campaña de las élites aplicando su método de curación a sí mismo después de recibir su propio diagnóstico de cáncer a la edad de 60 años. Sobrevivió 33 años y murió a la edad de 93 años. Incluso en los últimos tiempos, esta prevención y tratamiento del cáncer está siendo combatida por la industria farmacéutica, siendo los medios de comunicación públicos ayudantes dispuestos en esta lucha. En 2011, WDR emitió un programa de televisión en el que se advertía contra los suplementos alimenticios, que aumentan el *riesgo de muerte y* son *"sustancias muy nocivas."*[634] Este programa de la WDR se emitió muy cerca de una serie de conferencias del Dr. Rath, un médico especializado en el papel de las vitaminas en la prevención y la cura del cáncer. En la versión online de *Bild.de* se podría leer: *"¿Qué tan peligrosos son los preparados vitamínicos? Las mujeres mueren antes, los hombres contraen cáncer de próstata más a menudo"*,[635] refiriéndose a un estudio de los EE.UU., que en realidad no fue un estudio clínico en absoluto, en el que las vitaminas se administran típicamente en un grupo de participantes, mientras que un segundo grupo, el grupo de control, no recibe ninguna vitamina. En cambio, *"todo el estudio se basó en 'cuestionarios' sobre 'hábitos alimenticios' y otros aspectos, dónde vives, qué nivel de educación tienes, etc."*[636] Y el 80% de los que comenzaron este estudio de investigación lo dejaron antes de su finalización.

Los representantes de estos enfoques médicos alternativos de la lucha contra el cáncer no sólo están experimentando el viento del cambio a través de los medios de comunicación públicos, sino también a través de acciones legales en los tribunales, donde la licencia para ejercer la medicina puede ser revocada e incluso se puede amenazar con la prisión.[637] En 2007, un farmacéutico había obtenido una decisión histórica[638] contra la Cámara de Farmacéuticos ante el Tribunal Administrativo Superior de Baja Sajonia, que quería prohibir la distribución de amigdalina (también conocida como Amigdalina, Laetrile (Lätril), Mandelonitrilo o Vitamin B17) como medio alternativo de profilaxis y tratamiento de enfermedades tumorales (cáncer) o sus síntomas.

Una palabra sobre el "agente anticancerígeno" vitamina C: la vitamina C *artificial*, el ácido ascórbico, también parece ser adecuada para la "terapia de dosis altas"; sin embargo, esto debería complementarse con la ingesta paralela de otros micronutrientes, vitaminas B1, B5, B12, B17 y otros. La (pseudo) vitamina B17 mencionada aparentemente juega un papel clave en la lucha contra el cáncer.[639] Está contenido en varias frutas silvestres,[§§§§§§§§§§§§§§§§§§] p. en albaricoques en dosis relativamente altas, pero también en muchas otras frutas que crecen en nuestros jardines. Las sustancias amargas o el contenido de ácido hidrocianico en estas frutas juegan un papel decisivo. La ventaja del "mecanismo B17" es que actúa selectivamente contra las células cancerosas y apenas destruye el tejido sano. Incluso hay una analogía con el modo de acción de la penicilina en que la penicilina también actúa selectivamente, es decir. contra las bacterias, pero no ataca a las células humanas.[640] En contraste, la quimioterapia destruye tanto el cáncer como las células sanas. Esta ventaja por sí sola sería motivo suficiente para que la industria farmacéutica invierta miles de millones de euros en investigación en el contexto científico del "mecanismo B17", que, sin embargo, no relativiza hallazgos anteriores o incluso los desacredita.[641] En un artículo publicado por el periódico farmacéutico alemán en 2012, se podría leer lo siguiente:[642] *"Amygdalin, el ingrediente en las almendras amargas y en los granos de albaricoques y manzanas, es una sustancia citotóxica inductora de apoptosis. Los efectos correspondientes sobre las células tumorales, por lo tanto, pueden asumirse en principio, lo que, sin embargo, no pudo confirmarse ni en la mayoría de los estudios en animales ni en los pocos estudios sistemáticos disponibles en pacientes con cáncer."* Y el texto adicional de este artículo dice: *"No hay ensayos clínicos controlados y aleatorizados con laetrile o amygdalin."* Si es así, ¿cómo puede decir que laetrile o amygdalin no funciona contra el cáncer? Y una vez más la pregunta: ¿por qué la industria farmacéutica no está encargando ensayos clínicos aleatorizados controlados con laetrile o amygdalin? Es tan increíble; hay una

---

§§§§§§§§§§§§§§§§§§ En las formas modernas de estos frutos, estas sustancias amargas han sido parcialmente eliminadas, por lo que han perdido parte de su efecto anticancerígeno.

sustancia que se sabe que mata **selectivamente** las células cancerosas por medios bioquímicos, pero deja las células normales sin perturbaciones, y no se encarga ninguna investigación o estudio al respecto.

En un video[643] titulado "Granos de albaricoque contra el cáncer: naturopatía que pone en peligro la vida", se analiza el ejemplo de una terapia fallida contra el cáncer que usa "terapia B17" en un paciente y se mezcla con aspectos esotéricos (Bruno Gröning, *"el inventor de la corriente de curación divina ... herradura el papel de aluminio podría aumentar el efecto"*) y, por lo tanto, desacreditar a la medicina alternativa. El video[644] da una respuesta. Un folleto de aclaraciones resume la lucha desigual e injusta entre la medicina convencional y la medicina alternativa (nueva):[645] *"Desafortunadamente, actualmente hay dos estándares: Si una persona muere en la Nueva Medicina, entonces estalla una tormenta: 'Podría seguir vivo si no hubiera creído en esta tontería.'"* Por otro lado: *"A pesar de las muchas muertes en la medicina ortodoxa, dice aquí: 'Hicimos lo mejor que pudimos, estaba fuera de nuestro control.'"* Los pacientes de cáncer a menudo sólo recurren a tratamientos alternativos en una etapa avanzada de su tratamiento contra el cáncer, es decir, cuando la medicina convencional ya no puede ayudarlos, cuando están "fuera de la terapia" por así decirlo. Sin embargo, debido a la pérdida de tiempo y al daño celular adicional durante los tratamientos anteriores (quimioterapia, radiación, drogas), el cáncer ha progresado tanto que las posibilidades de curación con la terapia B17 son ahora pobres. Sin embargo, incluso en estos casos "totalmente tratados", se dice que la terapia con B17 ha sido efectiva en el 15% de los casos.[646]

Debido a esta propaganda contra los enfoques alternativos para la terapia del cáncer, aquí hay algunos comentarios sobre B17 para aquellos que buscan seriamente tratamientos alternativos. Si bien la ingesta oral de granos de albaricoque tiene sentido para la **prevención** del cáncer, esto a menudo no es suficiente en un tratamiento terapéutico porque una parte considerable del efecto se pierde a través del mecanismo de desintoxicación del hígado, pero también durante el paso intestinal, donde el B17 -Nucleos desbloqueados y el ácido hidrocianico se libera allí. Por lo tanto, la administración intravenosa es preferible para la **terapia**. Como Laetrile requiere una receta y una receta, debe buscar un médico (o dentista) de mente abierta que esté listo para proporcionarle una receta (privada) para obtener Laetrile. El próximo obstáculo es encontrar un farmacéutico que ofrezca Laetrile. En el video[647] mencionado anteriormente, la farmacia de flora en Hannover se menciona como fuente de referencia. El siguiente obstáculo es encontrar un médico que le administre este medicamento por vía intravenosa. También es importante que, junto con la terapia B17, se busque un estilo de vida saludable, como ya se describió anteriormente en relación con la terapia con vitamina C. *"Laetril no es una cura milagrosa, pero funciona, como se comprobó empíricamente desde 1834; hubo el primer caso clínicamente documentado. Y desde entonces, ha funcionado en cientos de miles de casos documentados, en promedio, estadísticamente en el 85% de los casos, y en el caso de pacientes sobretratados que han sido severamente dañados y también abandonados por la medicina convencional, el 15% de todos los casos han sido probados."*[648] Los libros dan una buena idea del mecanismo de acción de B17 en relación con las células cancerosas:[649,650,651]

Los representantes de la industria farmacéutica no están interesados en estas alternativas o terapias complementarias para la terapia del cáncer, ya que reduciría sus ganancias. *"... incluso los medicamentos caros contra el cáncer, que pueden costar € 20,000 por trimestre, no pueden prometer una cura. Es aún más sorprendente que un investigador de Ulm descubriera que las células cancerosas pueden combatirse eficazmente con metadona, un sustituto de drogas, por solo 30 € por trimestre. Suena bien, pero la industria farmacéutica no tiene interés en examinar científicamente este nuevo método. ..."*[652] Por el contrario, tales enfoques prometedores se silencian o rechazan con argumentos como "No hay estudios basados en evidencia".[653] Dado que la mayoría de los estudios médicos son financiados por la industria farmacéutica, no es sorprendente que no se inicien estudios sobre enfoques terapéuticos tan prometedores.[654]

Además de las terapias aquí descritas para el tratamiento del cáncer, hay otros enfoques prometedores de las ciencias naturales que también están siendo combatidos por la industria farmacéutica, ya que estos métodos no son patentables y por lo tanto no se puede ganar nada, por ejemplo, la Graviola o el GcMAF.[655] El enfoque de Hamersche para entender el cáncer y sus causas psicológicas como el shock y la ansiedad y las posibilidades de curación resultantes también deben ser mencionadas aquí.[656]

Es bien sabido que la melancolía, la ansiedad y el estado de ánimo depresivo pueden aumentar el riesgo de cáncer, mientras que esto es mucho menos cierto en el caso de las personas optimistas y felices. En el segundo, el nivel de serotonina es obviamente más alto que en el primero. Esto podría ser, por ejemplo, un indicio de que no es el componente psicológico sino la causa bioquímica, el nivel de serotonina, lo que está en primer plano; porque el requisito previo para un estado de ánimo básico positivo es un alto nivel de serotonina. Esto a su vez sólo es alto si la melatonina también está presente en el cuerpo en cantidades suficientes. Hay estrechas interrelaciones entre la serotonina y la melatonina en el cuerpo humano. Uno es el requisito previo para la formación del otro. Sin embargo, la radiación electromagnética generada técnicamente puede conducir a una reducción de la producción de melatonina, que debilita las defensas del cuerpo contra el cáncer.[657] La melatonina es parte de la policía del cáncer en el cuerpo. Esto apoya el enfoque de Hamers en causas psicológicas como el shock y el miedo en el desarrollo del cáncer.

A pesar de la indiferencia de la industria farmacéutica y sus secuaces hacia estas "drogas para el cáncer", asumo que las élites están usando este conocimiento. Sin embargo, la población no debería beneficiarse de ello.

8. El final - Conclusión

"Nos ponemos en peligro cuando nos levantamos. Pero ponemos a nuestros hijos y nietos en un peligro aún mayor si no lo hacemos".[658]

"Entonces, en nombre de Dios, haz algo al respecto, haz algo por tu propio futuro, por ejemplo, comenzando a que todos sepan qué está pasando aquí".[659]

La manipulación y la embotamiento de la gente, que tiene lugar simultáneamente en diferentes niveles (medios de comunicación públicos, educación, distracción a través de juegos y espectáculos secundarios), puede caracterizarse bastante bien en referencia al término **Contrarreforma**, ya que describe un proceso bastante comparable a los esfuerzos de la Baja Edad Media, iniciados por muchos gobernantes del Viejo Mundo, para deshacer los logros de la Reforma iniciada por Lutero, la llamada **Contrarreforma**. La Reforma representó un paso adelante en el camino de liberar a la gente de la esclavitud de la autoridad, la Contrarreforma su opuesto, la regresión. Y así es exactamente como es en nuestros tiempos de iluminación.

Hemos vivido durante mucho tiempo en una sociedad iluminada que, a través de un proceso que yo llamo la **Contra-**Iluminación, volverá ahora a los tiempos más oscuros cuando habrá una "autoridad", llamémosla una "élite" o "gobierno mundial secreto" o "Comité de los 300" o Illuminati.[660] En esta retroiluminación, la influencia de los medios de comunicación públicos y los políticos en el pensamiento de la gente juega un papel crucial. Es una lucha contra el intelecto, contra el pensamiento independiente y lógico. Un ejemplo de este triunfo del "pensamiento limitado" es la implantación con éxito en las cabezas de las personas de la idea de que la humanidad es responsable del cambio climático y que los medios de comunicación y los políticos han logrado implantar el CO_2 como el villano definitivo en sus cabezas, a pesar de que el CO_2 sólo está presente en el aire como un gas traza. Porque es exactamente lo contrario: el CO2 es esencial para la vida, porque es uno de los requisitos previos para la vida en nuestro planeta. Con su ayuda, las plantas producen el oxígeno que los humanos y los animales necesitan para respirar. En la Edad Media, los críticos de los dogmas de la iglesia eran estigmatizados como herejes y, en el peor de los casos, quemados en la hoguera. Hoy en día, aquellos que contradicen la tesis del cambio climático provocado por el hombre a través de su producción de CO2 son tildados de negadores del clima y teóricos de la conspiración, donde cualquier discusión de contenido es cortada de raíz.

Hoy, este proceso de **contra**-iluminación, es decir, un retroceso de la capacidad de pensamiento lógico de las personas, tiene lugar en todas las áreas de la sociedad, pero también en la ciencia. En el campo social, se puede ver que en la incorporación de la perspectiva de género, el feminismo, la destrucción de la familia, la sustitución de términos tradicionales como padre y madre con los padres 1 y 2, islamización, hostilidad hacia la tecnología, inclusión en las escuelas, clases escolares mixtas, enseñanza en clases escolares comunes entre alemanes y niños migrantes, Turbo-Abitur.[661] Se pueden observar tendencias similares en el campo de la ciencia: contradicción con las teorías estándar como el "*modelo estándar de las partículas elementales*", las teorías cosmológicas de *mundos paralelos* y *dimensiones adicionales*, el *multiverso burbuja* son teorías que la mayoría de los especialistas aceptar sin contradicción, poco o nada no tolerado. Contradiccion fundamental ya casi no están permitidas, en parte combatidas por el rechazo de manuscritos que contradicen la corriente científica. Se prefiere la financiación de la investigación para proyectos de investigación que siguen la corriente principal científica. Los disidentes o investigadores que cuestionan o rechazan estos "dogmas científicos" tienen un momento difícil. Un ejemplo flagrante es el cosmólogo ahora fallecido Halton Arp, quien descubrió que existen contradicciones entre la tesis del Big Bang y las observaciones más recientes. La consecuencia fue que sus manuscritos, que trataban estas contradicciones, ya no eran aceptados por los editores científicos y que ya no recibía tiempos de observación en los grandes telescopios.[662] La incorporación de la perspectiva de género, cuyos representantes sostienen que el género humano es una construcción social, está ahora científicamente acompañada por la investigación realizada por unos 200 profesores de género en Alemania. Se acusa a un profesor de biología, autor del libro "La paradoja del género", que critica la *"doctrina fantástica de la incorporación de la perspectiva de género"* y se da aires de las hipótesis ideológicas de los "investigadores del género". *"Pretexto: supuesta incitación al pueblo con insultos y difamaciones."*[663]

El "cambio climático provocado por el hombre" es un invento de la élite, que persigue objetivos completamente diferentes con este proyecto que salvar el clima. El objetivo principal es crear un proyecto o tema común que afecte a toda la comunidad global, con el que toda la humanidad pueda identificarse. Esta comunidad sirve a la élite que lucha por un gobierno mundial. Los otros objetivos son

- redistribución de abajo hacia arriba,
- Legalización de la geoingeniería (y, por lo tanto, chemtrails),
- debilitamiento de la economía alemana (armonización de las condiciones de vida en la UE),
- distracción de otros cambios políticos,
- confundir y crear miedo,
- "Divide y vencerás",
- Reducción de la democracia.

Lo que hemos estado experimentando durante varios años es celebrar una religión climática que no puede hacer nada con hechos científicos, sino que ha elevado el "cambio climático provocado por el hombre" al nivel de un dogma. La afirmación central de los representantes del "cambio climático provocado por el hombre" es que el CO2 provocado por el hombre aceleraría el calentamiento global, palabra clave "efecto invernadero". Los argumentos contrarios son ignorados por el complejo político y mediático o borrados de la mesa con el argumento de un "consenso entre científicos", una especie de "decisión mayoritaria". Esta decisión mayoritaria "El CO2 contribuye al calentamiento global" está motivada ideológicamente y no respaldada por datos científicos concretos.

Sin embargo, el "cambio climático provocado por el hombre" en realidad existe si incluye el aumento en la frecuencia e intensidad de fenómenos climáticos, como terremotos, tsunamis, alteraciones en el equilibrio ecológico de una región, cambios en el clima (incluyendo formación de nubes, ciclones, tornados). Sin embargo, no es el CO2 el que causa este "cambio climático provocado por el hombre", sino en gran medida las manipulaciones del clima por HAARP en combinación con los materiales esparcidos por las estelas químicas. Las estelas químicas sirven para diferentes aspectos:

- pulverización de toxinas como bario, estroncio, aluminio, ...,
- pulverización de componentes de un arma biológica (hongo Morgellon),
- Creación de una capa "metálica" sobre la superficie de la tierra para permitir el alcance de las actividades de HAARP en todo el mundo,
- rociar los llamados nanorobots (Smartdust) que se atascan en el cerebro humano,
- Blindaje de la radiación solar.

El progreso tecnológico es fundamentalmente algo valioso, siempre que no se utilice mal y, sobre todo, no se utilice contra las personas. Pero: *"Mientras el mundo esté gobernado por psicópatas, desafortunadamente siempre tenemos que asumir lo peor de la experiencia: guerras, manipulaciones climáticas, control mental."*[664] Actualmente estamos en un "juego final" y parece que el año " 2025 ", que estos tres documentos (Figuras 1, 2 y 5) tienen en común, en realidad caracteriza el punto final en el tiempo en que la élite planea tomar el control completo de la humanidad, al menos en el mundo oeste. No hay otra forma de explicar que el mismo año se muestra como punto final en estos tres documentos. El progreso tecnológico (geoingeniería) en relación con el adoctrinamiento de personas por parte de los medios públicos, políticos, ONG y cabilderos, que actúan en interés de la élite, cumplen este objetivo de tomar el poder. Por qué este último actúa en interés de la élite parece incomprensible, pero tiene que ver con el enorme poder monetario de la élite.

Las posibilidades tecnológicas de la geoingeniería[665] que ya están en uso hoy en día incluyen la manipulación del clima, desencadenando desastres naturales como terremotos, tsunamis, ciclones, oscurecimiento del cielo, deforestación (deforestación de las selvas tropicales), envenenando el aire para respirar y contaminando el suelo. y aguas a través de chemtrails.

La Figura 58 ofrece una visión general de lo que puede hacer la geoingeniería y las consecuencias de su uso para humanos, animales y el medio ambiente. Detrás de la geoingeniería hay un proyecto de destrucción masiva que se ha lanzado contra la humanidad.

Lo que aún no está incluido en esta lista es el esfuerzo por introducir un requisito de vacunación legal y manipular la conciencia de las personas mediante la pulverización de nanopartículas/nanochips "inteligentes" (Smartdust) y mediante la radiación, en particular a través de la red "5G". "5G" será omnipresente, de la que no hay escapatoria.

Con estas nanopartículas/nanochips, que se introducen en nuestro cuerpo de varias maneras sin que seamos conscientes de ellas, el cerebro de cada ser humano puede ser leído a través de la "IoT-Raster"[*******************] inteligente, pero también puede ser controlado desde el exterior e incluso ciertos estados de conciencia pueden ser impresos desde el exterior. *"Esta es la última esclavitud de la que no hay escape, al menos no por nuestro propio poder."* [666] Esto es la tiranía.

******************* IoT = Internet of Things (Internet de las Cosas) - Internet de las Cosas, para cuya realización se crea la llamada red 5G.

La geoingeniería es responsable de				
Tiempo Manipulación	apagon del cielo	deforestación	La contaminación del aire	contaminación de los pisos
que causa lo siguiente:				
inundación sequía terremoto tsunami tormentas violentas desastres naturales extremadamente frio fases climáticas	Pérdidas de inversión pa solar y renovable energías desnudas Deficiencia de vitamina D raquitismo depresión paranoja ansiedad	Abeja e insecto morir Muerte del bosque Favorecido por Hongos y moho reducción del oxígeno Flora muriendo Extinción de especies (fauna)	Aumento en el cáncer fiebre de heno Influenza (gripe) asma Alzheimer Parkinson Esclerosis múltiple autismo	Fin de agricultura orgánica Acidificación de la pisos Muerte de la fauna Contaminación de la El ciclo del agua
y favorece lo siguiente:				
bancos las empresas de energía la especulación inmobiliaria Fabricante de stressresistentem semilla gen El tiempo de guerra (El tiempo como arma)	las empresas de energía empresas farmacéuticas industria nuclear enfermo privado seguro	Monsanto Agricultura con semilla genética Reducción de la población mundial	industria farmacéutica enfermo privado seguro	en genéticamente semillas cambiadas tierra basada economía resistente aluminio semillas

Figura 58: Resumen de las posibilidades de la geoingeniería y las consecuencias de su uso para humanos, animales y el medio ambiente. (fuente: *https://www.chemtrailsprojectuk.com/*).

La toma del poder por parte de la élite irá acompañada de grandes trastornos e incluso de guerras civiles, alentadas por la migración masiva[667] a Europa en los últimos años, que dará lugar a una reducción de la población. Se logrará otra reducción significativa de la población mediante el uso de *"chemtrails (o 'geoingeniería'), vacunas, alimentos irradiados, OGM (Codex Alimentarius), medidores inteligentes, uso de 5G, ..."*[668]

Pero la manipulación de la conciencia de la gente también se lleva a cabo de la manera clásica. El cambio climático y el consiguiente bombo de Greta es un clásico por excelencia, donde los jóvenes se agitan contra los adultos, por lo que se creó el movimiento "Viernes por el futuro", aprobado por el gobierno y las escuelas. *"Por lo tanto, no es difícil ver hacia dónde va la nueva revolución cultural de gente como Greta y Rezo. Debería derribar la cúpula, imponer la dictadura climática y desempoderar a las elites políticas y culturales..."*[669]

La aparente contradicción de que estas serían ideas comunistas, que en realidad están comprometidas con la lucha contra el gobierno del capital, de hecho no es una contradicción, ya que la élite simplemente usa estas ideas y las instrumentaliza. La Revolución Cultural de 1966-78 en China también fue iniciada por el establecimiento estadounidense, provocada y apoyada financieramente por la rama de la Universidad de Yale en China.[670,671] Un método importante de la élite para consolidar su gobierno es el "principio de dividir y conquistar"; La revolución cultural no era otra cosa. Esto también se aplica a la incitación de los jóvenes contra los viejos en el movimiento "Friday For Future".

La imagen en la portada de la primera y segunda edición de este libro pretende expresar simbólicamente lo mucho que nuestra próxima generación está en peligro. Porque lo que les espera será un horror sin fin si no conseguimos detener la "Agenda 2025". Tan pronto como se instale la NWO, se continuarán todos los demás proyectos de los globalistas, de los cuales "Control Mental" y la "Agenda del Transhumanismo" tendrán probablemente las consecuencias más devastadoras para la supervivencia de un mundo civilizado, porque penetrarán profundamente en la psique y el mundo del pensamiento de los humanos e implicarán el desmantelamiento de las capacidades mentales, pero también intervendrán en el proceso de reproducción biológica. Nuestros niños pueden no darse cuenta de cómo la realidad de su vida está cambiando gradualmente, porque esto sucede lentamente, insidiosamente y en paralelo a los cambios cognitivos en su conciencia. Es el último juego de influenciar y controlar remotamente a la población sobrescribiendo y programando los pensamientos, controlando los sentimientos y acciones de las masas, "la última servidumbre".

Un usuario de Facebook, Alfred E. Neumann, resume nuestra condición en el siguiente comentario, que fue publicado el 12 de junio de 2019: *"Bueno, queridos amigos, mis días en Facebook también se cuentan ...*
Siempre he intentado llevarme bien neutral y sin agitación ni insultos. Ahora que todo Fb ha sido buscado hasta la última migaja, nuestro estado probablemente no tenga mayores problemas además de castigar a las personas que no les importa o incluso consideran que el resultado de sus políticas es peligroso, hasta ahora me veo en mi 'dignidad humana' impedido que, incluso como ciudadano respetuoso de la ley, la presunción de inocencia ya no se aplique, mi libertad de expresión ya no es posible sin tener que contar con represalias posteriores y a través de todo el filtro en imagen, sonido y escritura mi derecho a la información está tan severamente restringido que la información neutral es imposible y los días aquí han terminado para mí.
Alemania fue un país fuerte hasta 2015, pero los cambios de dirección desde entonces son tan drásticos que se puede comparar con ´ Cierra el saco´.
Siempre hay nuevas e increíbles revelaciones que parecen hacerte parecer más como una rata de laboratorio que como un humano.
Ya sean venenos en el aire, el agua, el suelo, los alimentos, las vacunas, la quimia, etc.
O las compañías, los sindicatos, los empleadores, las compañías de seguros de salud, los grupos de presión, la política, la escuela hacen más que titulares preocupantes, burbujas inmobiliarias,

rescate bancario, crisis del euro, Brexit, crisis de refugiados *se ciernen sobre nuestro futuro como una espada de Damocles. El derecho internacional, la Ley Básica e incluso casi todas las creencias ya no existen para el bien de la gente ... una cosa es segura para mí ...*

Todo esto no es un problema nacional, pero creo que es exactamente el momento histórico en el que los tiradores de cuerdas globales* (los protagonistas de NWO) *dejan caer su máscara y quieren mantenernos a todos como animales en el establo.

Si incluso un Trump se opone a las chemtrails, puede ver que incluso afecta a nuestros ocupantes (y normalmente actúan como Dios) ...

Estamos ante el gran "big bang", en el que es probable que nadie encuentre la causa.

Una cosa es segura, será fea.

Espero que nuestros hijos nos perdonen. ¿Cómo podríamos dejar que llegue tan lejos?

Les deseo a ustedes, sus familias y parientes todo lo mejor ... "

La transición de los hombres libres a su esclavitud está entrando en su fase final decisiva. El mapa de ruta se parece a algo como esto:

- Desencadenar una pandemia y crear miedo,
- Cerrando ciudades y deteniendo el tráfico de carga y de pasajeros,
- Proclamación del estado de emergencia y entrada en vigor de las ordenanzas de emergencia,
- Eliminación de adversarios y concentrarse en rodamientos especiales (pretexto: cuarentena para evitar una mayor propagación del virus),
- Vacunación masiva contra la supuesta pandemia (según el modelo de la gripe española),
- El chip humano a través de estas vacunas (microchips, controlables a través de 5G, con "opción exitus"),
- Abolición del dinero en efectivo (justificación: riesgo de infección),
- El colapso financiero, el colapso de la economía mundial,
- Desencadenando una hambruna con subsiguientes guerras civiles, comienza la lucha por la supervivencia,

- la reducción de la población.

Los primeros puntos que ya habíamos aprendido en relación con el virus corona en China 2019/20. Aquí también se propagó el muy largo "período de incubación" de 2 semanas; porque cuanto más largo sea el período de incubación, más tiempo estará disponible para que la élite implemente los otros puntos. Nada debe dejarse al azar.

La situación parece desesperada. *"La desesperanza ya es la derrota anticipada"* (Karl Jaspers). Nuestra única esperanza es educar, para que el mayor número posible de personas se den cuenta del peligro. Y, sobre todo, deben desenmascarar la estrategia de la élite, que consiste en dividir a la población y hacer cumplir el principio de "divide y vencerás". Porque solo si el gobierno se enfrenta a un poderoso movimiento de protesta que ya no pueden controlar con sus medios (medios de comunicación, policía, militares, leyes) será posible evitar la esclavitud de la humanidad. Sin embargo, esta aclaración no es tan fácil porque las convicciones, las actitudes hacia la vida y las orientaciones políticas de las personas han crecido a lo largo de los años, a través de la educación en el hogar, la escuela, el trabajo, el entorno personal y, por supuesto, a través de la propaganda diaria y el adoctrinamiento por radio, TV, medios impresos dominados por la élite. Una persona con tales convicciones que han crecido y moldeado durante décadas a menudo ya no puede corregir su visión del mundo con nueva información que la contradice, y mucho menos arrojarla por la borda, un rasgo humano conocido como "disonancia cognitiva".
Dicha disonancia cognitiva crea un "malestar psicológico", que las personas intentan evitar instintivamente al no percibir o negar información. Y en este contexto, la influencia de los medios públicos juega un papel muy decisivo, profundizando la visión del mundo una vez anclada en las mentes de las personas todos los días.

Si todavía es posible superar este obstáculo (no percibir o negar información) educando a la población es una cuestión que puede determinar la supervivencia de una humanidad civilizada. Es importante convencer a las personas del principio rector: "No creas todo, verifica todo tú mismo".

Tal vez, como tantas veces en la historia del mundo, podría haber todavía sorprendentes giros de los acontecimientos que detendrían la esclavitud de los seres humanos e impedirían la toma total del poder sobre nuestro pensamiento, sentimiento y voluntad por una autoproclamada élite. El pasado enseña que el curso de la historia suele estar determinado en gran medida por los individuos y su carácter.[672] Los ejemplos negativos son Hitler, Mao y Pol Pot. Ejemplos positivos son Trump y Putin. A diferencia de sus predecesores, Trump aún no ha iniciado una guerra en los tres primeros años de su mandato. Y Putin ha resistido todas las provocaciones de la "comunidad de valores" occidental. No se ha dejado provocar.

Por el momento, Rusia, el antiguo baluarte del socialismo / comunismo y los Estados Unidos liderados por Trump parecen ser las últimas y decisivas esperanzas de esperanza que podrían resistir la pesadilla. Esta influencia de Trump y Putin se discute en el video[673,674]. Hay personas que tienen grandes esperanzas en el presidente de los Estados Unidos y el movimiento QAnon. Uno espera Se espera que ambos políticos hayan asumido la tarea de desenmascarar el Estado Profundo y hacer inofensivos a sus patrocinadores. En Wikipedia se puede leer: *"QAnon, o Q para abreviar, es el seudónimo de una presunta persona estadounidense o grupo de personas que difunde una teoría de conspiración extremista de derecha en los tableros de imágenes y pretende tener acceso a información secreta sobre la presidencia de Donald Trump, su lucha contra un supuesto 'Deep State', así como el adversario de Trump. QAnon también se ha convertido en un término para la teoría de la conspiración generalizada."* Tenga en cuenta que la palabra *"teoría de la conspiración"* se utilizan en esta caracterización, lo que indica que el medio público Wikipedia aparentemente sirve al 'Deep State' ('estado profundo'), es probablemente parte del estado profundo (cuarto círculo dentro del Estado profundo, ver Epílogo). Por lo tanto, es aconsejable consultar fuentes independientes para llegar a una perspectiva independiente.

Según los tres documentos presentados en la sección "Tres documentos con idéntico objetivo final '2025'", 2025 parece ser el año en que la élite quiere tomar el poder. Pero puede ocurrir antes, es decir, cuando Trump realmente lucha contra el estado profundo (como sugieren algunas pruebas), lo que pone al estado profundo bajo una presión cada vez mayor y, por lo tanto, desencadena el final antes.

Un primer paso efectivo contra la toma total del poder por parte del Estado Profundo hacia la NWO es la acusación contra los representantes del Estado Profundo citada en la página 3. Y no se puede descartar que en el curso del "ejercicio" militar "Defender 2020" y la crisis de la corona escenificada, combinados con toques de queda y prohibiciones de asamblea, se esté preparando un cambio de sistema, que tiene por objeto hacer añicos las estructuras internacionales del Estado Profundo que han crecido durante décadas. Si esto es cierto, se lo debemos al movimiento Q-Anon y especialmente a la administración Trump. En 2016/17, Trump se propuso destruir el poder del Estado Profundo y sus aliados mediáticos.

Pero también puede ser muy diferente, a saber, que QAnon fue instalado por el Estado Profundo para despertar una esperanza engañosa en aquellos que ya vieron a través del "juego". Así se podría lograr que los patriotas caigan en un modo de espera y no se activen para impedir el establecimiento de la NWO. Sin embargo, el año 2020 es un año importante que marcará el rumbo, ya sea hacia la NWO y por lo tanto la esclavitud de la humanidad o hacia la destrucción del Estado Profundo. Lo sabremos.

Si Q y Trump luchan activamente contra el Estado Profundo y salen victoriosos, entonces la humanidad escaparía una vez más de su mayor catástrofe concebible. Entonces este libro sería un testimonio auténtico del peligro que habían corrido. Sin embargo, aún así, la humanidad no se ha salvado para siempre. Debe seguir vigilando y aprendiendo de ella. Porque cuando las personas están llenas y no tienen más preocupaciones existenciales directas, se vuelven letárgicas y desinteresadas, y las fuerzas oscuras pueden haber aprendido de la "batalla perdida" y recuperar la ventaja. Recordamos que la gente malvada y los psicópatas con sus cualidades especiales (ver sección "Psicópatas") siempre existirán. Así que: ¡Estén alerta!

Epilog - Élite y Deep State (Estado Profundo)

"Los estados capitalistas occidentales de hoy solo usan propaganda particularmente pérfida para comercializar el capitalismo globalizado y globalizado bajo la etiqueta de democracia, libertad y 'valores occidentales' como el único orden económico y social concebible."
(Eugen Drewermann[675])

"Los que deciden no son elegidos, y los elegidos no tienen nada que decidir."[676] Esta frase, pronunciada públicamente por el destacado político alemán Horst Seehofer en 2010, no fue un lapsus linguae, sino una caracterización del estado en el que se encuentra nuestro "estado". Lo mismo, pero en otras palabras, es lo que dicen algunos profesores y científicos que se ocupan de la situación política actual de Alemania: La "democracia" en los Estados Unidos y también en otros estados de la "comunidad occidental de valores" se basa en un gobierno clandestino (secreto) en red, que escapa a la mirada del público. El término "Deep State" ("estado profundo") se utiliza a veces para esta regla subterránea, pero también otros términos como "gobierno en la sombra", "gobierno paralelo", "gobierno secreto", del que emana el ejercicio real del poder.

U. Mies y J. Wernicke[677] *"describen el"* estado visible *"como democracia de fachada, como una obra de teatro para el público en general frente a la cortina del teatro. Las decisiones políticas realmente importantes se toman ... sin embargo, en las estructuras profundas y 'universos paralelos de poder' detrás de la cortina del teatro."*[††††††††††††††††††] *"Estas incluyen todas las formas de perversión del poder, como la vigilancia, la tortura, el robo de la riqueza nacional, los crímenes del servicio secreto , La producción*

---

†††††††††††††††††† ... que se expresa en las portadas de los dos libros anteriores; breve resumen al final de este libro.

del miedo hasta los preparativos de guerra y la conducción de guerras de agresión. ",, El estado profundo organiza la explotación, el saqueo y la destrucción y lleva la militarización al extremo. Las élites gobernantes construyeron la cleptomanía en medio de un gobierno arbitrario. Carecen de una brújula moral, la justicia propia y la mendacidad son su esencia."[678]

El investigador cognitivo Profesor Rainer Mausfeld utiliza el término "democracia representativa". Lo que estamos experimentando actualmente en política y la influencia mediática de las masas es característico del neoliberalismo, que ha estado creando cada vez más espacio en las democracias occidentales durante varias décadas. El neoliberalismo es una forma de gobierno de las élites, para quienes la palabra democracia sirve de hoja de parra. En realidad, las élites se están redistribuyendo de "abajo" a "arriba", para lo cual la hoja de parra "democracia" es muy útil. La máxima se aplica a la democracia representativa: *"Quien posee el país también debe gobernarlo: la democracia representativa como un medio para evitar la democracia"*, es el título de un capítulo en el libro[679] de Rainer Mausfeld "Por qué los corderos están en silencio". *"El neoliberalismo, si no quiere prescindir de apariencias democráticas, depende casi del hecho de que los mecanismos de redistribución de abajo hacia arriba y de manos públicas a privadas se están legalizando cada vez más en todos los niveles, desde la UE hasta los municipios."* [680] Y esta legalización lleva a leyes que luego pueden implementarse contra la acción democrática (peticiones, manifestaciones, ...).

La transición de una democracia a una "democracia democrática representativa" ha sido fluida en las últimas décadas con el objetivo de evitar la democracia. La democracia ahora se limita a las elecciones regulares al parlamento federal y los parlamentos estatales. La élite o el "Deep State" tira de los hilos en el fondo. La élite decide en gran medida qué políticos aparecen como candidatos en las listas electorales. Esta selección de políticos no se hace públicamente, pero, por ejemplo, en las conferencias anuales de Bilderberg, cuyos resultados generalmente no brindan información al público.[681] Es tarea de los medios públicos tocar el tambor para estos candidatos elegidos, para que estos candidatos de élite elegidos ganen las próximas elecciones. Además de los jefes de gobierno, las altas finanzas de Europa occidental, los EE. UU. Y Canadá, los principales industriales, oficiales militares de alto rango y oficiales de inteligencia, las salas de juntas de las compañías de medios más grandes y conocidas del mundo también participan en las conferencias de Bilderberg. Por lo tanto, se puede suponer que los medios públicos también pertenecen al círculo estrecho de la élite; El poder de los medios y su influencia propagandística en la población contribuyen decisivamente a garantizar que los candidatos favorecidos por los Bilderberger también sean elegidos. Si, contrariamente a lo esperado, no funciona así, por ejemplo, cuando Donald Trump fue elegido presidente de los Estados Unidos o Boris Johnson como partidario del Brexit (ambos no son buscados por la élite), los medios públicos lanzarán una campaña sin precedentes contra estos políticos. Eso a menudo muestra rasgos irracionales. Algo similar también se puede encontrar en relación con el fortalecimiento de la AfD en Alemania: agitación y menosprecio de este joven partido de oposición en un frente amplio, tanto en los medios de comunicación como por los políticos de los viejos partidos, pero también por otras fuerzas sociales, representantes de las dos iglesias, fundaciones, Artistas, ONG's.

En resumen, no vivimos en Alemania y en el mundo occidental en una democracia real, donde la gente, Souverän, determina lo que sucede en el país, sino en una "democracia representativa" o democracia de fachada, donde el poder real a través del Se ejerce el " Deep State".

¿Pero quién o qué es exactamente el estado profundo? Acto seguido, la respuesta del autor B. Hamm, que U. Mies resume de la siguiente manera:[682]

"Basado en el 'Modelo de estructura de poder' ('Power-Structure-Modell') C. Wright Mills', Hamm describe todo el complejo en forma de círculos concéntricos:

• *En el círculo interno encontramos a la élite global, los individuos, familias o clanes más ricos con activos que superan los mil millones de euros.*[‡‡‡‡‡‡‡‡‡‡‡‡‡‡‡‡‡‡‡]

• *El segundo grupo está formado por los CEO de grandes corporaciones transnacionales y los mayores magnates financieros internacionales. Se preocupan principalmente por aumentar la riqueza del círculo más interno y, por lo tanto, también el suyo.*

• *En el tercer círculo están los políticos internacionales más importantes, algunos en funciones gubernamentales, otros como asesores en segundo plano y en instituciones internacionales, así como los líderes de las fuerzas armadas. Esta clase política en sentido estricto tiene dos tareas: debe organizar la distribución del producto social de tal manera que se transfiera lo más posible a los dos círculos internos; y debe asegurar el circo político de una democracia supuestamente pluralista con la legitimidad necesaria.*

• *En el cuarto círculo encontramos a los mejores científicos, los magnates de los medios de comunicación, abogados, a veces también escritores prominentes, estrellas del cine y la música, artistas, algunos representantes de las ONG o las iglesias, algunos delincuentes principales, en resumen: todo lo que los miembros de los círculos internos aprecian. Disfrutan del acceso a los poderosos, están bien pagados y harán todo lo posible para no perder estos privilegios."*

En resumen, los Estados Unidos pueden ser vistos como el motor central del capitalismo neoliberal, que se conoce más apropiadamente como capitalismo depredador.[683]

[‡‡‡‡‡‡‡‡‡‡‡‡‡‡‡‡‡‡‡] Este círculo interno está representado en particular por el "Comité de los 300", cuyo objetivo claro es la dominación mundial. El Dr. En más de 40 años de investigación, John Coleman ha compilado un trabajo histórico estándar en el que enumera los objetivos y los medios del "Comité de 300" en 21 puntos (ver Apéndice 1 en el libro „2025 – Der vorletzte Akt".)

[1] https://www.dz-g.ru/19CV2407-CAB-AHG-vom-16-Dezember-2019 _Verbrechen-gegen-die-Menschheit , *"Why We Sued Big Tech for Artificial Intelligence Misuse & Contribution to Win for Humanity"*, 31.01.2020

[2] J. Sonntag, B. Lenoir and P. Ziolkowski, Electronic Transport in Alloys with Phase Separation (Composites). *Open Journal of Composite Materials,* 2019, 9, 21-56 https://www.scirp.org/Journal/PaperInformation.aspx?PaperID=90216

[3] https://www.youtube.com/watch?v=E8QsOz4u54M&t=14s *"Vermischung der Rassen auch mit Zwangsmaßnahmen - Französischer Ex-Präsident (2008)"*

[4] https://www.facebook.com/b.n.d.und.brid.machen.nur.noch.shit/videos/***united-nation-of-europe***-(une/1911800162465818/ *„***UNITED NATION of EUROPE*** (UNE / NWO Umwandlung bis 2030/2050 ist bereits Vereinbart & Beschlossen worden)"*

[5] https://www.heise.de/forum/Telepolis/Kommentare/Ansichten-eines-Gutmenschen/Was-Carl-Friedrich-von-Weizsaecker-dazu-sagt/posting-24114785/show/

[6] https://www.youtube.com/watch?v=TFYHL8x16Y8 , *"Der bedrohte Friede 1983 Carl Friedrich von Weizsäcker"*, 04.12.2012.

[7] Joachim Sonntag, *„2025 - Der vorletzte Akt: Warum wir Heimat, Freiheit und Sicherheit verlieren"*, CBX-Verlag München, 2019, Seiten 232ff

[8] https://www.bing.com/videos/search?q=Unzicker&view=detail&mid=5730B95C57754687796D5730B95C57754687796D&FORM=VIRE *„Der Niedergang der Wikipedia"*, 24.04.2019

[9] Wikipedia-Eintrag, *„zuletzt am 17. April 2020 um 01:16 Uhr bearbeitet"*

[10] Wikipedia-Eintrag, *„zuletzt am 11. Mai 2020 um 19:51 Uhr bearbeitet"*

[11] Ebenda, Seiten 48ff

[12] Ebenda, Seiten 151ff

[13] https://www.heise.de/forum/Telepolis/Kommentare/Medien-als-auslaendische-Agenten-USA-und-Russland-im-Medienkrieg/Die-Wahrheit-steht-alleine-Aufrecht/posting-31427969/show/ , *„Die Wahrheit steht alleine Aufrecht"*, 26.11.2017

[14] https://www.youtube.com/watch?v=qhIlhokrZXo , *„Rechtsanwalt Steinhöfel über Heiko Maas, Zensur, Hate-Speech und Fake-News"*

[15] Oliver Janich: *Impossible Mission 9/11: Wie ein kleines Spezialkommando den größten Terroranschlag der Geschichte durchgeführt haben könnte* , CBX Verlag UG, 2018

[16] Joachim Sonntag, *„2025 - Der vorletzte Akt: Warum wir Heimat, Freiheit und Sicherheit verlieren"*, CBX-Verlag München, 2019, Seiten 48ff

[17] https://www.youtube.com/watch?v=tuVspN5RIoE *„NEWW!! ARD u ZDF zeigen Haarp und Chemtrails sind keineswegs eine Verschwörungstheorie UNFASSBAR!"*, am 03.01.2017 veröffentlicht

[18] https://new.euro-med.dk/20161121-haarp-wetter-manipulationdurch-nasa-satelliten-fotos-bewiwswn.php *„HAARP Wetter-Manipulation durch NASA-Satelliten-Fotos bewiesen“*, 21.11, 2016

[19] https://www.youtube.com/watch?v=WaudJgutsPw&t=1650s *„Doku: Der geheime Krieg - Solares Geoengineering - deutsch synchronisierte Version“* (Minute 5:25 im Video), veröffentlicht am 15.03.2016

[20] https://www.youtube.com/watch?v=5ZWAdpA6MHU *„Weather as a Force Multiplier: Owning the Weather in 2025 - PDF eBook - Air Force 2025”*, veröffentlicht am 07.07.2017

[21] Joachim Sonntag, *„2025 - Der vorletzte Akt: Warum wir Heimat, Freiheit und Sicherheit verlieren“*, CBX-Verlag München, 2019, Seite 14

[22] http://www.deagel.com/country/

[23] como anteriormente

[24] www.StopTheCrime.net

[25] https://gloria.tv/video/kocXqyBeYEaG4QXzkK6TvdJdL, *„Kennedy und Eisenhower warnen vor einer monolithischen, ruchlosen, weltweiten Verschwörung!“*, 27. Juli 2013

[26] como anteriormente

[27] https://www.oliverjanich.de/die-rede-die-john-f-kennedys-schicksal-besiegelte , Oliver Janich: *„Die Rede, die John F. Kennedys Schicksal besiegelte“*, 19. Juni 2013

[28] http://euro-med.dk/?p=31327

[29] Joachim Sonntag, *„2025 - Der vorletzte Akt: Warum wir Heimat, Freiheit und Sicherheit verlieren“*, CBX-Verlag München, 2019, Seiten 11f

[30] https://www.youtube.com/watch?v=t4OwfkSEtlY *„Neue Prognosen von DEAGEL.com“*, am 28.04.2018 veröffentlicht

[31] https://www.youtube.com/watch?v=s_38tsQ4p0I&t=233s *“Silent Weapons For Quiet Wars Document - Full Read”*, veröffentlicht am 27.06.2013.

[32] www.newhorizonsstannes.com/pdfs/Silent_war_against_humanit... „Silent Weapons for a 'Quiet War' - New Horizons (St. Annes): *„The document ”Silent Weapons for a Quiet War” was found by ”co-incidence” in 1986 or even before, and it goes back to 1954 which also happens to be the year where the ”nice think-tank” Bilderberg Group was founded – this world just happens to be full of ”co-incidences” all the time :-)”*

[33] Joachim Sonntag, *„2025 - Der vorletzte Akt: Warum wir Heimat, Freiheit und Sicherheit verlieren“*, CBX-Verlag München, 2019, Buchrückseite

[34] https://www.activistpost.com/2017/10/nanochips-smart-dust-dangerous-new-face-human-microchipping-agenda.html , By Makia Freeman: *„Nanochips and Smart Dust: The Dangerous New Face of the Human Microchipping Agenda”*, October 20, 2017

[35] https://www.youtube.com/watch?v=cTp_1HzrCoo Herbert Schott: *„Chemtrails und Nanotechnologie zur Manipulation der Menschheit Teil 1“*, am 16.03.2014 veröffentlicht

[36] https://internationalesforumblog.wordpress.com/2017/05/01/ueber-den-groessten-umweltverschmutzer-der-welt-wird-selten-gesprochen-er-ist-das-militaer-des-us-imperiums-und-darueber-wird-im-imperium-nicht-gern-

gesprochen-die-gigantische-kriegsmaschinerie-is/?fbclid=IwAR3EPsPuoZpNJV3zl-tFbKcX2D-EDXpsJ7HvnJVAkppbb-iqfaZ--KhX6pQ , INTERNATIONALESFORUMBLOG:WORDPRESS:COM, David Swanson *"What I Said at the Peace Hub of the Climate March"*

[37] como anteriormente, Minute 15:09

[38] https://www.youtube.com/watch?v=5yoQUluPxv8 , *„Nuklearer Klimawandel? Über 2.100 Atombombentests seit 1945! | 27.04.2019* | www.kla.tv/14207"

[39] https://www.youtube.com/watch?v=PLPLUKEmVRs&fbclid=IwAR1qhfvHLSG2nR6RbTf77f6WIlfhJqhCAE3NpFZAa1De_X7_vBvpycAbgkE *„MARKmobil Mittelpunkt - Die große Lage"*, veröffentlicht am 23.02.2019, Minute 15:23

[40] como anteriormente, Minute 14:33

[41] https://www.kleinezeitung.at/lebensart/nachhaltigkeit/5618082/Palmoel_Jede-Minute-verschwinden-30-Fussballfelder-an-Regenwald , *„Palmöl - Jede Minute verschwinden 30 Fußballfelder an Regenwald"*, 04. Juni 2019

[42] http://webcache.googleusercontent.com/search?q=cache:8QuZTZquheYJ:www.planungsamt.bundeswehr.de/resource/resource/MzEzNTM4MmUzMzMyMmUzMTM1MzMyZTM2MzIzMDMwMzAzMDMwMzAzMDY4NzE2NjMwMzk3YTc5NjYyMDIwMjAyMDIw/Future%2520Topic%2520Geoengineering.pdf+&cd=1&hl=de&ct=clnk&gl=de&client=firefox-b-d

[43] como anteriormente

[44] https://new.euro-med.dk/20161121-haarp-wetter-manipulationdurch-nasa-satelliten-fotos-bewiwswn.php *„NEW.EURO-MED.DK"*, 21.11. 2016

[45] https://www.n-tv.de/mediathek/videos/politik/Schulz-fordert-Vereinigte-Staaten-von-Europa-article20173119.html , Vertrag bis 2025: *„Schulz fordert Vereinigte Staaten von Europa"*, ntv, 31.12.2019

[46] http://www.anonymousnews.ru/2017/07/29/die-geplante-masseneinwanderung-angela-merkel-und-der-coudenhove-kalergi-plan/#comment-40328 *"Die geplante Zerstörung Europas: Angela Merkel und der Coudenhove-Kalergi-Plan"*

[47] Jörg Meuthen am 31.12.2019 in einem Beitrag der AfD, verbreitet auf Facebook.

[48] Joachim Sonntag, *„2025 - Der vorletzte Akt: Warum wir Heimat, Freiheit und Sicherheit verlieren"*, CBX-Verlag München, 2019, Kapitel PROLOG, Seite 14

[49] https://new.euro-med.dk/20161121-haarp-wetter-manipulationdurch-nasa-satelliten-fotos-bewiwswn.php , *„HAARP Wetter-Manipulation durch NASA-Satelliten-Fotos bewiesen"*, 21.11. 2016

[50] https://www.legitim.ch/home/author/Jan-Walter , Jan Walter: *„Geheime Agenda - Der wahre Grund für 5G ist 1000 Mal schlimmer als die Strahlung!"* , 8. April 2019

[51] https://www.contra-magazin.com/2017/09/wetterextreme-als-waffe-das-weltklima-als-versuchslabor-wurden-harvey-und-irma-kuenstlich-erzeugt/ , Eva-Maria Griese: *„Wetterextreme als Waffe: Das Weltklima als Versuchslabor – wurden Harvey und Irma künstlich erzeugt ?"*13. September 2017.

[52] https://www.youtube.com/watch?v=2QZx3dOj4H0 , *„GRIPPEWELLE DURCH CHEMTRAILS ! SIE SPRÜHEN UNS KRANK 360p“,* am 10.10.2018 veröffentlicht
[53] https://www.youtube.com/watch?v=e2W-VeN0Glk&fbclid=IwAR1GxTTYStS1aNx2x_iBmv2bDEzF0HyD-LE3VTuYikGG95wF7LOtUCG1x54 , *„Was zur Zeit so abgeht (Stop 007)“*, 24.03.2019
[54] Markus Egert und Frank Thadeusz, Ein Keim kommt selten allein, Ullstein Buchverlage GmbH, 2018, Seite 145
[55] https://www.bild.de/ratgeber/gesundheit/krankenhaus-keime/krankenhaus-keime-jaehrlich-91000-tote-europa-studie-48335386.bild.html *„Alarmierende Zahlen: Jährlich ziehen sich insgesamt 2,6 Millionen Patienten Krankenhausinfektionen zu, 91 000 sterben daran!“*, 18.10.2016
[56] Dieses Zitat stammt eigentlich von P.J. Dunning (1860), ist aber durch Karl Marx in einer Fußnote im „Kapital“ bekannt gemacht worden (s. Kapitel 4.)
[57] *https://www.youtube.com/watch?v=3MCaceXGYHw* **„**Die verschwiegene Wahrheit über Gifte und Krebs“, Veröffentlicht am 19.09.2018
[58] https://www.youtube.com/user/FMDsTVChannel
[59] https://www.youtube.com/watch?v=8qIAm1l-ZRA&t=391s
Dirk Steffens' Klima-Irrsinn ENTLARVT !!!
[60] *https://www.youtube.com/watch?v=6uNL7ygIias&t=38s*
Dirk Steffens' Klima-Irrsinn ENTLARVT !!! #2
[61] https://www.youtube.com/watch?v=ga-GdDknwxI&t=5s *“Arktis-Eis wird absichtlich geschmolzen! UNGLAUBLICH, aber WAHR!”*
[62] https://www.youtube.com/watch?v=EW-VPbtA2kg
[63]
https://www.bookrix.de/book.html?bookID=xnemesisx_1334144092.1235098839
Thomas Beschorner/ verschiedene Autoren, *“Wahrheitslügen”*
[64] como anteriormente
[65] https://www.youtube.com/watch?v=EgczgWJUOLA *„Chemtrails und Haarp - Brigitta Zuber“*
[66] https://www.youtube.com/watch?v=bli57XeXUt0 *“ES GIBT KEINE CHEMTRAILS ! - DU ALUHUTDEPP ! DAS ULTIMATIVE BEWEISVIDEO”* (ddb Netzwerk)
[67] https://germanenherz.wordpress.com/2015/02/08/gedicht-lied-der-linde-1850-prophezeiung-fur-die-zukunft/
[68] https://news-for-friends.de/wie-wird-die-agenda-21-weltweit-umgesetzt/?fbclid=IwAR2uFUSfj_8zESyEV2wn_-OU00kKYJfphcGGxkWOqhD-J-mJq6NYKy_hYYQ , *„Wie wird die Agenda 21 weltweit umgesetzt?“*, 7.April 2019
[69] Joachim Sonntag, *„2025 - Der vorletzte Akt: Warum wir Heimat, Freiheit und Sicherheit verlieren“*, CBX-Verlag München, 2019, Seiten 14ff und 102ff
[70] que se encuentran en Internet
[71] https://www.heise.de/forum/Telepolis/Kommentare/Ansichten-eines-Gutmenschen/Was-Carl-Friedrich-von-Weizsaecker-dazu-sagt/posting-24114785/show/

---

[72] Joachim Sonntag, *Deutschland im freien Fall – Wie die milliardenschweren Finanzeliten unsere freiheitliche Demokratie zerstören und unsere Politiker und öffentlichen Medien zu deren Werkzeugen wurden,* 2. erweiterte Auflage, BoD-Verlag, 2017, Anlage K, Seiten 189ff

[73] https://www.youtube.com/watch?v=W8Ifp_O9oRA&t=10s *„MILLIONEN TOTE BIS 2025 Deagel Die erschreckende Prognose!"*, veröffentlicht 22.02.2015.

[74] https://www.konjunktion.info/2017/03/zum-tod-von-david-rockefeller/

[75] https://www.youtube.com/watch?v=t4OwfkSEtlY *„Neue Prognosen von DEAGEL.com"*, am 28.04.2018 veröffentlicht

[76] https://www.youtube.com/watch?v=W8Ifp_O9oRA&t=10s *„MILLIONEN TOTE BIS 2025 Deagel Die erschreckende Prognose!"*, veröffentlicht 22.02.2015.

[77] https://www.youtube.com/watch?v=c2quPTsPy8o *„GLADIO - Die NATO-Geheimarmeen"*, veröffentlicht am 25.03.2014 veröffentlicht

[78] https://www.youtube.com/watch?v=t4OwfkSEtlY *"Neue Prognosen von DEAGEL.com"*, am 28.04.2018 veröffentlicht, Minute 4:50

[79] https://kopp-report.de/amerikas-bauern-stehen-vor-der-schwersten-krise-seit-einer-generation-und-das-naechste-monstroese-unwetter-ist-bereits-im-anmarsch/ , Michael Snyder: *„Amerikas Bauern stehen vor der schwersten Krise seit einer Generation – und das nächste monströse Unwetter ist bereits im Anmarsch"*, 11.06. 2019

[80] http://endoftheamericandream.com/archives/u-s-farms-are-facing-their-worst-crisis-in-a-generation-and-now-here-comes-another-monster-storm , Michael Snyder: *„U.S. Farms Are Facing Their Worst Crisis In A Generation – And Now Here Comes Another Monster Storm"*, June 6, 2019

[81] Joachim Sonntag, *Deutschland im freien Fall – Wie die milliardenschweren Finanzeliten unsere freiheitliche Demokratie zerstören und unsere Politiker und öffentlichen Medien zu deren Werkzeugen wurden,* 2. erweiterte Auflage, BoD-Verlag, 2017, Seiten 28ff

[82] https://www.youtube.com/watch?v=IqH--Yi2CI4&t=833s Hartmut Bachmann: *„Der Ursprung der Klimalüge"*, 07.12.2016, Minute 14:15

[83] https://www.welt.de/kultur/plus204357014/Ein-Mann-ein-Wort-Wie-die-Linke-lernte-den-Notstand-zu-lieben.html , Matthias Heine: *„Wie die Linke lernte, den Notstand zu lieben"*, 16.12.2019

[84] www.euractiv.de/section/energie-und-umwelt/news/eu-parlament-ruft-klimanotstand-aus/ , Peter Esser: *„EU-Parlament ruft 'Klimanotstand' aus"*, 28.11.2019

[85] https://www.sueddeutsche.de/politik/eu-klimanotstand-parlament-beschluss-1.4701180 , Süddeutsche Zeitung, *„Resolution: Europäisches Parlament ruft Klimanotstand aus“*, 28.11.2019
[86] como anteriormente
[87] https://www.spiegel.de/wissenschaft/mensch/european-green-deal-wie-die-eu-zum-klimaschutz-kontinent-werden-will-a-1300723.html , Susanne Götze: *„Von der Leyen präsentiert Plan für grünes Europa“*, 11.12.2019
[88] https://www.tagesschau.de/ausland/eu-klima-greendeal-101.html , *„Klimaschutz der EU Was sich der 'Green Deal' vornimmt“*, 11.12.19
[89] https://www.legitim.ch/post/enth%C3%BCllt-prayfortheamazon-ist-fake-von-a-bis-z , Jan Walter: *„Enthüllt: #PrayForTheAmazon ist FAKE! (von A bis Z)“*, am 29.08.19, aktualisiert am 31.08.19
[90] https://www.welt.de/debatte/kommentare/article13466483/Die-CO2-Theorie-ist-nur-geniale-Propaganda.html?wtmc=socialmedia.facebook.shared.web&fbclid=IwAR1oTewiEL7F4sVNOnN__WB2Ss-f39J0ce1JbsRTFF2mJ5PLmGKpb08lRJ0
[91] https://www.youtube.com/watch?v=IqH--Yi2CI4&t=833s Hartmut Bachmann: *„Der Ursprung der Klimalüge“*, 07.12.2016, Minute 14:05
[92] https://www.youtube.com/watch?v=5xSHYWyJtQ4&t=801s , *„Volksverdummung vom deutschen CO2 als monokausaler Erwärmungsursache – Boehringer Klartext (82)“*, veröffentlicht am 08.12.2019, Minute 3:30.
[93] https://www.youtube.com/watch?v=Ls07THzlL9M , *„Dirk Müller - "One World": Darum ist den Eliten das Klima plötzlich so wichtig!“*, am 24.05.2019 veröffentlicht
[94] https://www.handelsblatt.com/politik/deutschland/gutachten-benzin-und-heizoel-koennten-teurer-werden-merkels-berater-fordern-co2-steuer/24042222.html?ticket=ST-425900-D23uZ1hoAzoprK407X16-ap1 , Gutachten: *„Benzin und Heizöl könnten teurer werden: Merkels Berater fordern CO2-Steuer“*, 27.02.2019
[95] https://www.wahrheiten.org/blog/klimaluege/ , *„Die Klima-Lüge“*
[96] https://www.spiegel.de/wissenschaft/technik/extinction-rebellion-gruender-roger-hallam-wenn-eine-gesellschaft-so-unmoralisch-handelt-wird-demokratie-irrelevant-a-1286561.html , SPIEGELONLINE : *"Wenn eine Gesellschaft so unmoralisch handelt, wird Demokratie irrelevant"*; 13.09.2019
[97] https://www.watson.de/deutschland/die%20gr%C3%BCnen/791308473-die-afd-sagt-robert-habeck-wuensche-sich-eine-diktatur-das-steckt-dahinter , Felix Huesmann: *„Die AfD behauptet, Robert Habeck wolle eine Diktatur – das steckt dahinter“*, 20.06.19
[98] https://www.youtube.com/watch?v=IqH--Yi2CI4&t=833s Hartmut Bachmann: *„Der Ursprung der Klimalüge“*, 07.12.2016, Minute 14:15
[99] https://www.youtube.com/watch?v=kbnX7yG91R0 "Klimawandel: #kurzerklärt kurz aufgeklärt", veröffentlicht 06.08.2017
[100] https://www.youtube.com/watch?v=GL3AEKIKtN4&fbclid=IwAR3ifX8QhdA1dLxdk2Ug7fa34zDSP0zdbTWc80jRuwbG7_0wcA8WAD_UIrI&app=desktop ,

---

„Cook-Studie widerlegt: Weniger als 1% machen Menschen für Klimawandel verantwortlich!", 04.01.2020

[101] https://www.youtube.com/watch?v=kbnX7yG91R0 "Klimawandel: #kurzerklärt kurz aufgeklärt", veröffentlicht 06.08.2017

[102] https://kaltesonne.de/wp-content/uploads/2019/09/signature-list.pdf , *„There is noclimate emergency"*, 26.09.2019

[103] https://www.youtube.com/watch?v=GL3AEKIKtN4&fbclid=IwAR3ifX8QhdA1dLxdk2Ug7fa34zDSP0zdbTWc80jRuwbG7_0wcA8WAD_UIrI&app=desktop , *„Cook-Studie widerlegt: Weniger als 1% machen Menschen für Klimawandel verantwortlich!"*, 04.01.2020

[104] como anteriormente, ab Minute 1:20

[105] https://www.youtube.com/watch?v=kbnX7yG91R0 "Klimawandel: #kurzerklärt kurz aufgeklärt", veröffentlicht 06.08.2017

[106] https://www.epochtimes.de/umwelt/ueber-31-000-wissenschaftler-unterzeichnen-petition-hypothese-der-vom-menschen-verursachten-globalen-erwaermung-ist-falsch-a2323579.html?fb=1&fbclid=IwAR0kPp8vhCiibZbaM7zhdcObC_VezpzdsFnLsZjkpUv-g5bm-qUH7YE7YDw „Über 31.000 Wissenschaftler unterzeichnen Petition: Hypothese der *vom Menschen verursachten globalen Erwärmung ist falsch"*, 17.Januar 2018

[107] http://diekaltesonne.de/category/news/ , *„90 italienische Wissenschaftler unterzeichnen Petition gegen Klimaalarm"*, 5. Juli 2019

[108] https://kaltesonne.de/wp-content/uploads/2019/09/signature-list.pdf , *„There is noclimate emergency"*, 26.09.2019

[109] https://kaltesonne.de/wp-content/uploads/2019/09/signature-list.pdf , *„There is noclimate emergency"*, 26.09.2019

[110] como anteriormente

[111] https://www.klimafakten.de/behauptungen/behauptung-31000-wissenschaftler-oregon-petition-hypothese-klimawandel-menschgemacht-erderwaermung-falsch?fbclid=IwAR0LBGWyJg8In852u6lxRTk-JdcdDwQW9ItrghguSWEblakq3_4tzIjSHDo , G. P. Wayne/Michael: *„Behauptung: „Über 31.000 Wissenschaftler unterzeichnen Petition - Hypothese der vom Menschen verursachten globalen Erwärmung ist falsch"*, August 2010; zuletzt aktualisiert: Juni 2018

[112] https://www.eike-klima-energie.eu/2017/11/09/desinformation-der-klimafakten-de-in-was-sagt-die-afd-zum-klimawandel-was-sagen-die-anderen-parteien-und-was-ist-der-stand-der-wissenschaft/ , *Horst-Joachim Lüdecke: „Desinformation der Klimafakten.de in 'Was sagt die AfD zum Klimawandel? Was sagen die anderen Parteien? Und was ist der Stand der Wissenschaft?'"* , 9.November 2017

[113] www.easy-wetter.de/Klimazustandsbericht%202016.pdf *„Klimazustandsbericht 2016"* der UN-Klimakonferenz im November, vorgelegt von Marc Morano, Climate Depot und dem Committee for a Constructive Tomorrow CFACT

[114] https://www.youtube.com/watch?v=IoXxrZG-_eU *„DER KLIMASCHWINDEL - DOKU in voller Länge“*
[115] http://news-for-friends.de/mit-haarp-zum-tornado-mit-dem-tornado-zur-co2-steuer/ *“Mit HAARP zum Tornado, mit dem Tornado zur CO2-Steuer.....”* Von nfriends, 20. Juli 2017
[116] https://www.youtube.com/watch?v=ZYXrGlYAZOg&feature=share , *„Tricksen, Täuschen, Fabulieren - Der Klimaschwindel / Neu!“*, am 13.07.2019 veröffentlicht
[117] LOWELL PONTE: *“THE COOLING – Has the next ice age already begun? Can we survive it?”* (zitiert in https://www.youtube.com/watch?v=ga-GdDknwxI&t=5s *“Arktis-Eis wird absichtlich geschmolzen! UNGLAUBLICH, aber WAHR!”)*
[118] http://www.spiegel.de/spiegel/print/d-41002273.html *„FORSCHUNG - Steine verweht -*
Klima-Forscher haben die Hauptursache der Eiszeiten erkannt: Unregelmäßigkeiten im Lauf der Erde um die Sonne. Die gegenwärtige Wärmeperiode, sagen sie vorher, geht zu Ende.“ Veröffentlicht 10.01.1977
[119] https://www.welt.de/debatte/kommentare/article13466483/Die-CO2-Theorie-ist-nur-geniale-Propaganda.html ; Günter Ederer: *„Die CO2-Theorie ist nur geniale Propaganda“*, Veröffentlicht am 04.07.2011
[120] https://www.youtube.com/watch?v=KFu9oJJXgdQ *“Sonneborn rettet die EU (VI): Golf mit Präsident Chulz”*
[121] como anteriormente
[122] como anteriormente
[123] https://www.facebook.com/peter.boringer.7/videos/2445566389013759/ Peter Boeringer: *„ Wer mauert hat's nötig: Altparteien bewehren sich gegen die Folgen der eigenen Politik – Peter Boehringer spricht Klartext (67)“*, am 23.7.2019
[124] http://news-for-friends.de/mit-haarp-zum-tornado-mit-dem-tornado-zur-co2-steuer/ *“Mit HAARP zum Tornado, mit dem Tornado zur CO2-Steuer.....”* Von nfriends, 20. Juli 2017
[125] como anteriormente
[126] https://www.youtube.com/watch?v=8qIAm1l-ZRA&t=391s
„Dirk Steffens' Klima-Irrsinn ENTLARVT !!!“
[127] https://qpress.de/2015/05/03/prima-klima-katastrophe-glaubensgrundsaetze-der-klimareligion-versinken-im-meer-der-zweifel/ *“Prima Klima-Katastrophe, Glaubensgrundsätze der Klimareligion versinken im Meer der Zweifel”*, 03.05.2015
[128] Das_Skeptiker-Handbuch_3.0_kurz_96dpi.pdf
[129] como anteriormente
[130] https://de.wikipedia.org/wiki/Eine_unbequeme_Wahrheit „Davis Guggenheim und Al Gore: *„Eine unbequeme Wahrheit“ („An Inconvenient Truth“)“*
[131] https://www.wahrheiten.org/blog/klimaluege/ , *„Die Klima-Lüge“*
[132] https://www.youtube.com/watch?v=w_9DUPoI_WU , Naomi Seibt: *„KLIMAWANDEL - Alles nur heiße Luft..? - Teil 1!,* Am 01.07.2019 veröffentlicht

[133] https://www.swr.de/swr2/wissen/co2-ist-schwerer-als-luft/-/id=661224/did=6081902/nid=661224/1aj2o8i/index.html , „CO2 ist schwerer als Luft. Wie soll es dann in die obere Atmosphäre aufsteigen und den Treibhauseffe *1000 Antworten - Frag den Paal. SWR2 Impuls vom 4.3.2010"*

[134] https://www.pravda-tv.com/2018/12/haarp-geoengineering-in-deutschland-die-hitzewelle-2018-vi-deo/?fbclid=IwAR1RWT9A6K_FPPseisuP76063wpFCWvZzIzTZGN1SKPf8qHDfKAC-jBYETU , *„HAARP: Geoengineering in Deutschland - die Hitzewelle 2018 (Video)"*, 18. 12.2018

[135] Chris Haderer und Peter Hiess, „Chemtrails – Wettermanipulation am Himmel? – Wettermanipulation unter den Augen der Öffentlichkeit", Copyright by V. F. SAMMLER, Graz 2005, Seite 9

[136] https://www.eike-klima-energie.eu/2010/01/20/nur-00004712-prozent-bund-aktivist-weiss-nicht-wieviel-co2-von-deutschland-in-die-luft-abgegeben-wird/#comment-202403 *"Nur 0,0004712 Prozent!! BUND Aktivist weiss nicht wieviel CO2 von Deutschland in die Luft abgegeben wird!"* , 20.01.2010

[137] https://www.youtube.com/watch?v=IqH--Yi2CI4 *„Der Ursprung der Klimalüge"*, veröffentlicht am 06.12.2016

[138] Hartmut Bachmann: *„Die Lüge der Klimakatastrophe: ...und wie der Staat uns damit ausbeutet. Manipulierte Angst als Mittel zur Macht"*, Kurzbeschreibung, entnommen aus https://docplayer.org/43335841-Die-luege-der-klimakatastrophe.html , *„Die Lüge der Klimakatastrophe - Version 15"*

[139] https://www.youtube.com/watch?v=OBdRittlo8w&t=46s , *„Die Zerstörung der Klima-Hysterie!!? * Klimawandel-Kommentar"*, 07.09.2019

[140] https://www.youtube.com/watch?v=uhz9XGU2D-4 , Maximilian Pütz: *„Klimawandellüge vor Gericht entlarvt- Jetzt ist es offiziell !!!"*, 03.09.2019

[141] como anteriormente

[142] https://www.spiegel.de/wissenschaft/natur/klimaforschung-streit-um-die-hockeyschlaeger-grafik-a-886334.html , Axel Bojanowski: *"Vorwürfe gegen Klimaforscher Wahn der Weltverbesserer, Teil 2"*, 14.03.2013

[143] Committee on Surface Temperature Reconstructions for the Last 2,000 Years, National Research Council (2006): *Surface temperature reconstructions for the last 2,000 years*. Washington, D.C.: National Academies Press

[144] P.D. Jones und M.E. Mann (2004): *Climate Over Past Millennia*, in: Review of Geophysics, Vol. 42, No. 2, RG2002

[145] https://www.klimafakten.de/behauptungen/behauptung-die-beruehmte-hockeyschlaeger-kurve-ist-eine-faelschung , John Cook/klimafakten.de, *„Fakt ist: Die Aussage der oft kritisierten 'Hockeyschläger'-Kurve wird durch viele unabhängige Studien bestätigt"*, Juli 2010; zuletzt aktualisiert: Dezember 2014

[146] https://www.youtube.com/watch?v=OBdRittlo8w&t=46s , *„Die Zerstörung der Klima-Hysterie!!? * Klimawandel-Kommentar"*, 07.09.2019

[147] https://www.eike-klima-energie.eu/2019/09/28/die-manipulation-von-temperaturdaten-ist-der-groesste-wissenschafts-skandal-jemals/ , *„Die Manipu-*

lation von Temperaturdaten ist der größte Wissenschafts-Skandal jemals", 28.09.19

[148] Hartmut Bachmann: *„Die Lüge der Klimakatastrophe: ...und wie der Staat uns damit ausbeutet. Manipulierte Angst als Mittel zur Macht"*, Kurzbeschreibung, entnommen aus https://docplayer.org/43335841-Die-luege-der-klimakatastrophe.html , *„Die Lüge der Klimakatastrophe - Version 15"*

[149] https://mail.google.com/mail/u/0/#category/updates/FMfcgxwChSKsjNJTMfHLpjKDFbSzqcxC, Chris Frey: *„Adjustierte „unadjustierte" Daten: NASA nutzt den „Zauberstab" des Frisierens und erzeugt Erwärmung dort, wo es nie eine gab"*, 28.Juni 2019

[150] https://notrickszone.com/2019/06/25/adjusted-unadjusted-data-nasa-uses-the-magic-wand-of-fudging-produces-warming-where-there-never-was/ , P Gosselin "Adjusted "Unadjusted" Data: NASA Uses The "Magic Wand Of Fudging", Produces Warming Where There Never Was", on 25. June 2019

[151] https://mail.google.com/mail/u/0/#category/updates/FMfcgxwChSKsjNJTMfHLpjKDFbSzqcxC, Chris Frey: *„Adjustierte „unadjustierte" Daten: NASA nutzt den „Zauberstab" des Frisierens und erzeugt Erwärmung dort, wo es nie eine gab"*, 28.Juni 2019

[152] como anteriormente

[153] https://data.giss.nasa.gov/cgi-bin/gistemp/show_station.cgi?id=501941200004&ds=1 , *"GISS Surface Temperature Analysis , Station Data: Darwin Airpor (12.4 S,130.9 E)"*

[154] https://data.giss.nasa.gov/cgi-bin/gistemp/stdata_show_v4.cgi?id=ASN00014015&ds=14&dt=1 , *"GISS Surface Temperature Analysis (v4) <, Station Data: Darwin Airport (12.4239S, 130.8925E)"*

[155] como anteriormente

[156] https://data.giss.nasa.gov/cgi-bin/gistemp/show_station.cgi?id=501941200004&ds=1 , *"GISS Surface Temperature Analysis , Station Data: Darwin Airpor (12.4 S,130.9 E)"*

[157] https://data.giss.nasa.gov/cgi-bin/gistemp/stdata_show_v4.cgi?id=ASN00014015&ds=14&dt=1 , *"GISS Surface Temperature Analysis (v4) <, Station Data: Darwin Airport (12.4239S, 130.8925E)"*

[158] https://sciencefiles.org/2019/07/23/die-seltsame-erwarmung-der-schweiz-in-den-daten-der-nasa/ , "Die seltsame Erwärmung der Schweiz in den Daten der NASA - Manipuliert die NASA Klimadaten?", 23. Juli 2019

[159] https://www.youtube.com/watch?v=ZYXrGlYAZOg&feature=share , *„Tricksen, Täuschen, Fabulieren - Der Klimaschwindel / Neu!"*, am 13.07.2019 veröffentlicht

[160] como anteriormente

[161] https://realclimatescience.com/2019/06/nasa-data-tampering-not-just-for-temperatures/ , *„NASA Data Tampering – Not Just For Temperatures",* Posted on

June 26, 2019 by tonyheller, In 1982, NASA's James Hansen showed that sea level rise slowed to almost a halt after 1950. That 30 year hiatus in sea level rise has since been erased."

[162] https://mail.google.com/mail/u/0/#category/updates/FMfcgxwChSKsjNJTMfHLpjKDFbSzqcxC, Chris Frey: *„Adjustierte „unadjustierte" Daten: NASA nutzt den „Zauberstab" des Frisierens und erzeugt Erwärmung dort, wo es nie eine gab"*, 28.Juni 2019

[163] http://www.sauberer-himmel.de/2015/02/01/wer-steckt-hinter-den-chemtrails-eine-verschwoerung-oder-gar-ein-weltimperium/ , *„Wer steckt hinter den Chemtrails? Eine Verschwörung? Eine Weltverschwörung? Oder gar ein Weltimperium?"*, 01.02.2015

[164] como anteriormente

[165] https://mail.google.com/mail/u/0/#search/Ingrid/QgrcJHsTkxvNtzMKDCHknRWxbVFLZWVHZjB?projector=1 *„Grüner Hass: Hetzen Spaß-Youtuber die Jugend auf? - Gerhard Wisnewski im Gespräch"*, am 05.06.2019 veröffentlicht

[166] https://mail.google.com/mail/u/0/#inbox/FMfcgxwBVzwnZddlMHKxGHqsGbWbdzst, Axel Robert Göhring: *„Gretas deutsche „Adjutantin" ist erfahrene Vielfliegerin – mit 22"*, 10. März 2019

[167] https://www.youtube.com/watch?v=Ls07THzlL9M , *„Dirk Müller - "One World": Darum ist den Eliten das Klima plötzlich so wichtig!"*, am 24.05.2019 veröffentlicht

[168] https://www.facebook.com/dawid.snowden/videos/vb.345142656089183/414718692710144/?type=2&theater , *„Die Masse wird zu hörigen Lemmingen erzogen"*, 3.Juni 2019

[169] https://www.youtube.com/watch?v=_G9GQvwsfT4 , „Grüner Hass: Hetzen Spaß-Youtuber die Jugend auf? - Gerhard Wisnewski im Gespräch", am 05.06.2019 veröffentlicht

[170] https://www.youtube.com/watch?v=_G9GQvwsfT4 , „Hetzen Spaß-YouTuber die Jugend auf? (Gerhard Wisnewski im Gespräch) | 08.06.2019 | www.kla.tv/14393", klagemauerTV , am 08.06.2019 veröffentlicht

[171] http://www.wisnewski.ch/rezo-kulturrevolution-2-0/

[172] https://www.youtube.com/watch?v=qtu2hbPkzm4 , *„Die grüne Kulturrevolution: Wie viele Tote wird sie fordern? Debattiert!"*, Am 01.06.2019 veröffentlicht

[173] https://www.youtube.com/watch?v=jA6Oit-4sKY&fbclid=IwAR25A73-XS-yoanG30l7rA25s9MVac0NPOw3qD3uUI8Bxx87u3CvUv9i4eU , „WDR 2 Comedy Kinderchor: *"Meine Oma ist ne alte Umweltsau"*, 27.12.2019

[174] https://www.youtube.com/watch?v=_G9GQvwsfT4 , „Grüner Hass: Hetzen Spaß-Youtuber die Jugend auf? - Gerhard Wisnewski im Gespräch", am 05.06.2019 veröffentlicht

[175] como anteriormente

[176] https://www.youtube.com/watch?v=IqH--Yi2CI4 *„Der Ursprung der Klimalüge“,* veröffentlicht am 06.12.2016
[177] Joachim Sonntag, *Deutschland im freien Fall – Wie die milliardenschweren Finanzeliten unsere freiheitliche Demokratie zerstören und unsere Politiker und öffentlichen Medien zu deren Werkzeugen wurden,* 2. erweiterte Auflage, BoD-Verlag, 2017, Seiten 23ff
[178] https://www.pravda-tv.com/2018/12/haarp-geoengineering-in-deutschland-die-hitzewelle-2018-vi-deo/?fbclid=IwAR1RWT9A6K_FPPseisuP76063wpFCWvZzIzTZGN1SKPf8qHDfKAC-jBYETU , *„HAARP: Geoengineering in Deutschland - die Hitzewelle 2018 (Video)“* ; veröffentlicht 18.12.2018
[179] http://news-for-friends.de/mit-haarp-zum-tornado-mit-dem-tornado-zur-co2-steuer/ *“Mit HAARP zum Tornado, mit dem Tornado zur CO2-Steuer.....”* Von nfriends, 20. Juli 2017
[180] https://de.scribd.com/doc/3436120/UN-1976-Weather-Weapon-Treaty
[181] https://www.youtube.com/watch?v=5blrkhKucIQ *„Hitze Dürre - Haarp Wetterwaffen töten 300 Menschen pro Tag.“;* veröffentlicht 09.08.2018
[182] https://www.youtube.com/watch?v=pCWJ027U8SI *„Geo-Engineering, Wettermanipulation HAARP 2018 in Deutschland“ ;* veröffentlicht 14.08.2018
[183] como anteriormente
[184] https://www.youtube.com/watch?v=5blrkhKucIQ *„Hitze Dürre - Haarp Wetterwaffen töten 300 Menschen pro Tag.“,* ab Minute 2:25; veröffentlicht 09.08.2018
[185] *https://www.youtube.com/watch?v=pCWJ027U8SI „Geo-Engineering, Wettermanipulation HAARP 2018 in Deutschland“* , ab Minute 6:20; veröffentlicht 14.08.2018
[186] https://www.youtube.com/watch?v=5blrkhKucIQ *„Hitze Dürre - Haarp Wetterwaffen töten 300 Menschen pro Tag.“,* ab Minute 2:25; veröffentlicht 09.08.2018
[187] https://www.youtube.com/watch?v=VaiNlH51lOM *„Die größte Waffe, welche die Welt je gesehen hat! - Deutsche Untertitel“* , veröffentlicht: 13.08.2018
[188] https://www.youtube.com/watch?v=Y80h1B-_DL4 *“Manipulation des Wetters und des Bewusstseins Geo Engeneering”*
[189] https://www.youtube.com/watch?v=DFVi6DYMnMY&t=276s *“JEDER MUSS DAS WISSEN BEVOR ES GELÖSCHT WIRD !!! Seht was sie euch verschweigen!”*
[190] https://www.youtube.com/watch?v=NRbVZo9v5I4 *„Bürgeranwalt Dominik Storr zu Chemtrails - Todestreifen am Himmel“,* am 03.04.2019 veröffentlicht
[191] https://www.weather-modification-journal.de/nsa-whistleblower-snowden-enth%C3%BCllt-schockierende-wahrheit-hinter-den-chemtrails/ *„Wetter-Modifikation = Wetteränderung durch toxische Chemikalien“*
[192] https://www.youtube.com/watch?v=Dt46HlnRLkM *„Das Märchen von den Chemtrails - Erklärungen und Hintergründe“*

[193] https://www.youtube.com/watch?v=U2FWU_Nx4Uc *„Chemtrails gibt es nicht - die spinnen, die Verschwörungstheoretiker“*
[194] https://www.youtube.com/watch?v=0rNpHKSjIdQ *“Gibt es Chemtrails? | Harald Lesch“*
[195] *https://www.youtube.com/watch?v=BrIKAI5snFk*
„CHEMTRAILS - das sind die Beweise! - Bundeswehr gibt sprühen zu! Geoengineering“ Hier wird die Existenz von Chemtrails geleugnet.
[196] https://www.augsburger-allgemeine.de/landsberg/Woher-kommen-die-Kreise-am-Himmel-id43014186.html Augsburger Allgemeine, 19.10.18 *„Woher kommen die Kreise am Himmel?“*
[197] https://www.tz.de/muenchen/stadt/nanu-sind-etwa-chemtrails-ueber-muenchen-sagen-experten-9553863.html *„Seltsame Ringe über München: Jetzt ist die Ursache für das Phänomen geklärt“*
[198] https://www.youtube.com/watch?v=A_Ix6rP0M78 *„heute show: Deutschland Deine Irren: Chemtrails mit Lutz van der Horst“*
[199]
https://www.youtube.com/watch?v=OUuUwe85ZlU&fbclid=IwAR15ZmlVCEiOrCaF8dhfWrNR8d3BzxanRdeJMaufi6Pwlj27MXLnyKQaNqY *„OVERCAST Klimaexperiment am Himmel (Chemtrail/Geoengineering Doku)“*, veröffentlicht am 13.12.2017
[200] https://www.mimikama.at/allgemein/nie-gesehene-fotos-von-chemtrails-flugzeugen/?fbclid=IwAR1WNQ1HeWlB4rWfZ3MCZQUnBI5Sn-oYQuB7uWYQY1fLtupOViHfQRfL5fA , MIMIKAMA *„Nie gesehene Fotos von Chemtrails-Flugzeugen? – Ehm… doch!“*
[201] https://www.youtube.com/watch?v=HitwJhUJrT4 *„MammatusWolken aus dem Labor?“*, am 04.01.2018 veröffentlicht
[202] como anteriormente
[203] como anteriormente
[204] https://www.youtube.com/watch?v=Dt46HlnRLkM *„Das Märchen von den Chemtrails - Erklärungen und Hintergründe“*
[205] https://www.youtube.com/watch?v=0rNpHKSjIdQ *“Gibt es Chemtrails? | Harald Lesch”*
[206] https://www.youtube.com/watch?v=U2FWU_Nx4Uc *„Chemtrails gibt es nicht - die spinnen, die Verschwörungstheoretiker“*
[207] https://www.youtube.com/watch?v=8RPlQ8jsXSs&feature=youtu.be *“NDR Regenwasser voller Nanopartikel”*
[208] https://gesundmagazin.com/chemtrails-sind-verantwortlich-fuer-krankheiten-sie-zerstoeren-unser-immunsystem-mit-video/ , *„Chemtrails sind verantwortlich für Krankheiten Sie zerstören unser Immunsystem (mit Video)“*, 21. Februar 2019
[209] *„Von Klimawandel, Geisterwolken, und Chemtrails“*, 2008, DVD, Skadi-Media Bochum
[210] https://www.youtube.com/watch?v=-OwxcaoZECA *“Aerosol Crimes - Clifford E. Carnicom [Deutsch]”*, am 23.10.2013 veröffentlicht
[211] https://www.youtube.com/watch?v=FW9gVpzvSZo
„Piloten, Ärzte & Wissenschaftler berichten über Chemtrails“

[212] https://www.youtube.com/watch?v=_8o4xgSVcyg *"Chemtrails Trojanische Wolken Doku (full length)"*
[213] www.bmbf.de/pubRD/Infografik_climate_engineering.pdf
[214] https://www.youtube.com/watch?v=8RPlQ8jsXSs&feature=youtu.be *"NDR Regenwasser voller Nanopartikel"*, am 17.07.2016 veröffentlicht
[215] https://www.youtube.com/watch?v=Xot1EI4s6j0 *"ZDF heute-journal 14.01.2009 Wetter – Chemtrails"*
[216] https://www.youtube.com/watch?v=tuVspN5RIoE *„NEWW!! ARD u ZDF zeigen Haarp und Chemtrails sind keineswegs eine Verschwörungstheorie UNFASSBAR!"*, am 03.01.2017 veröffentlicht
[217] https://www.youtube.com/watch?v=Xot1EI4s6j0 *"ZDF heute-journal 14.01.2009 Wetter – Chemtrails"*
[218] https://www.youtube.com/watch?v=tuVspN5RIoE *„NEWW!! ARD u ZDF zeigen Haarp und Chemtrails sind keineswegs eine Verschwörungstheorie UNFASSBAR!"*, am 03.01.2017 veröffentlicht
[219] https://www.youtube.com/watch?v=sEWe-EBcx1k *„Dr. med D. Klinghardt === ✈ Chemtrail Fallout ist die wichtigste Vergiftungsursache!"*, am 29.08.2018 veröffentlicht
[220] https://www.youtube.com/watch?v=UCIZT05hfjc *„#ARD & #ZDF zeigen #Haarp und #Chemtrails Es gibt sie wirklich 2017."*
[221] https://www.legitim.ch/single-post/2017/08/07/Die-NASA-gibt-zu-Lithium-und-andere-Chemikalien-in-die-Atmosph%C3%A4re-zu-sprayen Jan Walter: "*Die NASA gibt zu Lithium und andere Chemikalien in die Atmosphäre zu sprayen*", 7 Aug 2017
[222] como anteriormente
[223] DIE WELT – Nr. 254 – Dienstag, 31. Oktober 1978
[224] https://www.politikforen.net/showthread.php?155157-Die-90-Dezimierung-der-Menschheit-wird-mit-Nano *„Die 90%-Dezimierung der Menschheit wird mit Nano-Waffen erfolgen!"* , 11.08.2014
[225] como anteriormente
[226] http://saga4ever.blogspot.com/ , *„Bayern: Katastrophale Konzentration von Aluminium, Barium und Arsen in der Atemluft amtlich bestätigt"*, 18. November 2016
saga4ever.blogspot.com
[227] Joachim Sonntag, *Deutschland im freien Fall – Wie die milliardenschweren Finanzeliten unsere freiheitliche Demokratie zerstören und unsere Politiker und öffentlichen Medien zu deren Werkzeugen wurden,* 2. erweiterte Auflage, BoD-Verlag, 2017, Anlage 3
[228] https://www.weather-modification-journal.de/nsa-whistleblower-snowden-enth%C3%BCllt-schockierende-wahrheit-hinter-den-chemtrails/ *„Wetter-Modifikation = Wetteränderung durch toxische Chemikalien"*
[229] como anteriormente

[230] http://www.bund-rvso.de/chemtrails.html *„Chemtrails 2019: Kritische BUND-Stellungnahme zu Verschwörungstheorien, Industrieinteressen & postfaktischen Debatten"*

[231] https://www.youtube.com/watch?v=-OwxcaoZECA *"Aerosol Crimes - Clifford E. Carnicom [Deutsch]"*, Am 23.10.2013 veröffentlicht, das Zitat s. Minute 22:10 im Video.

[232] como anteriormente, das Zitat s. Minute 26 im Video.

[233] http://www.sauberer-himmel.de/untersuchungen/ *„Untersuchungen von Regenwasser, Polymerfasern etc. & wissenschaftliche Grundlagen"*

[234] https://www.youtube.com/watch?v=_8o4xgSVcyg *"Chemtrails Trojanische Wolken Doku (full length)"*

[235] como anteriormente

[236] George Orwell, *1984*, Ungekürzte Ausgabe im Ullstein Taschenbuch, 38. Auflage 2015, Seite 115

[237] https://www.facebook.com/ursula.l.mayer/posts/2116799428344036

[238] como anteriormente

[239] https://www.politikforen.net/showthread.php?155157-Die-90-Dezimierung-der-Menschheit-wird-mit-Nano *„Die 90%-Dezimierung der Menschheit wird mit Nano-Waffen erfolgen!"* ,11.08.2014

[240] https://www.facebook.com/marigny.degrilleau/posts/1018294345016824

[241] Zitiert aus einer Rezension (2015) bei Amazon.de: zum Buch *„Kriegswaffe Planet Erde"* von Rosalie Bertell

[242] https://www.youtube.com/watch?v=_8o4xgSVcyg *"Chemtrails Trojanische Wolken Doku (full length)"*

[243] https://www.youtube.com/watch?v=NRbVZo9v5I4 *„Bürgeranwalt Dominik Storr zu Chemtrails - Todestreifen am Himmel"*, am 03.04.2019 veröffentlicht

[244] como anteriormente

[245] https://www.youtube.com/watch?v=7oTa9CZVw6c *„Neue Wolkenarten - Die Presse bestätigt Chemtrails!"*, veröffentlicht am 25.03.2017

[246] http://www.chemtrail.de/wp-content/uploads/2013/12/art1.pdf *„Piloten, Ärzte und Wissenschaftler packen aus! – Chemtrails"*

[247] https://www.youtube.com/watch?v=PW9wF5gI5dg *„Dr. Klinghardt (Deutsch/English) - subtitulado en Castellano"* , veröffentlicht am 13.12.2018

[248] como anteriormente

[249] *„Von Klimawandel, Geisterwolken, und Chemtrails"*, DVD, Skadi-Media,Friederikastr. 107, D-44789 Bochum, 2008

[250] https://www.youtube.com/watch?v=ofXyRV73xaw *„Dr. Klinghardt zu Geoengineering, Impfungen + Entgiftung (Kurzversion)"*, veröffentlicht am 05.12.2017

[251] https://www.weather-modification-journal.de/

[252] https://www.zeit.de/wissen/umwelt/2019-09/geoengineering-klimawandel-ccs-ozeanduengung-kohlendioxid-strahlungsbilanz , *„Geoengineering: Da hilft nur noch, am Klima zu klempnern"*, 28.09.2019

[253] https://www.youtube.com/watch?v=bli57XeXUt0 *"ES GIBT KEINE CHEMTRAILS ! - DU ALUHUTDEPP ! DAS ULTIMATIVE BEWEISVIDEO"* (ddb Netzwerk)
[254] Joachim Sonntag, *Deutschland im freien Fall – Wie die milliardenschweren Finanzeliten unsere freiheitliche Demokratie zerstören und unsere Politiker und öffentlichen Medien zu deren Werkzeugen wurden,* 2. erweiterte Auflage, BoD-Verlag, 2017, Anlage 3
[255] Gabriele Schuster-Haslinger, *„verraten verkauft verloren"*, Amadeus Verlag GmbH & Co. KG, 2015, Seiten 45ff
[256] https://www.youtube.com/watch?v=_8o4xgSVcyg *"Chemtrails Trojanische Wolken Doku (full length)"*
[257] https://www.youtube.com/watch?v=Bs-_BOFdbpM , *„Bewusst.tv - Morgellons und Transhumanismus"*, Am 05.02.2014 veröffentlicht
[258] https://www.youtube.com/watch?v=39hqrLPsSt8 , *„HAARP und die NSA - Geheime Wetterexperimente in Alaska? | ExoMagazin"*, veröffentlicht am 25.12.2013
[259] https://www.youtube.com/watch?v=P9dc3Plo7MA&feature=share&fbclid=IwAR20JzMaRVbxTaTLok4AYCaCROY27ceAYPsbSf7R0h43NLFKTD-PxHZAfHU , *„Der wahre Grund für 5G ist 1000 Mal schlimmer als die Strahlung"*, Am 12.04.2019 veröffentlicht
[260] https://www.youtube.com/watch?v=WaudJgutsPw&t=1650s *„Doku: Der geheime Krieg - Solares Geoengineering - deutsch synchronisierte Version"* (Minute 5:25 im Video), veröffentlicht am 15.03.2016
[261] Chris Haderer und Peter Hiess, „Chemtrails – Wettermanipulation am Himmel? – Wettermanipulation unter den Augen der Öffentlichkeit", Copyright by V. F. SAMMLER, Graz 2005, Seite 25
[262] como anteriormente
[263] como anteriormente
[264] https://www.youtube.com/watch?v=_8o4xgSVcyg *"Chemtrails Trojanische Wolken Doku (full length)"*
[265] Gabriele Schuster-Haslinger, *„verraten verkauft verloren"*, Amadeus Verlag GmbH & Co. KG, 2015, Seiten 45ff
[266] https://gesundmagazin.com/chemtrails-sind-verantwortlich-fuer-krankheiten-sie-zerstoeren-unser-immunsystem-mit-video/ , *„Chemtrails sind verantwortlich für Krankheiten Sie zerstören unser Immunsystem (mit Video)"*, 21. Februar 2019
[267] https://www.youtube.com/watch?v=GA3Gvr_ApL0 *„Wie wir vergiftet werden - Dr. Dietrich Klinghardt"*
[268] http://www.chemtrail.de/wp-content/uploads/2013/12/art1.pdf *„Piloten, Ärzte und Wissenschaftler packen aus! – Chemtrails"* veröffentlicht: 25.03.2017
[269] https://www.youtube.com/watch?v=8RPlQ8jsXSs&feature=youtu.be *"NDR Regenwasser voller Nanopartikel"*
[270] https://www.youtube.com/watch?v=brkm2QoXWsM *„Werner Altnickel: Geoengineering, Chemtrails, SRM & HAARP"*

[271] https://www.stuttgarter-nachrichten.de/inhalt.bosch-chef-diesel-reinigt-die-luft-vom-feinstaub.79ed306c-f509-4b21-ad8a-7f512891004a.html , Klaus Köster: *„Bosch-Chef - Diesel reinigt die Luft vom Feinstaub"*, 27.01.2016
[272] https://www.youtube.com/watch?v=brkm2QoXWsM *„Werner Altnickel: Geoengineering, Chemtrails, SRM & HAARP"*
[273] https://gesundmagazin.com/chemtrails-sind-verantwortlich-fuer-krankheiten-sie-zerstoeren-unser-immunsystem-mit-video/ *„Chemtrails sind verantwortlich für Krankheiten Sie zerstören unser Immunsystem (mit Video)"*, 21. Februar 2019
[274] https://www.n-tv.de/wissen/COPD-haeufiger-als-Krebs-article4271976.html , *„Hohes Risiko für Lungenleiden COPD häufiger als Krebs"*, 11.9. 2011
[275] https://gesundmagazin.com/chemtrails-sind-verantwortlich-fuer-krankheiten-sie-zerstoeren-unser-immunsystem-mit-video/ *„Chemtrails sind verantwortlich für Krankheiten Sie zerstören unser Immunsystem (mit Video)"*, 21. Februar 2019
[276] https://www.youtube.com/watch?v=PW9wF5gI5dg *„Dr. Klinghardt (Deutsch/English) - subtitulado en Castellano"* , veröffentlicht am 13.12.2018
[277] https://www.focus.de/gesundheit/werden-menschen-duemmer-umwelthormone-eine-gefahr-fuer-das-menschliche-gehirn_id_7847170.html , FOCUS-Online-Gastautorin Pia Jaeger
18.02.2018, 18:30
[278] https://www.youtube.com/watch?v=8RPlQ8jsXSs&feature=youtu.be *"NDR Regenwasser voller Nanopartikel"*
[279] https://www.youtube.com/watch?v=_8o4xgSVcyg *"Chemtrails Trojanische Wolken Doku (full length)"*
[280] http://www.chemtrail.de/wp-content/uploads/2013/12/art1.pdf *„Piloten, Ärzte und Wissenschaftler packen aus! – Chemtrails"*
veröffentlicht: 25.03.2017
[281] Jugend TV – CH – St.Gallen: *„Giftige Chemtrails – Ein Geschäft auf Kosten der Umwelt"* (am Ende des Videos *"Chemtrails Trojanische Wolken Doku (full length)"* wiedergegeben.
[282] https://www.youtube.com/watch?v=Y80h1B-_DL4&t=48s *"Manipulation des Wetters und des Bewusstseins Geo Engeneering"*
[283] Ulrich Heerd, *HAARP PROJEKT – über Mobilfunk zur Strahlenwaffe*, 2. Auflage, Edition HAARP, MICHAELS VERLAG, 2012, Seite 17
[284] https://zeit-zum-aufwachen.blogspot.de/2014/08/haarp-rostock-marlow-grote-anlage-der.html
[285] como anteriormente
[286] https://www.youtube.com/watch?v=DFVi6DYMnMY&t=276s *"JEDER MUSS DAS WISSEN BEVOR ES GELÖSCHT WIRD !!! Seht was sie euch verschweigen!"*
[287] https://www.chemtrailsprojectuk.com/new-world-survival-tips/ *"Chemtrails Project UK - Campaign to Ban Chemtrails and Geoengineering"*
[288] https://www.youtube.com/watch?v=39hqrLPsSt8 , *„HAARP und die NSA - Geheime Wetterexperimente in Alaska? | ExoMagazin"*, veröffentlicht am 25.12.2013, Minute 4:07

[289] https://www.youtube.com/watch?v=dmTT9HN-sOw *„HAARP SPIEGELT sich auf OSTSEE! WIE VIELE Beweise wollt IHR noch?"*, veröffentlicht am 16.04.2018, Minute 1:31

[290] Ulrich Heerd, *HAARP PROJEKT – über Mobilfunk zur Strahlenwaffe*, 2. Auflage, Edition HAARP, MICHAELS VERLAG, 2012, Seiten 19ff

[291] https://www.youtube.com/watch?v=39hqrLPsSt8 *„HAARP und die NSA - Geheime Wetterexperimente in Alaska? | ExoMagazin"*, veröffentlicht am 25.12.2013

[292] Ulrich Heerd, *HAARP PROJEKT – über Mobilfunk zur Strahlenwaffe*, 2. Auflage, Edition HAARP, MICHAELS VERLAG, 2012, Seite 66

[293] https://www.youtube.com/watch?v=39hqrLPsSt8 *„HAARP und die NSA - Geheime Wetterexperimente in Alaska? | ExoMagazin"*, veröffentlicht am 25.12.2013

[294] https://www.youtube.com/watch?v=dmTT9HN-sOw *„HAARP SPIEGELT sich auf OSTSEE! WIE VIELE Beweise wollt IHR noch?"*, veröffentlicht am 16.04.2018

[295] https://www.youtube.com/watch?v=UCIZT05hfjc *„#ARD & #ZDF zeigen #Haarp und #Chemtrails Es gibt sie wirklich 2017."*

[296] http://www.ostsee-zeitung.de/Nachrichten/Das-Geheimnis-im-Wald-von-Marlow *„Das Geheimnis im Wald von Marlow – Die Deutsche Marine betreibt im Recknitz-Städtchen eine Sendestation. Um die Anlage ranken sich wüste Verschwörungstheorien."*

[297] https://futurezone.at/meinung/haarp-todesstrahlen-aus-alaska/286.909.761

[298] http://www.europarl.europa.eu/sides/getDoc.do?pubRef=-//EP//TEXT+REPORT+A4-1999-0005+0+DOC+XML+V0//DE#Contentd374406e958 , Bericht über Umwelt, Sicherheit und Außenpolitik, Ausschuß für auswärtige Angelegenheiten, Sicherheit und Verteidigungspolitik, 14.01.1999

[299] https://www.facebook.com/search/top/?q=chemtrails%20in%20verbindung%20mit%20haarp%20benutzt%20werden.&epa=SEARCH_BOX

[300] https://www.youtube.com/watch?v=DFVi6DYMnMY&t=276s *"JEDER MUSS DAS WISSEN BEVOR ES GELÖSCHT WIRD !!! Seht was sie euch verschweigen!"*

[301] https://www.youtube.com/watch?v=a9g5LIFc8Y4&t=73s *„Bester Chemtrail-Vortrag von Werner Altnickel"*

[302] https://www.youtube.com/watch?v=dmTT9HN-sOw *„HAARP SPIEGELT sich auf OSTSEE! WIE VIELE Beweise wollt IHR noch?"*, veröffentlicht am 16.04.2018

[303] https://www.youtube.com/watch?v=7oTa9CZVw6c *„Neue Wolkenarten - Die Presse bestätigt Chemtrails!"*, veröffentlicht am 25.03.2017

[304] https://www.youtube.com/watch?v=Y80h1B-_DL4&t=48s *„Manipulation des Wetters und des Bewusstseins Geo Engeneering"*

[305] https://www.youtube.com/watch?v=Cl_IR_qxi34 *"Globalisierung Fakten"*

[306] como anteriormente

---

[307] como anteriormente
[308] https://www.youtube.com/watch?v=a9g5LIFc8Y4&t=73s *„Bester Chemtrail-Vortrag von Werner Altnickel"*
[309] como anteriormente
[310] como anteriormente
[311] como anteriormente
[312] www.stopthecrime.net
[313] https://www.youtube.com/watch?v=a9g5LIFc8Y4&t=73s *„Bester Chemtrail-Vortrag von Werner Altnickel"*
[314] http://www.arbeiterfotografie.com/naturgewalten-als-waffe/index-naturgewalten-als-waffe-0001.html , Anneliese Fikentscher und Andreas Neumann: *"Naturgewalten als Waffe - Hiroshima, Nagasaki, Fukushima – Japan 11-03-11 – Analyse zur Entstehung des Erdbeens in Japan am 11.3.2011"*, 25.3.2011
[315] https://www.youtube.com/watch?v=a9g5LIFc8Y4&t=73s *„Bester Chemtrail-Vortrag von Werner Altnickel"*
[316] como anteriormente
[317] https://www.youtube.com/watch?v=dmTT9HN-sOw&t=245s *„HAARP SPIEGELT sich auf OSTSEE ! WIE VIELE Beweise wollt IHR noch?"*
[318] https://www.youtube.com/watch?v=EgczgWJUOLA *„Chemtrails und Haarp - Brigitta Zuber"*
[319] https://www.youtube.com/watch?v=dmTT9HN-sOw&t=245s *„HAARP SPIEGELT sich auf OSTSEE ! WIE VIELE Beweise wollt IHR noch?"*
[320] como anteriormente
[321] http://www.arbeiterfotografie.com/naturgewalten-als-waffe/index-naturgewalten-als-waffe-0001.html , Anneliese Fikentscher und Andreas Neumann: *"Naturgewalten als Waffe - Hiroshima, Nagasaki, Fukushima – Japan 11-03-11 – Analyse zur Entstehung des Erdbeens in Japan am 11.3.2011"*, 25.3.2011
[322] http://www.stopthecrime.net
[323] como anteriormente
[324] http://www.arbeiterfotografie.com/naturgewalten-als-waffe/index-naturgewalten-als-waffe-0001.html , Anneliese Fikentscher und Andreas Neumann: *"Naturgewalten als Waffe - Hiroshima, Nagasaki, Fukushima – Japan 11-03-11 – Analyse zur Entstehung des Erdbeens in Japan am 11.3.2011"*, 25.3.2011
[325] https://bilddung.wordpress.com/2014/12/26/war-dieser-tsunami-menschgemacht/ BilDung für das Volk *„War dieser Tsunami menschgemacht ?"*
[326] http://www.stopthecrime.net
[327] https://bilddung.wordpress.com/2014/12/26/war-dieser-tsunami-menschgemacht/ BilDung für das Volk *„War dieser Tsunami menschgemacht ?"*
[328] como anteriormente
[329] Ulrich Mies (Hg.), *Der Tiefe Staat schlägt zu – Wie die westliche Welt Krisen erzeugt und Kriege vorbereitet*, Promedia Verlag, Wien, 2. Auflage 2019, Seite 132
[330] http://news-for-friends.de/mit-haarp-zum-tornado-mit-dem-tornado-zur-co2-steuer/ *"Mit HAARP zum Tornado, mit dem Tornado zur CO2-Steuer....."* Von nfriends, 20. Juli 2017

[331] https://gumshoenews.com/2017/08/31/manmade-hurricane-harvey-the-military-can-steer-a-hurricane/
[332] https://gumshoenews.com/2017/07/10/the-breaking-of-the-levees-in-new-orleans-gentrification-and-jewish-law/ *„The Breaking of the Levees in New Orleans, "Gentrification," and Jewish Law"*, July 10, 2017
[333] como anteriormente
[334] https://www.contra-magazin.com/2017/09/wetterextreme-als-waffe-das-weltklima-als-versuchslabor-wurden-harvey-und-irma-kuenstlich-erzeugt/ , Eva-Maria Griese: *„Wetterextreme als Waffe: Das Weltklima als Versuchslabor – wurden Harvey und Irma künstlich erzeugt ?"*, 13. September 2017.
[335] https://www.globalisierung-fakten.de/ozonloch/ozonloch-entwicklung/
[336] Rosalie Bertell, *„Kriegswaffe Erde"*, j-k-fischer-verlag, Gelnhausen/Roth, 3. Auflage 11/2016, Seite 256
[337] https://www.youtube.com/watch?v=YmL7mJExaFQ *„Der OZON-SCHWINDEL- Wissenschaftler Entdeckten die Wahre Ursache des Ozonlochs!"*, veröffentlicht am 24.02.2018
[338] https://www.youtube.com/watch?v=YmL7mJExaFQ *„Der OZON-SCHWINDEL- Wissenschaftler Entdeckten die Wahre Ursache des Ozonlochs!"*, veröffentlicht am 24.02.2018
[339] Marion Schimmelpfennig, *„Giftcocktail Körperpflege: Der schleichende Tod aus dem Badezimmer"*, J.K.Fischer-Verlag, 2017
[340] Thomas Klein, *Sonnenlicht – Das größte Gesundheitsheimnis – Sonnenmangel und seine schwerwiegenden Folgen, Hygeia-Verlag, 2010*
[341] https://www.youtube.com/watch?v=Ll6i6M64On8&t=14s *"Waldbrände = Waffentests? Äußerst verdächtiges 'Brandverhalten'"*
[342]

https://www.facebook.com/photo.php?fbid=1577984245580731&set=pcb.1997665910447245&type=3&theater Günter Stellmaszek: Reale Verschwörungen! 14. Oktober 2017
[343] https://www.youtube.com/watch?v=8RT9BReqSag&t=141s *„ENERGIEWAFFEN-TEST am eigenen Volk! 'Waldbrände' in Kalifornien 2017! Laserwaffen, Mikrowellen, NWO"*, Minute 1:50
[344] https://www.youtube.com/watch?v=lMIoBdQxKHY , *„Boeing YAL-1 Airborne Laser Testbed Lethal Intercept"*, Minute 2:15 – 2:29
[345] https://www.youtube.com/watch?v=8RT9BReqSag&t=141s *„ENERGIEWAFFEN-TEST am eigenen Volk! 'Waldbrände' in Kalifornien 2017! Laserwaffen, Mikrowellen, NWO"*, Minute 3:30
[346] http://www.faszination-regenwald.de/info-center/zerstoerung/index.htm , *„Faszination-regenwald - Zerstörung tropischer Regenwälder"*
[347] https://www.regenwald.org/themen/palmoel/fragen-und-antworten , *„Fakten über Palmöl"*
[348] https://www.youtube.com/watch?v=Ahcc-Gr55WA , *„Waldbrände in Südamerika - die ganze Wahrheit!"*, am 25.08.2019 veröffentlicht
[349] https://www.youtube.com/watch?v=hzWKNUQfG_4 *„Aus der „Feuerhölle" Südamerikas - aktueller Bericht"*, Am 25.08.2019 veröffentlicht

[350] https://www.legitim.ch/post/enth%C3%BCllt-prayfortheamazon-ist-fake-von-a-bis-z , Jan Walter: *„Enthüllt: #PrayForTheAmazon ist FAKE! (von A bis Z)"*, am 29.08.19, aktualisiert am 31.08.19

[351] F. William Engdahl, *„Geheimakte NGOs"*, Kopp-Verlag, 2017

[352] https://www.legitim.ch/post/enth%C3%BCllt-prayfortheamazon-ist-fake-von-a-bis-z , Jan Walter: *„Enthüllt: #PrayForTheAmazon ist FAKE! (von A bis Z)"*, am 29.08.19, aktualisiert am 31.08.19

[353] https://www.youtube.com/watch?v=lJ-rXRf88sA , *„Feuer in Australien: Was hinter den Buschbränden steckt"*, 15.11.2019

[354] https://www.youtube.com/watch?v=lYA6ErMN9RM&t=34s *„Warum brennt Australien? Von wegen Klimawandel!"*, 12.01.2020

[355] https://www.youtube.com/watch?v=5ZRwpKrVlKw *„Brandstiftung in Australien: Gretas Klima-Schwindel aufgedeckt"*, 10.01.2020

[356] como anteriormente, Minute 3:30

[357] https://www.youtube.com/watch?v=lYA6ErMN9RM&t=34s *„Warum brennt Australien? Von wegen Klimawandel!"*, 12.01.2020, Minute 2; 4:50

[358] https://www.mimikama.at/allgemein/hochgeschwindigkeitsbahnen-ausloeser-der-braende-in-australien-und-kalifornien/ *„Hochgeschwindigkeitsbahnen: Auslöser der Brände in Australien und Kalifornien?"*, 11.01.2020

[359] https://www.youtube.com/watch?v=lYA6ErMN9RM&t=34s *„Warum brennt Australien? Von wegen Klimawandel!"*, 12.01.2020, Minute 7:30

[360] https://www.zeit.de/gesellschaft/zeitgeschehen/2020-01/australien-braende-hitze-feuerwehr-evakuierung-victoria *„240.000 Menschen zur Evakuierung aufgefordert"*, 10. Januar 2020

[361] como anteriormente, Minute 3:30

[362] https://www.zeit.de/gesellschaft/zeitgeschehen/2020-01/australien-braende-hitze-feuerwehr-evakuierung-victoria *„240.000 Menschen zur Evakuierung aufgefordert"*, 10. Januar 2020

[363] como anteriormente

[364] Joachim Sonntag, *„2025 - Der vorletzte Akt: Warum wir Heimat, Freiheit und Sicherheit verlieren"*, CBX-Verlag München, 2019, Anhang 1, Seite 212ff

[365] https://www.youtube.com/watch?v=lYA6ErMN9RM&t=34s *„Warum brennt Australien? Von wegen Klimawandel!"*, 12.01.2020, Minute 10:15

[366] https://mail.google.com/mail/u/0/#inbox/FMfcgxwHMjvMCNTNCbSTthQbBMxZljvh , *„LAURA EISENHOWER PACKT AUS !!!"*, Legitim.ch, 13.4.20

[367] https://www.youtube.com/watch?v=L2ziG1GKVsg&t=188s „16. AZK: „Digitalisiert in eine strahlende Zukunft – todsicher!" - Anke Kern | www.kla.tv/13437" , veröffentlicht am 01.12.2018

[368] https://www.youtube.com/watch?v=sX3QSsG6_64
"DIE DRECKIGE WAHRHEIT ÜBER DEIN HANDY !!! WILLST DU GESUND BLEIBEN ? BITTE VERBREITEN !!!"

[369] como anteriormente

[370] como anteriormente

[371] https://www.kla.tv/5g-mobilfunk/10543&autoplay=true , *„Baumschäden durch Mobilfunkstrahlung“*, www.kla.tv/10543 , 21.05.2017
[372] como anteriormente
[373] https://zeit-zum-aufwachen.blogspot.de/2014/08/haarp-rostock-marlow-grote-anlage-der.html
[374] https://www.youtube.com/watch?v=KFV51crLwQE *“Heiße Abschreckung: US-Armee testet Mikrowellenwaffe”*
[375] https://www.youtube.com/watch?v=Cl_IR_qxi34
„Mobilfunk als Mikrowellenwaffe- Barrie Trower“
[376] https://www.youtube.com/watch?v=KFV51crLwQE *“Heiße Abschreckung: US-Armee testet Mikrowellenwaffe”*
[377] https://www.youtube.com/watch?v=8RT9BReqSag&t=141s
„ENERGIEWAFFEN-TEST am eigenen Volk! ‘Waldbrände‘ in Kalifornien 2017! Laserwaffen, Mikrowellen, NWO“
[378] https://www.youtube.com/watch?v=L2ziG1GKVsg&t=188s „16. AZK: „Digitalisiert in eine strahlende Zukunft – todsicher!“ - Anke Kern | www.kla.tv/13437“ , veröffentlicht am 01.12.2018
[379] https://www.youtube.com/watch?v=L2ziG1GKVsg&t=188s „16. AZK: „Digitalisiert in eine strahlende Zukunft – todsicher!“ - Anke Kern | www.kla.tv/13437“ , veröffentlicht am 01.12.2018
[380] como anteriormente
[381] https://www.youtube.com/watch?v=vqFKhjXl1Cw *“Aufrüstung der Polizei mit Mikrowellenwaffen”*
[382] http://google.com/patents/US6506148
(zitiert in http://www.globale-evolution.de/showthread.php/4025-Mind-Control-(Gedanken-Kontrolle)/page7 vom 26.01.2016)
[383] https://www.youtube.com/watch?v=pjy6yWBzwpE *„MK Ultra - Das Gehirnwäscheprogramm der CIA [ZDF/Phoenix Doku]“*, am 03.09.2016 veröffentlicht
[384] https://www.spiegel.de/netzwelt/netzpolitik/5g-mobilfunkfrequenzen-versteigert-firmen-bezahlen-6-6-milliarden-euro-a-1272131.html , *„Mobilfunkfrequenzen 5G-Auktion bringt Deutschland knapp 6,6 Milliarden Euro“*, 12.06.2019
[385] https://www.spiegel.de/netzwelt/web/5g-gefaehrlich-was-experten-zum-thema-5g-und-gesundheit-sagen-a-1257267.html#js-article-comments-box-pager , *„Neuer Mobilfunkstandard Gefährdet 5G die Gesundheit?“*,11.03.2019
[386] https://www.jungewelt.de/artikel/368178.fortschritt-kontra-gesundheit-versuchskaninchen-f%C3%BCr-5-g.html , Ralf Wurzbacher: *„Versuchskaninchen für »5 G«“*, 5.12.2019
[387] https://www.tagesschau.de/inland/5g-gefahren-115.html , Wulf Rohwedder, tagesschau.de: *„Neue Mobilfunktechnik - Ist 5G gefährlich?“*, 12.06.2019
[388] https://www.youtube.com/watch?v=fDk960sQIvw&t=1236s
„Gedankenkontrolle mit 5G – Patente“, am 11.04.2019 veröffentlicht
[389] https://www.youtube.com/watch?v=qVG5wwO1PDI *„AUF • GEKLÄRT - TRANSHUMANISMUS | SMART-DUST UND AGENDEN 21, 2030 & 2045“*, am 18.11.2017 veröffentlicht
[390] https://www.youtube.com/watch?v=fDk960sQIvw&t=1236s
„Gedankenkontrolle mit 5G – Patente“, am 11.04.2019 veröffentlicht

[391] https://www.youtube.com/watch?v=fDk960sQIvw&t=1236s „Gedankenkontrolle mit 5G – Patente", am 11.04.2019 veröffentlicht
[392] https://www.youtube.com/watch?v=L2ziG1GKVsg&t=188s „16. AZK: „Digitalisiert in eine strahlende Zukunft – todsicher!" - Anke Kern | www.kla.tv/13437" , veröffentlicht am 01.12.2018
[393] https://www.google.com/search?q=Harald+Kautz-Vella+%C3%BCber+5G+%26+die+Hintergr%C3%BCnde&ie=utf-8&oe=utf-8&client=firefox-b , *„Harald Kautz-Vella über 5G & die Hintergründe"*, am 10.11.2018
[394] **Dr. Klaus Scheler: „***Polarisation: Ein wesentlicher Faktor für das Verständnis biologischer Effekte von gepulsten elektromagnetischen Wellen niedriger Intensität"* (Sonderbeilage 3-2016 | 29. Jahrgang, „umwelt – medizin – gesellschaft")
[395] como anteriormente
[396] https://www.youtube.com/watch?v=P9dc3Plo7MA&feature=share&fbclid=IwAR20JzMaRVbxTaTLok4AYCaCROY27ceAYPsbSf7R0h43NLFKTD-PxHZAfHU , *„Der wahre Grund für 5G ist 1000 Mal schlimmer als die Strahlung"*, am 12.04.2019 veröffentlicht
[397] https://www.youtube.com/watch?v=eZmRom81nQo , *„RFID Chip muss nicht mehr implantiert werden. Chippen ohne es zu wissen – Cyborg"*, 18.05.2016, Minute 0:36
[398] https://www.youtube.com/watch?v=P9dc3Plo7MA&feature=share&fbclid=IwAR20JzMaRVbxTaTLok4AYCaCROY27ceAYPsbSf7R0h43NLFKTD-PxHZAfHU , *„Der wahre Grund für 5G ist 1000 Mal schlimmer als die Strahlung"*, Am 12.04.2019 veröffentlicht
[399] https://www.kla.tv/ErichHambach Erich Hambach: „16. AZK: Bühnen-Interview mit Erich Hambach zum Thema *'Auslaufmodell Mensch? - Transhumanismus und künstliche Intelligenz wollen uns ersetzen'*"
[400] https://www.legitim.ch/home/author/Jan-Walter , Jan Walter: *„Geheime Agenda - Der wahre Grund für 5G ist 1000 Mal schlimmer als die Strahlung!"* , 8. April 2019
[401] https://www.mines-kreativstuebchen.de/blog/digitalisierung-5g-smartphone#gsc.tab=0 , Jasmin Reichel: *„Digitalisierung, 5G, Smartphone, Nanotechnologie, Smartdust und Phased Array - was wirklich dahinter steckt"*, 21.5.2019
[402] https://marbec14.wordpress.com/2019/09/10/kalifornien-passant-filmt-wie-leblose-bienen-zwischen-zwei-5g-antennen-auf-den-boden-klatschen/ , *„Kalifornien: Passant filmt, wie leblose Bienen zwischen zwei 5G-Antennen auf den Boden klatschen!"*, 10. September 2019
[403] https://www.t-online.de/digital/smartphone/id_85555326/5g-netz-versuche-in-genf-und-bruessel-wegen-strahlung-gestoppt.html?fbclid=IwAR1f9jo7ppPx97QPjxW9-

FAnakfl4rY0cMWjFFTAAYwF5uRnbiqBlUi74Gg , *„Bedenken wegen Strahlung - 5G-Versuche in Genf und Brüssel gestoppt“*, am 12.04.2019

[404] como anteriormente

[405] https://www.google.com/search?q=Harald+Kautz-Vella+%C3%BCber+5G+%26+die+Hintergr%C3%BCnde&ie=utf-8&oe=utf-8&client=firefox-b , *„Harald Kautz-Vella über 5G & die Hintergründe“*, am 10.11.2018

[406] https://www.youtube.com/watch?v=S-NiZqNzerg *„5G Experiment misslingt und hunderte Vögel sterben in Den Haag,wie gefährlich ist 5G für den Mensch“* (Text unter dem video),am 06.11.2018 veröffentlicht

[407] https://www.tagesschau.de/inland/5g-gefahren-115.html , Wulf Rohwedder, tagesschau.de: *„Neue Mobilfunktechnik - Ist 5G gefährlich?“*, 12.06.2019

[408] https://www.raum-und-zeit.com/bewusstsein/transhumanismus/ Detlef Scholz, *„Die transhumanistische Bewegung”*, raum&zeit, Ausgabe 198/2015

[409] Faltblatt *„Gender Mainstreaming – Kinderseelen werden gebrochen. Empörte Bürger wehren sich“*, heraugegeben von „Junge Freiheit“, 11.Auflage, Stand September 1016

[410] Interview mit Prof. Dr. Ulrich Kutschera, COMPACT Spezial Magazin, Sonderausgabe Nr. 12, Seite 40ff.

[411] Fachtagung *„Frühkindliche Sexualerziehung in der KiTa“, herausgegeben von der HAG (Hamburgische Arbeitsgemeinschaft für Gesundheitsförderung e.V.)*

[412]https://www.youtube.com/watch?v=G1FtXKR5jic&feature=youtu.be *„Der Krieg gegen Kinder - Sexualpädagogik der Vielfalt (CSE Agenda)“*

[413] como anteriormente

[414] https://www.kla.tv/9603 , *„Pädagogik der Geschlechter- und Familienvielfalt führt zur Auflösung des traditionellen Familienbildes (2 von 3)“*, 23. Dezember 2016

[415] http://www.gender-mich-nicht.de/?gclid=CjwKEAjw9MrIBRCr2LPek5-h8U0SJAD3jfhtOwx0tL3UkYpbq-VNz2jHgXAp4W8h1Qb_lkfU_QN5ghoCfpjw_wcB

[416] Faltblatt *„Gender Mainstreaming – Kinderseelen werden gebrochen. Empörte Bürger wehren sich“*, heraugegeben von „Junge Freiheit“, 11.Auflage, Stand September 1016

[417] George Orwell, *1984*, Ungekürzte Ausgabe im Ullstein Taschenbuch, 38. Auflage 2015, Seiten 131ff

[418] https://www.legitim.ch/post/agenda-21-einst-florierende-industrienationen-stehen-am-rande-des-kollaps , Jan Walter: *„AGENDA 21 - Einst florierende Industrienationen stehen am Rande des Kollaps!“*, 04.07.2019

[419] https://www.mobilegeeks.de/news/implantierte-rfid-chips-in-schweden-mehr-als-nur-ein-trend/ , Carsten Drees: *„Implantierte RFID-Chips: In Schweden mehr als nur ein Trend“*, 25.10.2018

[420] https://www.youtube.com/watch?v=eZmRom81nQo , *„RFID Chip muss nicht mehr implantiert werden. Chippen ohne es zu wissen – Cyborg“*, 18.05.2016, Minute 0:36

[421] https://www.theepochtimes.com/ag-barr-opposes-bill-gates-proposal-for-covid-19-vaccine-

certifi-
cates_3305276.html/amp?fbclid=IwAR2BcnS6M3NkQgj80wWg2jHYERSZkPtz DJglMReoq7to9H-j0ttxPP-T7NY , The Epoch Times, By Zachary Stieber: “AG Barr Opposes Bill Gates Proposal for COVID-19 Vaccine Certificates”, April 9, 2020

[422] https://www.youtube.com/watch?v=P9dc3Plo7MA&feature=share&fbclid=IwAR20JzMaRVbxTaTLok4AYCaCROY27ceAYPsbSf7R0h43NLFKTD-PxHZAfHU , *„Der wahre Grund für 5G ist 1000 Mal schlimmer als die Strahlung“*, Am 12.04.2019 veröffentlicht

[423] https://traugott-ickeroth.com/liveticker/ , Traugott Ickeroth Blog, *„Der Sturm ist da – Liveticker“*. 19.06.2020

[424] https://www.auswaertiges-amt.de/de/aussenpolitik/themen/abruestung-ruestungskontrolle/uebersicht-bcwaffen-node/verbotbiowaffen-bwue-node „Übereinkommen über das Verbot biologischer Waffen (BWÜ)“, *„Das Übereinkommen über das Verbot der Entwicklung, Herstellung und Lagerung bakteriologischer (biologischer) Waffen und von Toxinwaffen sowie über die Vernichtung solcher Waffen (BWÜ) trat am 26. März 1975 in Kraft und enthält ein umfassendes Verbot biologischer Waffen.“*

[425] https://vitzlisneuer.wordpress.com/2019/04/07/die-deutsche-luegenpresse-schweigt-eisern-das-labor-des-todes/ *„Die deutsche Lügenpresse schweigt ... eisern. Das Labor des Todes.“*, 7.4.2019

[426] como anteriormente

[427] como anteriormente

[428] como anteriormente

[429] como anteriormente, Minute 9:25

[430] como anteriormente, Minute 8:53

[431] como anteriormente, Minute 19:31

[432] como anteriormente, Minute 18:50

[433] como anteriormente, Minute 17:54

[434] como anteriormente, Minute 25:25

[435] como anteriormente

[436] como anteriormente

[437] https://www.youtube.com/watch?v=byXgus2Cksk&feature=youtu.be , *„Die Eugenik-Agenda der Elite und Transhumanismus“*, Min 34:24, am 02.08.2014 veröffentlicht

[438] https://steemkr.com/deutsch/@saamychristen/geographie-026-biowaffen-in-georgien , „Geographie 026 - Biowaffen in Georgien?“, *01. Oktober 2018*

[439] Frank-Rüdiger Halt: *„Volk im Wachkoma“*, Frieling-Verlag Berlin, 2016, Seite 23

[440] https://www.youtube.com/watch?v=8RPlQ8jsXSs&feature=youtu.be *“NDR Regenwasser voller Nanopartikel”*

[441] https://www.legitim.ch/single-post/2017/08/07/Die-NASA-gibt-zu-Lithium-und-andere-Chemikalien-in-die-Atmosph%C3%A4re-zu-sprayen Jan Walter: “*Die NASA gibt zu Lithium und andere Chemikalien in die Atmosphäre zu sprayen*”, *7* Aug 2017

[442] https://www.youtube.com/watch?v=8RPlQ8jsXSs&feature=youtu.be *"NDR Regenwasser voller Nanopartikel"*
[443] http://www.spiegel.de/gesundheit/diagnose/morgellons-krankheit-schlimmes-hautleiden-beruht-wohl-auf-einbildung-a-836099.html ; 6.6.2012
[444] como anteriormente
[445] https://www.youtube.com/watch?v=NR0m_ADZ4JA ; *„Morgellons 'Krankheit' Chemtrails"*
[446] https://daserwachendervalkyrjar.wordpress.com/2015/03/11/morgellons-die-buchse-der-pandora-ist-geoffnet/ *„Morgellons: Die Büchse der Pandora ist geöffnet"*, 11/03/2015
[447] como anteriormente
[448] http://www.wakenews.tv/watch.php?vid=16d2ed12d *"Morgellons"*
[449] https://www.youtube.com/watch?v=cTp_1HzrCoo ; Herbert Schott: *„Chemtrails und Nanotechnologie zur Manipulation der Menschheit Teil 1"*
[450] https://www.youtube.com/watch?v=NR0m_ADZ4JA ; *„Morgellons 'Krankheit' Chemtrails"*
[451] https://www.youtube.com/watch?v=8eoNuIDOaVg *"Dr. med. Manfred Doepp, Thema 'Morgellons' "*
[452] http://www.wakenews.tv/watch.php?vid=d27522d26 *"Morgellons sind Biowaffen (Borellien übrigens auch)"*
[453] http://www.wakenews.tv/watch.php?vid=16d2ed12d *"Morgellons"*
[454] http://www.wakenews.tv/watch.php?vid=dcddf6e34 *„erschreckend ! "Morgellons" (Nanorobots, synthetische Würmer, Biowaffen) bewegen sich"*
[455] http://www.wakenews.tv/watch.php?vid=f047d398f *"Morgellons in Karotte"*
[456] http://www.wakenews.tv/watch.php?vid=9911df782 *„Chemtrails + Morgellons (Fasern) in Nordrhein Westfahlen Deutschland !"*
[457] http://www.wakenews.tv/watch.php?vid=eb30896d8 *„Erschreckend !!! Morgellons schon überall, sogar in BIO-Bananen !"*
[458] https://daserwachendervalkyrjar.wordpress.com/2015/03/11/morgellons-die-buchse-der-pandora-ist-geoffnet/ *„Morgellons: Die Büchse der Pandora ist geöffnet"*, 11/03/2015
[459] www.morgellons-research.org
[460] Gabriele Schuster-Haslinger, *„verraten verkauft verloren"*, Amadeus Verlag GmbH & Co. KG, 2015
[461] como anteriormente, , Seiten 50ff
[462] https://www.youtube.com/watch?v=cTp_1HzrCoo ; Herbert Schott: *„Chemtrails und Nanotechnologie zur Manipulation der Menschheit Teil 1"*
[463] https://www.youtube.com/watch?v=Do9lehJNg88 ; Herbert Schott: *„Chemtrails und Nanotechnologie zur Manipulation der Menschheit Teil 2"*, am 17.03.2014 veröffentlicht
[464] https://www.youtube.com/watch?v=cTp_1HzrCoo ; Herbert Schott: *„Chemtrails und Nanotechnologie zur Manipulation der Menschheit Teil 1"*, am 16.03.2014 veröffentlicht
[465] como anteriormente
[466] Weiterführende Literatur bezüglich der Schnittstelle zwischen Funksignal und dem menschlichen Biophotonenhaushalt findet man auf

http://www.aquarius-technologies.de/veroeffentlichungen.html.
[467] https://www.youtube.com/watch?v=cTp_1HzrCoo ; Herbert Schott: *„Chemtrails und Nanotechnologie zur Manipulation der Menschheit Teil 1"* , am 16.03.2014 veröffentlicht
[468] https://www.youtube.com/watch?v=Do9lehJNg88 ; Herbert Schott: *„Chemtrails und Nanotechnologie zur Manipulation der Menschheit Teil 2"*, am 17.03.2014 veröffentlicht
[469] https://www.youtube.com/watch?v=Do9lehJNg88 ; Herbert Schott: *„Chemtrails und Nanotechnologie zur Manipulation der Menschheit Teil 1"* , am 16.03.2014 veröffentlicht
[470] https://www.youtube.com/watch?v=NR0m_ADZ4JA ; *„Morgellons 'Krankheit' Chemtrails"*
[471] https://www.youtube.com/watch?v=5blrkhKucIQ *„Hitze Dürre - Haarp Wetterwaffen töten 300 Menschen pro Tag."* : ab 20:42
[472] https://www.youtube.com/watch?v=rQA_Jf8svPc&t=29s *" 'Ihr Thema ... ': Geo-Engineering ein unkalkulierbares Risiko für Mensch und Natur"*
[473] https://www1.wdr.de/fernsehen/aktuelle-stunde/startseite/nsu-prozess-zeugen-sterben-100.html ; Jan Hofer, Matthias Goergens: *„Das reihenweise Sterben der NSU-Zeugen"*
[474] https://www.youtube.com/watch?v=cTp_1HzrCoo ; Herbert Schott: *„Chemtrails und Nanotechnologie zur Manipulation der Menschheit Teil 1"*
[475] http://www.aquarius-technologies.de/veroeffentlichungen.html ; Harald Kautz-Vella: *„Fakten zum Thema Geoengineering"*
[476] https://www.youtube.com/watch?v=FW9gVpzvSZo *„Piloten, Ärzte & Wissenschaftler berichten über Chemtrails"*
[477] https://www.youtube.com/watch?v=Bs-_BOFdbpM , „Bewusst.tv - Morgellons und Transhumanismus", am 05.02.2014 veröffentlicht
[478] https://www.youtube.com/watch?v=NR0m_ADZ4JA ; *„Morgellons 'Krankheit' Chemtrails"*
[479] https://www.youtube.com/watch?v=Bs-_BOFdbpM *„Bewusst.tv - Morgellons und Transhumanismus"*
[480] como anteriormente
[481] https://www.zentrum-der-gesundheit.de/codex-alimentarius-ia.html?fbclid=IwAR17zPrh9oKnPMo5k2sQKdoti8jglrDXC5c-rFD8yNcKweR_mTeTDifCTtA#toc-gesundheitliche-selbstbestimmung-ist-bedroht
[482] como anteriormente
[483] https://www.youtube.com/watch?v=Bs-_BOFdbpM , *„Bewusst.tv - Morgellons und Transhumanismus"*, Minute 26:40, am 05.02.2014 veröffentlicht
[484] *https://gesundmagazin.com/chemtrails-sind-verantwortlich-fuer-krankheiten-sie-zerstoeren-unser-immunsystem-mit-video/* „Chemtrails sind verantwortlich für Krankheiten Sie zerstören unser Immunsystem (mit Video)", 21. Februar 2019
[485] Gabriele Schuster-Haslinger, *„verraten verkauft verloren"*, Amadeus Verlag GmbH & Co. KG, 2015, Seiten 48
[486] https://patents.google.com/patent/US20120251502

[487] http://de.wikimannia.org/Kanzlerakte
[488] https://www.youtube.com/watch?v=XtA9o6IQSo4
Augenöffner! Die Unterwerfung der BRD-Kanzler, am 09.10.2012 veröffentlicht
[489] https://www.planet-wissen.de/gesellschaft/krankheiten/ehec/ehec-epidemie-100.html ,
„Bakterien. Die Ehec-Epidemie von 2011 – ein Rückblick“, planet wissen, 24.03.2017
[490] http://www.spiegel.de/wirtschaft/service/ehec-epidemie-2011-die-infektionsquelle-wurde-nie-gefunden-a-923249.html SPIEGEL ONLINE, Nicolai Kwasniewski: *„Neue Erkenntnisse zur Epidemie 2011 Der Ehec-Skandal, der nie aufgeklärt wurde“*, 20.09.2013
[491] Wolfgang Eggert u.a. , *„Die geplanten Seuchen AIDS, SARS und die militärische Genforschung“*, 2003
[492] http://euro-med.dk/?p=23140 *„Chemtrails 'Offiziell': Bakterielle Und Chemische Kriegsführung Unter Dem Vorwand Der Inexistenten Globalen Erwärmung“,* 3. Juni 2011
[493] http://chronos-medien.de/texteinblicke6.html#seuchen , Interview mit der illustrierten Zeitschrift "BOX"
[494] Markus Egert, *“Ein Keim kommt selten allein”*, Verlag: Ullstein extra, 2018
[495] http://www.spiegel.de/gesundheit/diagnose/ebola-kommt-das-virus-aus-dem-labor-a-997610.html , Holger Dambeck *„Stammt das Ebolavirus aus einem Geheimlabor?“*, 17.10.2014
[496] http://chronos-medien.de/texteinblicke6.html#seuchen , Interview mit der illustrierten Zeitschrift "BOX"
[497] https://www.amanita.at/interessantes/artikel?id=21&fbclid=IwAR3IfzvtTX-JdVyWRyt2EbrdWiRjS-rM72S_gIA2KZtbcIbGIDd_LkT2bRE *„Kriegszyklen & der Schweinegrippe-Völkermord“* (ohne Datum, jedoch aus dem Text kann man schließen, dass der Artikel aus dem Jahre 2009 stammt)
[498] https://www.focus.de/politik/deutschland/soeder-prescht-voran-merkel-deutete-sie-nur-an-warum-sich-deutschland-mit-ausgangssperre-so-schwertut_id_11789268.html?obref=outbrain-f100-web&cm_ven=f100_outbrain , Henriette Jedicke: *„Merkel deutet an, Söder drohtWarum sich Deutschland mit Ausgangssperre so schwertut“*, 19.03.2020
[499] https://www.facebook.com/100015405430664/posts/768076520382522/?comment_id=768094813714026 , Min.1:53
[500] https://patents.google.com/patent/US20120251502
[501] https://www.facebook.com/nach.denker.9/posts/609796002929040?comment_id=609864572922183 , *„Ist das Coronavirus im Labor entstanden?“*, 08.02.2020, , Min.9:15
[502] https://www.youtube.com/watch?v=dGx9MPSBWPY , *„WUHAN - Was geht in China vor sich?“*, 02.02.2020“, Min.12:50
[503] Ebenda, Min.3:35
[504] Ebenda, Min.7:05

[505] https://www.zeit.de/news/2020-01/30/coronavirus-und-bill-gates-falschbehauptungen-im-umlauf , Faktencheck: Coronavirus und Bill Gates: Falschbehauptungen im Umlauf, 30. Januar 2020

[506] https://www.youtube.com/watch?v=dGx9MPSBWPY , „*WUHAN - Was geht in China vor sich?*", 02.02.2020", Min.5:10

[507] Ebenda, Min.11:10

[508] https://www.anonymousnews.ru/2020/01/26/bill-gates-stiftung-corona-virus/ , „*Bill Gates Stiftung prognostizierte 65 Millionen Tote durch Corona-Virus – vor 3 Monaten*", 26.01.2020

[509] https://www.youtube.com/watch?v=j3BSN6kCZkE&feature=share&fbclid=IwAR1qZSHfIVG2T4OeKVYXFmyRK4PUVpDI0TGW4Nb53SIpB9lIZfdjc7FHs3M , „*Amazing Polly - deutsch - Die globale Pandemie Event 201*", 14.03.2020, Minute: 0:38

[510] Ebenda, Minute: 3:17

[511] https://www.anonymousnews.ru/2020/01/26/bill-gates-stiftung-corona-virus/ , „*Bill Gates Stiftung prognostizierte 65 Millionen Tote durch Corona-Virus – vor 3 Monaten*", 26.01.2020

[512] https://www.independent.ie/opinion/comment/fear-is-more-contagious-than-any-virus-39045195.html , Donald Lynch: "*Fear is more contagious than any virus*", 15.03.20

[513] https://mail.google.com/mail/u/0/#search/legitim/FMfcgxwHMZLFPhksLCBXFSdhCphNklrV , LEGITIM - Newsletter (27.3. 2020), ***„Trump will Notstand lockern: Massnahmen sollten nicht schlimmer als das Problem selbst sein!"***

[514] https://heidenzorn.omasiso.de/stuff/wordpress/index.php/2020/04/04/kommentar-eines-facharztes-dr-juergen-mueller-zu-prof-bhakdi/ „*Kommentar eines Facharztes – Dr. Jürgen Müller zu Prof Bhakdi*", 4. April 2020

[515] https://www.youtube.com/watch?v=2sZUS3SAWzk&fbclid=IwAR3SvNf3Z5Uz3MN6lj3pNK5kIDYkMPzc_lzAxcqA-ss_8K3WZqBN8ohwo9o „*Corona ist eine Inszenierung: Padologe sagt: Corona ist eine Inszenierung und gibt es so gar nicht!*", 23.04.2020

[516] https://splitter-pfe.ch/pdf/home/200502_rubikon_wodarg_der-pandemie-krimi.pdf , Wolfgang Wodarg: „*Der Pandemie-Krimi - Covid-19 ist ein Fall für Medizin-Detektive.*", 02.05.2020

[517] Ebenda

[518] Ebenda

[519] Ebenda

[520] Ebenda

[521] Ebenda

[522] https://www.youtube.com/watch?v=Vaw_3F3Kq50 , „*RUBIKON: Im Gespräch: „Ein Menschheitsverbrechen"* (Wolfgang Wodarg und Jens Lehrich)", 31.05.2020, Minute 14:50

[523] https://www.tagesschau.de/inland/fernsehpreis-corona-berichterstattung-101.html

[524] *https://www.freiewelt.net/nachricht/covid-19-in-der-endphase-ist-wie-ertrinken-nur-langsamer-10080673/ , „Qualvoller Tod durch das Coronavirus - COVID-19 in der Endphase ist wie Ertrinken, nur langsamer“*, 16.03.2020

[525] https://www.facebook.com/anonline.darktribefashion/videos/2591724261142684/ , Demokratischer Widerstand Berlin I Pressekonferenz 07.05.2020, Minute 0 - 2

[526] https://splitter-pfe.ch/pdf/home/200502_rubikon_wodarg_der-pandemie-krimi.pdf , Wolfgang Wodarg: *„Der Pandemie-Krimi - Covid-19 ist ein Fall für Medizin-Detektive.“*, 02.05.2020

[527] Ebenda

[528] *https://www.youtube.com/watch?v=PfYot63f7Kg&t=2349s* , „Herman & Popp Bombe im Bundesinnenministerium geplatzt! (Reupload)“, 12.05.2020, Minute 20:53

[529] Ebenda, Minute 4:57

[530] https://traugott-ickeroth.com/liveticker/ , Traugott Ickeroth Blog, *„Der Sturm ist da – Liveticker“*. 19.06.2020

[531] *https://mail.google.com/mail/u/0/#inbox/FMfcgxwHNVtkckTkRcpmDZtrRSnRJcJC , „Das BUNDESAMT für STATISTIK widerlegt den BUNDESRAT !!! (KEINE PANDEMIE)“* , ©2020 LEGITIM | NEWSLETTER, 18.05.20

[532] Ebenda, Minute 19:05

[533] https://www.house-of-light.gr/de/_/1./corona-virus-hoax-defender-2020.html *„Corona-Virus-Hoax & - DEFENDER 2020“*

[534] https://www.youtube.com/watch?v=JBB9bA-gXL4&feature=youtu.be&fbclid=IwAR0us-GU9kbG9yBXoTXPJlsT4wuoJZJx2UYIlYJP2EEsBQkzvseJRt3wouQ : *„Corona-Krise: Prof. Sucharit Bhakdi erklärt warum die Maßnahmen sinnlos und selbstzerstörerisch sind“* , 19.3.20, Minute 9

[535] que se encuentran en Internet

[536] https://www.youtube.com/watch?v=gpdIUunAPys&t=166s , *„Herbert Kickl zieht Bilanz: 'Kanzler Kurz hat Menschen bewusst in Angst und Schrecken versetzt!' ",* 22.04.2020

[537] https://www.youtube.com/watch?v=BBsET-tUzzM&t=732s , *"18 - Das Corona Kartenhaus zerstört ! Überraschung! schnell gucken*
18 - Das Corona Kartenhaus zerstört ! Überraschung! schnell gucken“, 27.04.2020

[538] https://www.youtube.com/watch?v=MQGAtnDfeWM , *„Corona-Diktatur und Impfzwang: Hier wächst der Widerstand – Die Woche COMPACT“,* 26.04.2020

[539] https://m.youtube.com/watch?v=f6ikWIVpkv0&feature=share&fbclid=IwAR2XQT9Sf5XkZOVbVeuT9rwxCqeE_qmfKcWX1ziTcfMlOOsG_AsMnVfOMEU

[540] https://www.heidelberg24.de/heidelberg/coronavirus-heidelberg-klage-anwaeltin-bahner-regeln-gericht-massnahmen-corona-verordnung-verbot-

13640822.html , *„Polizei ermittelt gegen sie - Wegen Corona-Verordnungen: Anwältin aus Heidelberg macht ernst"*, 10.04.20

[541] https://www.facebook.com/photo.php?fbid=1353132768225118&set=a.585559398315796&type=3&theater

[542] *https://www.youtube.com/watch?v=wwXYbCQNVZA&feature=youtu.be&fbclid=IwAR1KzXlrUdOYUUbJUH-LBBB-3leBPk9hEmlT00UZqY2mCi5cRi6jFBP3ASo* „Rechtsanwältin Beate Bahner verhaftet und in Psychiatrie (Sprachnachricht)", 13.04.2020

[543] https://www.youtube.com/watch?v=HNZgXpVNXIg *„Broders Spiegel: Generalprobe für den Notstand?"*, 06.04.2020

[544] https://www.youtube.com/watch?v=W186IQ3ljC8 , Ken Jebsen *„Gates kapert Deutschland! #GibGATESkeineChance #WIRWOLLENUNSERERECHTEWIEDER"*, 06.52020, Minute 2

[545] Dr. Klaus Maurer, *Die „BRD"-GmbH oder zur völkerrechtlichen Situation in Deutschland und den sich daraus ergebenden Chancen für ein neues Deutschland*, Dritte Auflage, Sunflower-Verlag, 2016, Seite 40

[546] https://viennnna.blogspot.com/2020/05/die-*neuenmrna-impfstoffe*.html , *"DIE NEUEN mRNA-IMPFSTOFFE - viennnna.blogspot.com"*, 24.05.2020

[547] https://www.sueddeutsche.de/politik/schweinegrippe-aufregung-um-zwei-klassen-impfung-1.36055 Süddeutsche Zeitung: *„Aufregung um "Zwei-Klassen-Impfung"*, 19.Oktober 2009

[548] Stern Nr.22, 24.5.2018, Norbert Höfler und Jonas Wresch: *„ WIR BRAUCHEN EUCH!"* Seite 27

[549] https://www.planet-wissen.de/natur/insekten_und_spinnentiere/bienen/pwiebienensterben100.html Planet wissen: *„Bienensterben"*

[550] Stern Nr.22, 24.5.2018, Seite 27

[551] https://www.zeit.de/wissen/umwelt/2018-04/bienensterben-ursachen-pestizide-imker-klimawandel Gunther Willinger: *"Bienensterben: Rettet die Bienen, aber nicht so!"*

[552] https://marbec14.wordpress.com/2019/09/10/kalifornien-passant-filmt-wie-leblose-bienen-zwischen-zwei-5g-antennen-auf-den-boden-klatschen/ , *„Kalifornien: Passant filmt, wie leblose Bienen zwischen zwei 5G-Antennen auf den Boden klatschen!"*, 10. September 2019

[553] https://www.youtube.com/watch?v=a9g5LIFc8Y4&t=73s *„Bester Chemtrail-Vortrag von Werner Altnickel"*

[554] Nancy L. Swanson, Andre Leu, Jon Abrahamson and Bradley Wallet (2014), Genetically engineered crops, glyphosate and the deterioration of health in the United States of America. *Journal of Organic Systems* 9, Number 2, page 6

[555] http://www.aquarius-technologies.de/veroeffentlichungen.html ; Harald Kautz-Vella: *„Fakten zum Thema Geoengineering - 2. Faserkrankheit, Pseudo-Darmparasiten, eingebildete Parasitose & Autismus. Die vielen Gesichter der Morgellon'schen Erkrankung.*"

[556] https://www.youtube.com/watch?v=GA3Gvr_ApL0

„Wie wir vergiftet werden - Dr. Dietrich Klinghardt"
[557] http://www.scielo.br/pdf/gmb/v30n2/a26v30n2.pdf
[558] Nancy L. Swanson, Andre Leu, Jon Abrahamson and Bradley Wallet (2014), Genetically engineered crops, glyphosate and the deterioration of health in the United States of America. *Journal of Organic Systems* 9, Number 2, page 6
[559] como anteriormente
[560] https://www.youtube.com/watch?v=FW9gVpzvSZo
„Piloten, Ärzte & Wissenschaftler berichten über Chemtrails"
[561] https://www.youtube.com/watch?v=GA3Gvr_ApL0
„Wie wir vergiftet werden - Dr. Dietrich Klinghardt"
[562] Th. Schmitz und S. Siebert, *Klartext Impfen – Ein Aufklärungsbuch zum Schutz unserer Gesundheit,* HarperCollins Germany GmbH, Hamburg, 2019
[563] A. Moritz, *Die geimpfte Nation: Wie Impfen der Bevölkerung schadet Warum ADHS, Autismus, Asthma und Allergien dramatisch zunehmen,* Narayana Verlag GmbH, 2018
[564] https://cc.bingj.com/cache.aspx?q=Robert+F.+Kennedy+Jr.+-+Vereint+gegen+den+Impfzwang!&d=4520500498137245&mkt=de-DE&setlang=de-DE&w=xh2rtqV-lE4Hr4b6Qy6NkheC1GmgpFuX , *„Robert F. Kennedy Jr. - Vereint gegen den Impfzwang!"*, 18.09.2019
[565] como anteriormente
[566] https://www.die-gesunde-wahrheit.de/2017/12/02/impfstoffen/ *„CDC bestätigt: Glyphosat und Nierenzellen von Affen in Impfstoffen"*
[567] https://www.pravda-tv.com/2017/02/die-groesste-luege-dieser-welt-impfungen-und-das-masern-virus/ *„Die größte Lüge dieser Welt: Impfungen und das Masern-Virus"*, 8. Februar 2017 aikos2309
[568] como anteriormente
[569] como anteriormente
[570] https://news-for-friends.de/ *„Globale Schock: Krebs wird in Impfstoffen übertragen, gibt das Unternehmen zu"* 26. Mai 2018
[571] https://www.die-gesunde-wahrheit.de/2017/12/02/impfstoffen/ *„CDC bestätigt: Glyphosat und Nierenzellen von Affen in Impfstoffen"*
[572] http://www.wakenews.tv/watch.php?vid=387f43076 *"Parasiten und Würmer im Körper - Eine Gefahr für die Gesundheit? QuantiSana.TV 12.06.2017"*(ab Minute 13:45)
[573] https://www.zentrum-der-gesundheit.de/dezimierung-der-menschheit-ia.html *"Impfung - Dezimierung der Menschheit"* (aktualisiert: 06.03.2018)
[574] A. Moritz, *Die geimpfte Nation: Wie Impfen der Bevölkerung schadet Warum ADHS, Autismus, Asthma und Allergien dramatisch zunehmen,* Narayana Verlag GmbH, 2018
[575] https://www.zentrum-der-gesundheit.de/dezimierung-der-menschheit-ia.html *"Impfung - Dezimierung der Menschheit"* (aktualisiert: 06.03.2018)
[576] https://www.youtube.com/watch?v=Sfm1oXpvkTA&t=833s ,
„COVID-19 , Aktuelle Informationen zum COVID-19 von der BZgA. - Heiko Schöning: #Corona - Kriminelle Zusammenhänge verstehen. #Coronavirus" ,
27.03.2020

[577] https://www.pravda-tv.com/2013/12/eine-jahrhundertluge-spanische-grippe-wurde-durch-massenimpfungen-ausgelost/ *„Eine Jahrhundertlüge: Spanische Grippe wurde durch Massenimpfungen ausgelöst“*, 4. Dezember 2018
[578] https://www.zentrum-der-gesundheit.de/dezimierung-der-menschheit-ia.html *“Impfung - Dezimierung der Menschheit”* (aktualisiert: 06.03.2018)
[579] https://www.anonymousnews.ru/2020/01/26/bill-gates-stiftung-corona-virus/ , *„Bill Gates Stiftung prognostizierte 65 Millionen Tote durch Corona-Virus – vor 3 Monaten“*, 26.01.2020
[580] http://www.s-und-g.info *„Stimme Gegenstimme S & G“*, Ausgabe 15/2017
[581] https://www.spiegel.de/politik/deutschland/jens-spahn-legt-gesetz-zur-impfpflicht-gegen-masern-vor-a-1265812.html , *„Gesundheitsminister Spahn legt Vorschläge zur Impfpflicht gegen Masern vor“*, 05.05.2019
[582] 9-Uhr-Nachrichtensendung am 5.5.2019 im WDR4
[583] https://vaccineimpact.com/ , *„Fetal DNA Contaminants Found in Merck's MMR Vaccines“*, May 21, 2019
[584] https://www.tagesschau.de/kommentar/impfpflicht-103.html
[585] https://systematischgesund.de/gesundheit/impfen/kindersterblichkeit/ als Video eingebettet (kla.tv/14793), Minute 19:19 bis 21:13
[586] https://www.aerzteblatt.de/nachrichten/107757/Schon-mehr-als-5-000-Maserntote-im-Kongo?rt=8659a0b86d7e4097af5151b41fcf0ba4 , *“Masernimpfung erhöht Kindersterblichkeit dramatisch“*, 28.11.2019
[587] https://www.welt.de/vermischtes/article200979632/Kinderkrankheit-im-Kongo-Toedlicher-als-Ebola.html , *„Tödlicher als Ebola“* , veröffentlicht am 26.09.2019
[588] https://systematischgesund.de/gesundheit/impfen/kindersterblichkeit/ *“Masernimpfung erhöht Kindersterblichkeit dramatisch“*, 2.12.2019
[589] Th. Schmitz und S. Siebert, *Klartext Impfen – Ein Aufklärungsbuch zum Schutz unserer Gesundheit,* HarperCollins Germany GmbH, Hamburg, 2019
[590] A. Moritz, *Die geimpfte Nation: Wie Impfen der Bevölkerung schadet Warum ADHS, Autismus, Asthma und Allergien dramatisch zunehmen,* Narayana Verlag GmbH, 2018
[591] https://www.youtube.com/watch?v=dbRCARZlzhc , *„Dringender Weckruf 2: Halten Impfunbedenklichkeitserklärungen einem Praxistest stand?“* | 21.09. 2019, Minute 1:02 - 1:28
[592] https://systematischgesund.de/gesundheit/impfen/kindersterblichkeit/ als Video eingebettet (kla.tv/14793)
[593] como anteriormente, Minute 1:46
[594] https://www.youtube.com/watch?v=tsArJHgBoCg , *„VAXXED | Trailer deutsch german [HD]“*, 03.03.2017
[595] Daniel Prinz, *Wenn das die Menschheit wüsste ...*, Amadeus Verlag GmbH & Do KG, 2017, Seiten 251ff

[596] http://www.s-und-g.info *„Österreich: Kein Job ohne Impfung – Vorbote allgemeiner“ Impfpflicht?“*, zitiert in *„Stimme Gegenstimme S & G“*, Ausgabe 15/2017, www.krone.at/oesterreich/graz-wer-nicht-geimpft-ist-bekommt-keinen-job-strenge-regelung-story-548460

[597] https://www.youtube.com/watch?v=nTgyakGAddM , „La Dra Rauni Kilde habla sobre la Conspiración de la Gripe Porcina“ (“Dr. Rauni Kilde spricht über die Schweinegrippe-Verschwörung“), Am 31.08.2009 veröffentlicht

[598] https://www.amanita.at/interessantes/artikel?id=21&fbclid=IwAR3IfzvtTX-JdVyWRyt2EbrdWiRjS-rM72S_gIA2KZtbcIbGIDd_LkT2bRE *„Kriegszyklen & der Schweinegrippe-Völkermord“ (*ohne Datum, jedoch aus dem Text kann man schließen, dass der Artikel aus dem Jahre 2009 stammt)

[599] https://www.youtube.com/watch?v=Z8jgOa1vw4w , *„Corona Virus - Fakten ! keine Verschwörung! Was ist die WAHRHEIT ? Coach Cecil“*, 02.02.2020, Min.16

[600] http://chronos-medien.de/texteinblicke6.html#seuchen , Interview mit der illustrierten Zeitschrift "BOX",

[601] https://www.zentrum-der-gesundheit.de/dezimierung-der-menschheit-ia.html *“Impfung - Dezimierung der Menschheit”* (aktualisiert: 06.03.2018)

[602] https://www.epochtimes.de/politik/welt/toedliche-menschenversuche-mit-hpv-impfungen-indische-aerzte-verklagen-bill-gates-a1291203.html, *„Tödliche Menschenversuche mit HPV-Impfungen: Indische Ärzte verklagen Bill Gates“*, 11.12.2015

[603] https://www.youtube.com/watch?v=Z8jgOa1vw4w , *„Corona Virus - Fakten ! keine Verschwörung! Was ist die WAHRHEIT ? Coach Cecil“*, 02.02.2020, Min.20:30 – 22:40

[604] https://cgconsult.jimdo.com/2013/10/27/dezimierung-der-menschheit/ , *„Dezimierung der Menschheit“*, 27. Oktober 2013

[605] http://www.umweltinstitut.org/themen/landwirtschaft/pestizide/glyphosat.html *„Glyphosat - Das meistverkaufte Pflanzengift der Welt“*

[606] https://monsanto.com/innovations/biotech-gmos/articles/gmo-facts/

[607] https://www.zentrum-der-gesundheit.de/dezimierung-der-menschheit-ia.html *“Impfung - Dezimierung der Menschheit”* (aktualisiert: 06.03.2018)

[608] Thomas Klein, *Fluor – Vorsicht Gift! Die schwerwiegenden Folgen der Fluoridvergiftung, Hygeia-Verlag, 2012*

[609] https://news-for-friends.de/ *„Warum vergiften sie uns?“* 26. Mai 2018

[610] Thomas Klein, *Fluor – Vorsicht Gift! Die schwerwiegenden Folgen der Fluoridvergiftung, Hygeia-Verlag, 2012*

[611] https://news-for-friends.de *„Warum vergiften sie uns?“* 26. Mai 2018

[612] https://www.youtube.com/watch?v=_8o4xgSVcyg *„Chemtrails Trojanische Wolken Doku (full length)“*

[613] https://www.zdf.de/nachrichten/politik/die-welt-verbuendet-sich-milliarden-fuer-corona-impfstoff-100.html , *„Corona-Geberkonferenz - 7,4 Milliarden gegen das Virus“*, 04.05.2020

[614] https://www.youtube.com/watch?v=9inOYVK7Bj8 , *„Gates rechnet mit 700.000 Impfgeschädigten! Interview * Kommentar“*, 26.05.2020

[615] https://www.youtube.com/watch?v=083VjebhzgI , Interview Bill Gates im ARD, 12.04.2020

[616] https://www.youtube.com/watch?v=Vaw_3F3Kq50 , *„RUBIKON: Im Gespräch: „Ein Menschheitsverbrechen“* (Wolfgang Wodarg und Jens Lehrich)“, 31.05.2020, Minute 8:50

[617] https://viennnna.blogspot.com/2020/05/die-*neuenmrna-impfstoffe*.html , *"DIE NEUEN mRNA-IMPFSTOFFE - viennnna.blogspot.com"*, 24.05.2020

[618] https://www.sueddeutsche.de/politik/schweinegrippe-aufregung-um-zwei-klassen-impfung-1.36055 Süddeutsche Zeitung: *„Aufregung um "Zwei-Klassen-Impfung"*, 19.Oktober 2009

[619] https://www.bz-berlin.de/berlin/umland/jeder-tag-am-flughafen-ber-kostet-13-millionen-euro , Michael Sauerbier: *„Jeder Tag am Flughafen BER kostet 1,3 Millionen Euro"*, 27.05.2016

[620] https://www.youtube.com/watch?v=oeaZDigq4O4 *"IM FOKUS: Flughafen BER - Der einfache Grundfehler"*

[621] https://www.youtube.com/watch?v=-rD9M-M8GIo Norman Investigativ *„Denver Illuminaten Airport - Ist an den Gerüchten was dran?"*, 30.10.2019

[622] https://www.youtube.com/watch?v=3MCaceXGYHw *„Die verschwiegene Wahrheit über Gifte und Krebs"*, Veröffentlicht am 19.09.2018

[623] https://www.youtube.com/watch?v=6ccUAQHdUGo&t=4s , *„Vitamin B17 gegen Krebs - Die Wirkung von bitteren Aprikosenkernen"*, am 28.10.2012 veröffentlicht

[624] https://www.alternativ-report.de/2019/06/09/neue-studie-beweist-krebs-ist-zu-100-prozent-eine-vom-menschen-gemachte-krankheit/ , *„Neue Studie beweist: Krebs ist zu 100 Prozent eine vom Menschen gemachte Krankheit"*, 9.Juni 2019

[625] https://dieblauehand.info/chemotherapie-eine-mta-med-techn-assistentin-packt-aus/ Andrea Viertl: *„Chemotherapie – Eine MTA (med. techn. Assistentin) packt aus!"*, 10.7.2018

[626] https://www.youtube.com/watch?v=pwkLXPhOTQI&feature=youtu.be&t=782 *„KenFM im Gespräch mit: Lothar Hirneise ("Chemotherapie heilt Krebs und die Erde ist eine Scheibe")"*, Am 14.05.2019 veröffentlicht

[627] https://dieblauehand.info/chemotherapie-eine-mta-med-techn-assistentin-packt-aus/ Andrea Viertl: *„Chemotherapie – Eine MTA (med. techn. Assistentin) packt aus!"*, 10.7.2018

[628] como anteriormente

[629] Amazon.de: Aus einer Rezension von Uwe Hiltmann zum Buch: G Edward Griffin: „Eine Welt ohne Krebs: Die Geschichte des Vitamin B17 und seiner Unterdrückung" 2005

[630] https://dieblauehand.info/chemotherapie-eine-mta-med-techn-assistentin-packt-aus/ Andrea Viertl: *„Chemotherapie – Eine MTA (med. techn. Assistentin) packt aus!"*, 10.7.2018

[631] Eenda

[632] https://www.youtube.com/watch?v=HI7DOgj1sJI&t=261s *"Was Ihr über Krebs nicht wissen sollt..."*

[633] https://quer-denken.tv/biologische-krebsvorsorge-krebstherapie-i-linus-pauling-und-vitamin-c/ von Michael Friedrich Vogt in Querdenken-TV: *„Biologische Krebsvorsorge & Krebstherapie I: Linus Pauling und Vitamin C"*, 27. Mai 2017

[634] https://www.youtube.com/watch?v=DuidG6hNCrk&t=1726s *"Krebs - Das Ende einer Volkskrankheit Dr. Matthias Rath - Das Ende einer Volkskrankheit 20.10.2011"*

[635] como anteriormente
[636] como anteriormente
[637] https://www.youtube.com/watch?v=6ccUAQHdUGo&t=4s *„vitamin b17 gegen krebs - die wirkung von bitteren aprikosenkernen"*
[638] http://www.nebel.cc/OVG_Niedersachsen_AZ_11_LB_350_05.pdf
[639] https://www.youtube.com/watch?v=6ccUAQHdUGo&t=4s *„vitamin b17 gegen krebs - die wirkung von bitteren aprikosenkernen"*
[640] Markus Egert und Frank Thadeusz, Ein Keim kommt selten allein, Ullstein Buchverlage GmbH, 2018, Seite 148
[641] https://cc.bingj.com/cache.aspx?q=Amygdalin%2c+der+Inhaltsstoff+in+der+Bittermandel+und+in+Kernen+von+Aprikosen+und+%c3%84pfeln+ist+eine+zytotoxische%2c+Apoptose-induzierende+Substanz.+Daher+sind+grunds%c3%a4tzlich+auch+entsprechende+Wirkungen+auf+Tumorzellen+anzunehmen&d=4776888536274603&mkt=de-DE&setlang=de-DE&w=PjW2IopZMKR8R31YAZc5KCRaWG-9poaK , Dr. Ulrike König: *„Fragen aus der Praxis - 'Vitamin B17' bei Krebs? - Wie Amygdalin zu beurteilen ist"*
[642] como anteriormente
[643] https://www.youtube.com/watch?v=H0Whdt1DBpc&t=314s *"Aprikosenkerne gegen Krebs: Lebensgefährliche Naturheilkunde"*
[644] https://www.youtube.com/watch?v=MJ23O_fV5b4 *"Vitamin B17: Die größte Vertuschung über Krebs in der Geschichte oder doch alles Lüge?"*
[645] *Gesundheit und Krankheit verstehen – Eine neue Medizin auf Basis der 5 Biologischen Narurgesetze – entdeckt von Dr. med. Mag. Theol. Tyke Geerd Hamer,* 11. Auflage, Verantwortlicher Autor: Björn Eybl, Traunstr. 23, A-4600 Wels:
[646] https://www.youtube.com/watch?v=6ccUAQHdUGo&t=4s *„vitamin b17 gegen krebs - die wirkung von bitteren aprikosenkernen"*
[647] como anteriormente
[648] como anteriormente
[649] Brigitte Helene (Hrsg.), *Vitamin B17 – Die Revolution in der Krebsmedizin,* BoD-Verlag, 2012
[650] Peter Kern, Krebs bekämpfen mit *Vitamin B17 – Vorbeugen und heilen mit Nitrilen aus Aprikosenkernen,* VAK Verlags GmbH, Kirchzarten bei Freiburg, 2008
[651] G Edward Griffin: *Eine Welt ohne Krebs: Die Geschichte des Vitamin B17 und seiner Unterdrückung,* Kopp Verlag, 2005
[652] https://www.youtube.com/watch?v=CzOl9XtfBJU *"Hilft Methadon gegen Krebs? | Zur Sache Baden-Württemberg!"* veröffentlicht: 12.05.2017
[653] https://www.youtube.com/watch?v=y9zdr8FQTE0 *"Methadon in der Krebstherapie - Pro und Contra - der ganze Talk | stern TV (28.06.2017)"*
[654] como anteriormente
[655] Daniel Prinz, *Wenn das die Menschheit wüsste ...,* Amadeus Verlag GmbH & Do KG, 2017, Seiten 248f
[656] como anteriormente, Seiten 237ff und 249f

[657] https://www.youtube.com/watch?v=L2ziG1GKVsg&t=188s „16. AZK: „Digitalisiert in eine strahlende Zukunft – todsicher!“ - Anke Kern | www.kla.tv/13437“ , veröffentlicht am 01.12.2018

[658] que se encuentran en Internet

[659] https://www.facebook.com/dawid.snowden/videos/vb.345142656089183/1274342572732838/?type=2&theater ||#208| *„Systematische Volksverdummung über die öffentlich rechtlichen Medien|“*, 5.Juni 2019

[660] Joachim Sonntag, *„2025 - Der vorletzte Akt: Warum wir Heimat, Freiheit und Sicherheit verlieren“*, CBX-Verlag München, 2019, Anhang 1, Seite 228

[661] Joachim Sonntag, *Deutschland im freien Fall – Wie die milliardenschweren Finanzeliten unsere freiheitliche Demokratie zerstören und unsere Politiker und öffentlichen Medien zu deren Werkzeugen wurden,* 2. erweiterte Auflage, BoD-Verlag, 2017, Seiten 50ff

[662] Alexander Unzicker, *„Vom Urknall zum Durchknall – Die absurde Jagd nach der Weltformel“*, Springer Verlag Heidelberg Dordrecht London New York, korrigierter Nachdruck 2010, Seite 119f

[663] https://www.anonymousnews.ru/ , Holger Douglas: *„Biologe vor Gericht: Kritik an Gender-Theorien soll als Volksverhetzung bestraft werden“*

[664] https://www.legitim.ch/home/author/Jan-Walter , Jan Walter: *„Geheime Agenda - Der wahre Grund für 5G ist 1000 Mal schlimmer als die Strahlung!“*, 8. April 2019

[665] https://www.facebook.com/search/top/?q=www.GMACAG.com&epa=SEARCH_BOX

[666] https://www.youtube.com/watch?v=P9dc3Plo7MA&feature=share&fbclid=IwAR20JzMaRVbxTaTLok4AYCaCROY27ceAYPsbSf7R0h43NLFKTD-PxHZAfHU , *„Der wahre Grund für 5G ist 1000 Mal schlimmer als die Strahlung“*, Am 12.04.2019 veröffentlicht

[667] Joachim Sonntag, *„2025 - Der vorletzte Akt: Warum wir Heimat, Freiheit und Sicherheit verlieren“*, CBX-Verlag München, 2019, Seiten 14ff und 102ff

[668] https://news-for-friends.de/wie-wird-die-agenda-21-weltweit-umgesetzt/?fbclid=IwAR2uFUSfj_8zESyEV2wn_-OU00kKYJfphcGGxkWOqhD-J-mJq6NYKy_hYYQ , *„Wie wird die Agenda 21 weltweit umgesetzt?“*, 7.April 2019

[669] http://www.wisnewski.ch/rezo-kulturrevolution-2-0/

[670] G. Wisnewski, *Verheimlicht, vertuscht, vergessen,* Kopp Verlag, 2018, Seite 46f

[671] https://www.youtube.com/watch?v=_G9GQvwsfT4 , „Grüner Hass: Hetzen Spaß-Youtuber die Jugend auf? - Gerhard Wisnewski im Gespräch“, am 05.06.2019 veröffentlicht

[672] F. Fabian, *Die geheim gehaltene Geschichte Deutschlands – Was bis heute von Historikern verschwiegen wird,* Bassermann Verlag (innerhalb der Verlagsgruppe Random House GmbH, München), 2015

[673] https://www.youtube.com/watch?v=pD0t2M2cNc4 , „Das Ende der Parteien. Teil 1. Deutschland vor wunderbarem Neubeginn.", 06.01.2020

[674] https://www.youtube.com/watch?v=TNuhH6arYPw , „Das Ende der Parteien. Teil 2. Deutschland vor wunderbarem Neubeginn.", 06.01.2020

[675] Ulrich Mies (Hg.), *Der Tiefe Staat schlägt zu – Wie die westliche Welt Krisen erzeugt und Kriege vorbereitet*, Promedia Verlag, Wien, 2. Auflage 2019, Seite 33)

[676] https://www.youtube.com/watch?v=19asrm-S4i0&t=14s *„Horst Seehofer, erklärt warum Wählen sinnlos ist !!! Bei Pelzig 20.5.2010"*

[677] Ulrich Mies und Jens Wernicke (Hg.), *Fassadendemokratie und Tiefer Staat – Auf dem Weg in ein autoritäres Zeitalter*, Promedia Verlag, Wien, 6. Auflage 2018, Seite 10f

[678] Ulrich Mies (Hg.), *Der Tiefe Staat schlägt zu – Wie die westliche Welt Krisen erzeugt und Kriege vorbereitet*, Promedia Verlag, Wien, 2. Auflage 2019, Seite 123

[679] Rainer Mausfeld, *Warum schweigen die Lämmer? – Wie Elitendemokratie und Neoliberalismus unsere Gesellschaft und unsere Lebensgrundlagen zerstören*, Westend Verlag GmbH, Frankfurt/Main, 2018, Seite 137

[680] como anteriormente a, Seite 131

[681] Joachim Sonntag, *„2025 - Der vorletzte Akt: Warum wir Heimat, Freiheit und Sicherheit verlieren"*, CBX-Verlag München, 2019, Seiten 75ff

[682] Ulrich Mies (Hg.), *Der Tiefe Staat schlägt zu – Wie die westliche Welt Krisen erzeugt und Kriege vorbereitet*, Promedia Verlag, Wien, 2. Auflage 2019, Seiten 17f

[683] como anteriormente a, Seite 13

ISBN 9783945794937
Taschenbuch, 272 Seiten, 1. Auflage, 04/2019
CBX Verlag UG München, 15 €

El año "2025" es el documento de la NASA *"¡El futuro es ahora! Asuntos estratégicos y guerra futuros de la NASA: Circa 2025 "*, prestada y es sinónimo del Día X, cuando el proceso gradual de globalización (en el que nos encontramos ahora) dará como resultado una toma de control de la élite mundial. La globalización, que se está impulsando con toda fuerza, el deber de ser buenas personas, las medidas represivas contra pensadores políticamente diferentes y el lavado de cerebro *"Alemania es colorida"*, que los medios no pueden detener, son solo fumar velas. Su objetivo es oscurecer de qué se trata: la persona transparente, el control completo y la sumisión total del mundo bajo el gobierno de la élite financiera: el Nuevo Orden Mundial (NWO).

ISBN 9783744809542
Taschenbuch, 229 Seiten, 2. erweiterte Auflage, 09/2017
BoD Verlag Norderstedt 9,99 €

Alemania se está desarrollando a pasos agigantados de un estado social libre a un estado multicultural dominado por plantillas e ideologías de pensamiento de izquierda / verde, apoyadas por los medios de comunicación mediante el adoctrinamiento de una soberanía mediática "políticamente correcta", descrita por el autor como *"Caída libre de Alemania"*. Este proceso se lleva a cabo en estrecha cooperación con los sindicatos, las autoridades, los cuerpos políticos, las iniciativas ciudadanas, las iglesias, las organizaciones no gubernamentales (ONG), los medios públicos y una industria de refugiados multimillonaria que se ha desarrollado. Este desarrollo, que es fatal para nuestra patria, está influenciado en gran medida por potencias extranjeras y una consecuencia del hecho de que Alemania no ha sido soberana desde el 8 de mayo de 1945.